박영식 교수의 철학적 에세이

**자유도
운명도
아니라는
이야기**

박영식 교수의 철학적 에세이

# 자유도
# 운명도
# 아니라는
# 이야기

박영식 지음

철학과현실사

# 머리말

## 왜 '철학적' 에세이인가

젊을 때는 누구나 운명이란 말에 거부감을 갖는다. 운명이 젊음의 무한한 가능성을 제한한다고 보기 때문일 것이다. 그러나 나이 들면서, 세상 일이 마음대로 되는 것이 아님을 경험하게 되면서는 운명이란 말에 대한 거부감이 줄어들게 된다. 더구나 우리가 운명이란 말을, 거리의 소위 '철학관'에서 사용하는 뜻이 아니라, 인간의 삶을 제한하고 있는 여러 요인들로 해석하게 되면 더욱 그러하다. 개인의 타고난 성격과 지능, 재능, 용모, 체질 그리고 어디서 태어나 누구를 부모로 하고 누구를 선생으로 모시고 누구를 친구로 만나게 되고 …. 이처럼 사람이 선택한 것이 아니고 사람에게 주어진 것들을 운명으로 본다면, 사람의 삶이 운명에 의하여 엄청나게 제한된 것임을 부인하기 어렵게 된다. 더구나 우리가 천명이니 인연이니 하는 말이나, 하늘의 뜻이라는 종교적 용어들을 운명이란 말과 뜻이 겹치는 개념으로 보게 되면, 인간이 얼마나 운명적 존재인가에 놀라지 않을 수 없다.

여기서 우리가 인간의 삶을 운명에 의해 결정된 것으로 보는 결정론자가 된다면, 인생에서의 인간의 주체성이나 주체적 역할을 무시하게 될 것이고, 인간의 삶을 인간이 제한 없이 스스로 자유롭게 만들어나가는 자유론자가 된다면, 그것은 인간의 오만이자 인생의 깊이를 모르는 미성숙을 드러내게 될 것이다. 따라서 인생이란 자유와 운명이 그리는 쌍곡선의 접점들의 결합이요, 운명이라는 거미줄의 틈새를 헤쳐나가는 자유의 행적이라고 해야 하지 않을는지.

나는 글에 대한 욕심이 많다. 좋은 글을 쓰고 싶은 것이다. 좋은 글을 읽고나면 기분이 좋고, 그 글 쓴 사람이 한없이 부럽기도 하다. 그러나 나는 문필가도 못 되고 글재주를 타고난 사람도 아니다. 나는 글을 자진해서 스스로 쓰는 일은 거의 없고 일기를 쓰지도 않는다. 그러나 청탁하는 글은 마다하지 않고 모두 받아들인다. 글을 청탁하면 글 쓸 기회가 생겼다면서 흔쾌히 받아들여 기일을 어기는 일 없이 정확히 보내주곤 하였다. 이렇게 나의 글들은 거의 모두 청탁에 의한 글들이라고 할 수 있다. 다행히도 40여 년에 걸쳐 교수 생활을 할 수 있었던 덕분에 그동안 쓴 글들이 제법 많이 모이게 되었다. 나는 그 글들 중에서 에세이가 될 만한 글들을 추려 한 권의 책으로 만들기로 하였다. 그러나 나의 글들은 대부분 논술적인 것이지 수상(隨想)에 가까운 내용이 아니어서 논술적인 수상집이 되지 않을까 걱정스럽다.

　여기서 어떤 분이, 왜 '철학적' 에세이인가, 철학적인 것도 에세이로 될 수 있는가, 아니면 철학적이 아닌 에세이도 있을 수 있는가라고 반문한다면, 나의 회답은 매우 궁색해질 수밖에 없다. 나의 글들이 대부분 논술적 에세이들이어서 이를 철학적 에세이란 말로 호도한 것인지. 나의 글은 물 흐르듯 담담하고 마음을 고요하게 만드는 담백한 글이 못 된다. 나의 글은 살아 움직이고 기복이 있고 재간이 넘치는 재치 있는 글도 못 된다. 나의 글은 스스로 미화한다 해도 기껏 지식이 담긴, 내용이 있는, 긁어모으면 이야기가 되는 글이라고 할 수 있을는지. 담백한 글도 아니고 재치 있는 글도 아닌 글에, 이야기가 될지도 모르지만, 이야기가 되는 글이라는 이유만으로 '철학적'이란 수식어를 붙이는 것은 그 자체가 철학이란 말의 과용이 아닐는지.

2010년 7월
삼각산 기슭 古元齋에서
朴 煐 植

자유도 운명도 아니라는 이야기
차 례

**머리말 / 왜 '철학적' 에세이인가**

**제1장 자유와 운명의 쌍곡선_13**
　자유와 운명_15
　자유도 운명도 아니라는 이야기_21
　자유와 평등의 조화_28
　삶의 일부에 그친 철학_34
　나의 글쓰기의 역정_46
　자유도 운명도 아니더라_63

**제2장 세상을 살아가는 지혜_95**
　꿈이 사람을 만든다_97
　인생은 선택이다_101
　목적이 움직이게 한다_104
　세상에 공짜는 없다_106
　자기와의 싸움_109
　적당한 거리_112
　경쟁의 빛과 그림자_115

자유도 운명도 아니라는 이야기
차 례

철학과도 뽑아라_118
가장 좋은 대학_121
무소유의 행복_125
아름다운 결말_129

## 제3장 고마운 사람들_133
어머니의 교육열_135
아버지의 사랑_138
보고 또 보고픈_141
소크라테스의 처_145
행복의 세 얼굴_148
붉은 광장에서_152
교수의 빚_156
학생처장의 빛과 그늘_160
구기동 계곡을 거닐면서_168

자유도 운명도 아니라는 이야기
차 례

제4장 철학적 단상들_175
　철학이란 무엇인가_177
　소크라테스 최후의 삼부작_191
　플라톤의 『심포지엄』_195
　도덕국가론_198
　계급 없는 사회의 허상_205
　과학 기술과 윤리_210
　소비는 미덕인가_218
　인간은 왜 윤리적이어야 하나_223
　우리는 어디에 서 있는가_229
　우리말로 학문하기_235
　인문학으로서의 철학의 위상_248

제5장 교육 바로세우기를 위해_253
　교육, 왜 중요한가_255
　한국 교육의 현주소_260
　학력 사회, 그 갈등과 해법_264
　학벌주의를 없애야_277

교육 패러다임을 바꾸자_281
고등학교 철학 교육_285
정보 사회 짚어보기_288
외면 받는 대학 교육_293

## 제6장 당신에게 이르는 길고도 먼 길_297
크리스마스, 눈을 녹이는 등불_299
욕심을 버리는 계절_301
신도가 서로 교통하는 교회_303
한 번 장로면 영원한 장로인가_305
교회도 변해야 산다_307
십자가는 지는 것이다_309
교회와 자본주의_311
하나님의 뜻을 이루는 기도_313
철학과 기독교의 변주곡_315
하늘에는 영광, 땅에는 평화_327
당신에게 이르는 길고도 먼 길_329

# 제1장
자유와 운명의 쌍곡선

## 자유와 운명

　인간은 자유로운 존재인가 운명적 존재인가. 인생은 사람이 자유롭게 만들어나가는 것인가, 운명이라는 복잡한 그물에 얽혀 있는 것인가. 대학 시절 나는 운명이란 말을 몹시 싫어하였다. 혐오감을 느낄 정도였다. 운명이란 개념은 구시대의 것이요 미신적인 것이며 비과학적인 것이라고 생각하였다. 더구나 이 말을 잘사는 사람이나 성공한 사람, 안정된 사람이 사용할 때는 일종의 반발심을 느끼기까지 하였다. 운명이라는 말로써 자기의 현재를 합리화 내지 정당화하고, 불우한 처지의 사람은 그들의 현상을 운명으로 수용하게 하려는 것이라고 생각하였다. 운명이란 말은 불우한 사람으로 하여금 그들의 불우한 처지를 타계하려는 적극성을 마비시키는 아편 같은 것이라고 생각하였다. 그래서 나는 운명이란 개념과 연관된 것으로 볼 수 있는 관상이나 사주 같은 점술에는 관심을 갖지도 않았고 믿지도 않았으며 호기심을 나타내지도 않았다. 이러한 나의 생각이나 행위는, 당시엔 내가 젊었을 뿐 아니라 나의 처지가 경제적으로 매우 어려웠던 것과도 연관되었던 것으로 보인다.

그러나 학업을 마치고 사회에 뛰어들어 세상을 살아가면서, 세상일이 여러 가지로 얽혀 있고, 많은 사람들과도 관계로 연결되어 있으며, 때와도 관계되어 있다는 것을 알게 되면서, 또 어떤 사람에게는 도움을 받게 되고 어떤 사람에게는 방해를 받게 된다는 사실을 알게 되면서, 그리고 세상일이 혼자 힘으로만 처리되는 단순한 것이 아니고 서로 좋든 나쁘든 얽혀 있다는 사실을 알게 되면서, 인생이란 것이 어떤 눈에 보이지 않는 힘에 의해 이끌리고 있는 것이 아닌가 하는 생각을 하게 되었다. 그래서 나도 모르는 사이에 차츰 운명이란 개념에 대한 느낌과 이해에 변화가 생기기 시작했다고 할 수 있다.

우리는 소크라테스가 "너 자신을 알라"는 말을 처음 사용한 사람이요, 그 말로써 청년들에게 무지를 깨닫게 한 것으로 알고 있다. 그러나 실제로 그 말은 델피신전의 벽에 새겨져 있던 말로서, 이 말이 뜻하는 바는 인간으로 하여금 신에 도전하지 말고 인간의 분수를 지켜라, 그리고 인간에게 주어진 운명을 따르라는 것이라고 한다. 우리는 고대 그리스의 비극에서 운명의 그물에서 벗어나지 못하는 인간의 비극을 보게 된다. 대표적인 작품으로 소포클레스의 『오이디푸스』를 들 수 있다. 주인공 오이디푸스를 반인륜적 운명에서 벗어나게 하기 위해 그의 아버지에 의해 다른 나라로 보내게 되고, 자신의 운명을 알고서는 왕궁을 뛰쳐나와 이리저리 헤매고 다녔으나 끝내 그 반인륜적 운명에서 벗어나지 못한 사실을 알고 스스로 두 눈을 빼고 장님이 되어 두 딸의 손에 이끌려 그의 나라 테베를 떠나는 비극을 맞이하게 된다.

『오이디푸스』는 운명의 비극적 면모를 하나의 플롯으로 표출시킨 것일 뿐 운명에는 비극적인 것도 있고 낙천적인 것도 있다. 나쁜 운명도 있고 좋은 운명도 있다는 것이다. 우리가 운명이란 개념을 자유롭게 선택하거나 만든 것이 아니고 우리에게 주어진 것, 우리가 타고난 것으로 본다면, 우리는 우리 속에서 많은 운명적인 요소들을 발견하게 된다. 우리가 태어난 나라와 지역, 성별, 용모, 성격, 재능, 품성, 체력, 부모의 인격과 재력 등은 우리가 선택한 것이 아니고 우리에게 주어진 것이요, 이것들이 우리의 삶에 음으로 양으로 크게 작용한다고 볼 때, 우리 삶의 상당 부분이 운명적으로 결정된 것이라고 할 수 있다. 인생에서 우리가 자유롭게 할 수 있는 것이 있는지, 있다면 그것은 어떤 의미에서인지, 여기서 인간은 자유로운 존재인가, 자유롭다면 그 자유의 성격은 어떤 것인가를 되묻지 않을 수 없다.

물론 인간은 자유로운 존재다. 우리는 아침에 일어나 잠들 때까지의 일상을 우리 스스로 선택하고 계획하여 행위하고 있다. 이러한 자유를 부인하려는 것은 아니다. 다만 그 자유들이 우리에게 주어진 운명적인 것들에 의하여 영향과 제한을 받고 있다는 것이다. 우리는 누구나 운동하고 노래하고 그림을 그리고 악기를 다루고 말하고 글 쓰고 사람을 사귄다. 그러나 이 모든 일들이 '주어진 소질'에 의해 제한

받는다는 것이다. 이 일들을 하는 데에서도 사람에 따라 차이가 난다는 것이다. 운동도 잘하는 사람이 있고, 글도 잘 쓰는 사람이 있고, 노래도 잘 부르는 사람이 있고, 말도 잘 하는 사람이 있으며, 사람을 잘 사귀는 사람이 있다는 것이다. 인간의 자유로워 보이는 행동들이 그에게 주어진 운명적 요소들에 의하여 영향과 제한을 받고 있다는 것이다

한 걸음 나아가 우리는 인간의 소위 자유로운 행위가 다른 어떤 것에 의해서도 영향을 받지 않은 자의적(at will)인 것인가, 자기 뜻대로 한 것인가를 되물어보지 않을 수 없다. 인간의 행위에서 자의적으로 보이는 것에 자살이 있다. 우리는 다른 동물들에게서는 자살이란 현상을 보지 못한다. 소가 자살했다거나 쥐가 자살했다는 말을 들어보지 못했다. 자살은 인간에게서만 나타나는 현상이자 인간의 자유가 극적으로 표출된 현상이라고 할 수 있다. 그러면 자살은 과연 자의적인 것인가. 자살이란 인간이 자기 마음먹은 대로 할 수 있는 것인가.

이 세상에 자살을 하고 싶어서 하는 사람이 있을까. 삶에 대한 욕구는 인간의 본능이요, 그에게는 부모나 아내, 남편, 자녀들 그리고 하고 있던 일들에 대한 애정과 책임이 있기 마련이요 그것들에 얽혀 있을 것인데, 그것들을 끊고 자의적으로 자살하는 일이 있을 수 있는 일인가. 자살은 결코 자의적으로, 자기 마음대로 하는 것이 아니고, 그 사람으로 하여금 자살하지 않을 수 없게 강요하는 여러 가지 인과적 요인들에 의하여 어쩔 수 없이 그렇게 되는 것이 아닐는지.

인간의 행위에는 겉으로 자의적인 것으로 보이지만 사실

은 인과적 요인들에 의하여 그렇게 강제된 것이 있다. 어쩌면 모든 행위가 인과적 요인들에 의하여 유인된 것이라고 할 수 있다. 점심 때 식당에 가서 음식을 고를 때도 자의적으로 고르는 것이 아니고 여러 인과적 요인들에 의하여 유도되는 것이라고 할 수 있다. 호주머니 사정이 고려되고, 어제 먹은 음식은 피하게 되고, 저녁에 먹을 음식과도 중복되지 않게 하고, 이가 부실하면 **딱딱**하지 않은 음식을 고르게 되고, 배탈이 나 있으면 묽은 음식을 골라야 한다. 음식 하나 선택하는 일도 뜻대로 마음대로 하는 것이 아니고 여러 인과적 요인들에 의하여 제한된다는 사실을 고려할 때, 세상에서 우리가 하는 일들이 그에게 주어진 운명적 요인들에 의하여 얼마나 깊이 제한되고 있는가를 짐작할 수 있게 된다. 누구나 글을 잘 쓰고 싶고 말을 잘하고 싶고 사람을 잘 사귀고 싶지만, 그것들이 뜻대로 되는 것이 아니고 주어진 소질들에 의하여 크게 영향을 받게 되는 것이다. 이렇게 볼 때 인간에게 주어진 자유가 운명에 의하여 제한된 자유라고 하지 않을 수 없는 것이다.

  나는 때때로 인간에게서의 자유와 운명을 열차 여행에 비유해보기도 한다. 인생이란 열차를 타고 여행하는 것이라고. 어떤 사람은 경부선을, 어떤 사람은 호남선을, 어떤 사람은 경의선을 타고 있다. 그리고 그가 내릴 역도 기차표를 살 때 정해져 있다. 그가 탄 열차가 그의 운명이다. 그는 그 열차가 가는 **방향**으로 가다가 내릴 역에서 내리게 되어 있다. 그가 탄 열차는 주어진 것이요 정해진 것이며 바꿀 수 없는 것이다. 이렇게 그의 **방향**이나 큰 테두리는 정해진 것이다.

그는 운명이란 열차를 타고 있는 것이다. 자유는 그 열차 안에서, 그 열차라는 한계 속에서의 제한된 행위에 불과한 것이다. 그는 옆 사람과 대화할 수도 있고, 건너편 여자나 남자를 훔쳐볼 수도 있고, 지나가는 판매원으로부터 맥주나 빵이나 과자를 사먹을 수도 있고, 식당차로 가서 식사를 할 수도 있다. 이것이 우리 인간이 행사할 수 있는 자유라고 생각한다. 열차 속 사람들의 작은 자유로운 행위와는 무관하게 열차는 크게 정해진 방향으로 가고 있고, 사람들은 중간 중간의 역에서 내리기도 하고 종착역에서 내리기도 한다. 이 한 폭의 그림이 인생이요 자유와 운명의 모습이 아닐는지. 인간의 자유란 운명 속에서의 자유가 아닐는지. '결정론 속에서의 자유(Freedom in determinism).' 이것이 인간에게 주어진 자유와 운명의 관계가 아닐는지. 물론 자유와 운명은 서로 모순된 것이다. 자유는 운명을, 운명은 자유를 용인하지 않는다. 그러나 그것은 어디까지나 관념의 세계에서의 일일 뿐 현실의 세계에서는 자유와 운명이 서로 엉켜 있다. 그래서 인생은 자유도 운명도 아닌, 자유와 운명의 상호 작용이요, 자유란 운명이라는 복잡한 그물을 헤쳐나가는 자유에 불과한 것이 아닐는지.

## 자유도 운명도 아니라는 이야기

　나는 운명이란 말에 거부감을 지닌 적이 있었다. 대학 시절, 나는 백부님 댁에 얹혀살았다(큰 은혜를 입었으면서 '얹혀'라는 무례한 말을 쓰게 되어 죄송하지만). 당시 백부님 댁은 아주 잘살았다. 1950년대 중반에 자가용을 굴릴 정도였으니까. 그런데 그 잘사는 집의 백모님께서 걸핏하면 "팔자야", "운명이야" 하는 말씀을 하셨다. 나는 그 말을 들을 때마다 속으로 자기는 이렇게 잘사는 것이 그의 팔자이고, 나는 이렇게 얹혀사는 것이 나의 운명이란 말인가 하면서 못마땅하게 생각하였다. 그때만 해도 '천재란 99%의 노력과 1%의 영감'이라고 굳게 믿고 있었기 때문이다. 그러나 나이가 들고 세월이 흐르면서 운명이란 말에 대한 거부감이 점차로 희석되고 있음을 발견하게 되었다.
　나는 비교적 몸이 날씬한 편이다. 그래서 사람들로부터

"건강을 참 잘 관리하고 있습니다. 건강을 위해 무슨 운동을 하고 있습니까?"라는 말을 듣게 된다. 그런데 나는 별다른 운동을 하지 않는다. 다른 일에는 비교적 부지런한 편이면서도 운동에는 게으르다. 운동에 쏟는 시간은 왠지 허비하는 것 같아서다. 그런가 하면 나는 음식을 많이 먹는다. 음식은 가리지 않고 어떤 것이든 많이 먹는 편이다. 그런데 음식을 아무리 많이 먹어도 살이 찌지 않는다. 음식을 마음대로 실컷 먹을 수 있는 복을 타고난 셈이다. 큰 복이 아닐 수 없다. 이에 반해 살찌는 게 염려되어 음식을 제대로 먹지 못하는 아내를 볼 때마다 딱하게 여기기도 한다. 나의 몸매가 날씬한 것은 결코 나의 노력의 결과가 아니다. 그것은 전적으로 타고난 덕분이다. 부모님에게 감사하지 않을 수 없다.

나는 글에 대한 욕심이 있다. 늘 글을 잘 썼으면 한다. 신문에서 좋은 칼럼이라도 읽고 나면 하루의 소득을 얻은 것 같아 기분이 좋다. 나의 글쓰기의 역정도 제법 오래 되었다. 대학에서 학생처장이라는 보직을 맡았을 때부터 총장의 대필 작가 또는 유령 작가인 '고스트 라이터(Ghost writer)' 역을 오래하였고, 나의 총장 생활 12년 동안 그 많은 글들을 모두 내가 직접 썼으며, 밖에서 청탁해오는 글들도 마다하지 않고 모두 소화하였으니, 글 쓴 역사가 오래되기도 하고 글 쓴 분량도 적지 않다. 나의 주변 분들로부터는 글을 잘 쓴다는 말을 듣기도 한다. 그러나 나는 나의 글에 대해서 늘 불만이다. 내가 아무리 나의 글에 후한 점수를 주어도 B+를 넘어서지 못한다. 그래서 나는 내 주변의 몇몇 글 잘 쓰는 분들을 보면 타고 났구나 하는 생각을 하게 된다. 글 쓰는 일도 타고 나야지 노력만으로는 미치지 못한다는 사실이 지금에 와서는 하나의 신념으로 되어 있다.

결혼도 그렇다. 결혼은 내가 결정한 것 같지만 사실은 주어진 것이라고 할 때 사정은 비슷한 것으로 된다. 결혼에서 신랑과 신부는 그들의 짝을 자기들 뜻으로 정했다고 생각할 수 있다. 그러나 결혼이란 그렇게 단순한 것이 아니다. 상대를 만나 결혼하게 되는 연유를 곰곰이 생각해보면 그것은 결코 자기가 결정한 것이 아니라고 고백하지 않을 수 없다. 누구의 소개로 상대를 만나게 되었다면 그 사람과의 인연도 우연의 다발이고, 상대를 어디서 만나 결혼하게 되었다면 그 만남도 우연의 덩어리가 아닐 수 있다. 결혼한 사람들 스스로 내가 그 많은 사람들 중에서 왜 이 사람과 결혼하게 되었는가를 자문해보면, 그것은 인연이요 하늘의 뜻이라는 답밖에는 다른 회답이 나오지 않는다. 결혼도 본인의 힘이 미치지 않는 어떤 인연으로 맺어지는 하나의 매듭이라고 해야 할 것이다.

우리는 화가나 성악가는 타고나야 하고, 작가도 타고난 문재를 지녀야 한다고 생각한다. 이 예능의 세계는 타고난 재질의 경쟁장임이 여실히 드러나는 세계다. 자질에서 뒤진 사람은 어떻게 할 수 없는 세계가 아닌가 한다. 자질 경쟁에서 밀린 사람은 그의 자질의 한계에 머물 수밖에 없고, 결과적으로 들러리를 감수해야 할 세계가 아닌가 한다. 물론 들러리도 필요하다. 들러리가 있어야 스타가 빛나게 되고 하나의 예술이 이루어질 수 있기 때문이다. 오페라를 보면 대부분의 출연자들이 들러리에 머물고 있음이 극명하게 드러난다. 물론 출연자들 한 사람 한 사람의 역할이 모두 중요하고 그 역할들에 의하여 전체 오페라가 이루어지긴 하지만, 그들 대부분이 이름 그대로 조연자임은 분명하다. 오페라만이 아니고 다른 세상사에서도 대부분의 사람들은 들러리에 불과하다. 나도 자주 하나의 들러리에 불과하구나 하는 생각을 하곤 한다.

  나도 한때 세상을 살아가는 일에서 지능이 가장 중요하다고 생각하였다. 세상의 순위가 지능에 의하여 서열화된다고 생각하였다. 공부하라는 부모님의 말씀이나 학교 생활이 이 사실을 은연중에 우리에게 각인했다고 할 수 있다. 명문 대학 출신들이 사회에서 큰일을 하게 되는 것이 이를 반영하고 있기도 하다. 그러나 언제부터인가 지능보다 성격이 더 중요하다고 생각하게 되었다. 학교에서는 지능이 결정하지만 사회에서는 성격이 더 큰 몫을 한다고 생각한다. 활달하고 적극적인 사람, 사교적이고 헌신적인 사람이 앞서게 되고, **따뜻하고 너그러운 사람**, 통이 크고 발걸음이 **빠른** 사람이 이끌게 되는 것이 사회가 아닌가 한다. 현대 미국의 대통령이었던 케네디, 클린턴, 부시는 결코 지능이 높거나 공부를 잘한 사람이라고 할 수 없다. 그들은 용기 있고 대담하고 과감한 사람들이었다고 할 수 있다. 그들을 대통령으로 만든 것은 지능보다는 성격이 아니었나 생각된다. 물론 인생에서는 지능도 중요하고 성격도 중요하다. 그러나 세상을 살아갈수록 지능보다는 성격이 더 중요하다는 쪽으로 생각이 기울게 된다. 그리고 타고난 것이라고 할 수 있는 성격이 인생을 결정하게 된다고 생각하니 다시 한 번 인생은 타고 나는 것인가 하는 생각으로 돌아가게 된다.

　여기서 인간이 많은 것을 타고났다면, 그리고 인간에게 많은 것이 이미 결정되어 있다면, 인생에서의 인간의 자유와 인간의 주체적 역할은 큰 의미를 지닐 수 없게 된다. 따라서 우리는 그러한 주장이나 태도에 거부감을 느끼지 않을 수 없다. 이것은 우리가 역사에서 보게 되는 인간의 역할과 공헌을 무시하는 것이 될 뿐 아니라 그것을 설명할 수 없기 때문이다. 오히려 우리는 많은 사람들이 어떤 생활신조 같은 것을 갖고 살아가고 있다고 생각한다. 타고난 대로 산다고 해서 인생을 방관한 채 살아가는 사람보다는 어떤 신조를 갖고 살아가는 사람이 많다고 본다.

　나 역시 지나고 보니 몇 가지 원칙을 지키면서 살아왔다고 생각된다. 첫 번째는 아침 시간을 활용하려고 하였다. 아침에 일찍 일어나서 두 시간 남짓 조용한 나의 시간을 가지려고 하였다. 학교에 나가면 전혀 조용한 시간을 가질 수 없기 때문이다. 그 시간에 하루의 업무를 구상하고 정리하고 연설문을 쓰기도 하였다. 나는 그 많은 연설문을 모두 아침에 소화하였다. 나는 거의 매일 아침에 글을 썼던 것으로 기억된다. 그 아침 시간이 아니었으면 그 많은 업무를 처리할 수 없었을 것이다.

　두 번째는 시간을 잘 지켰고, 약속 시간보다 5분 이상 먼저 가서 기다리고 있으려고 하였다. 대학에서 회의를 할 때도 나는 몇 분 먼저 가서 앉아 있었다. 그러면 회의에 참석하기 위해 들어오던 사람들이 총장이 앉아 있는 것을 보고 당황해한다. 나는 때때로 이런 말을 하였다. 회의 시간에 늦지 말라, 늦어지게 되면 들어오지 말라고.

　세 번째는 사전 준비를 철저히 하였다. 나는 졸업식이나 그 밖의 어떤 행사를 할 때는 사전에 예행 연습을 하였다. 행사에서 역할을 맡게 되는 사람들이 둘러앉아 실제처럼 돌아가며 연습을 하였다. 나는 그 연습을 대충하지 않고 철저하게 하였다. 입을 마이크에 바싹 대지 말라는 등, 이러한 예행 연습 없이는 행사가 차질 없이 물 흐르듯 흘러갈 수 없다는 것이 나의 소신이기 때문이다. 행사에서 **총장**으로서 한마디 해야 할 때도 나는 즉흥 연설로 때우지 않았다. 반드시 사전에 원고를 만들었다. 원고를 작성해야 생각이 정리될 수 있고, 그 원고가 남게 될 수 있기 때문이다. 나의 글들이 많이 남아 있는 이유가 여기에 있다. 나는 그 행사가 매우 중요하다고 생각될 때나 총장의 이미지를 강하게 심어야 한다고 판단될 때는, 그 원고를 완전히 암기해서 자연스럽게 말하였다. 그래서 나의 속내를 모르는 교수들은 그 연설을 받아적으면 그대로 글이 되겠다고 말하곤 하였다. 그리고 그 행사에 크게 무게를 싣지 않아도 되겠다고 생각할 때는 그 원고를 읽는 방식을 취하기도 하였다.

　네 번째는 나의 시간을 나의 주된 업무에 집중하였다. 나는 잡기(雜技)에 시간을 할애하지 않았고, **따라서** 아무런 취미 활동도 하지 않았다. 나는 2005년 10월에 총장직에서 물러나면서 사실상 나의 공적인 생애를 마친 셈이다. 그때 내 나이가 만 71세였으니, 남들보다는 오랫동안 일을 한 셈이다. 총장을 그만두고 나니 그 다음날부터 전화가 뜸해지고 말았다. 자주 울리던 전화벨이 갑자기 숨을 죽이고 있으니 당황해지기까지 하였다. '이상하다. 세상 인심이 이런 것인가?' 하고 야속한 생각이 들기도 하였다. 그런데 다음 순간 곰곰이 생각해보니, 나의 전화들은 거의 모두 학교 일과 관계된 것이었다. 그런데 학교 일을 그만두었으니 전화가 올 까닭이 없었다. 골프를 하지 않으니 골프 한 번 하자는 전화가 올 리가 없고, 또 등산을 하지 않으니, 테니스를 하지 않으니, 낚시를 하지 않으니, 바둑을 두지 못하니, 화투놀이를 해본 적이 없으니 전화가 울릴 수가 없었던 것이었다. 그때 나는 나의 인생을 잘못 산 것인가, 너무 무취미하게 산 것인가, 인생을 이렇게 메마르게 살았으니 인생에 실패한 것이 아닌가 생각해보았다. 그러나 나는 다시 인생을 시작한다고 해도, 나의 인생이 이렇게만 될 수 있다면 다르게 살지 않고 이렇게 살겠다고 생각하였다. 그렇게 살았기 때문에 나의 인생이 이 정도로 된 것이 아닌가 하고.

  인생은 운명이 아니다. 인생은 결코 모든 것이 정해진 것이 아니다. 그렇다고 인생은 자유도 아니다. 인생이란 내 마음대로 하는 것도 아니다. 자유와 운명의 쌍곡선, 운명과 자유의 변증법적 지향이 인생이 아닌지. 자유도 운명도 아니라는 이야기가 인생사가 아닐는지.

## 자유와 평등의 조화

　현대 사회가 안고 있는 가장 큰 문제는 자유와 평등을 어떻게 조화시키느냐의 문제라고 생각한다. 세계는 지난 1세기 동안 자유와 평등의 이념으로 양분된 채 서로 반목하고 갈등하고 대결해왔다. 미국을 중심으로 한 서구는 자유의 깃발 아래 뭉치고, 소련을 중심으로 한 동구는 평등의 깃발 아래 뭉쳐 서로 대결하며 투쟁해왔다. 그러나 소련의 고르바초프가 개방(글라스노스트)과 개혁(페레스트로이카)의 정책을 채택함으로써 1990년대에 들어서면서 이념의 벽이 무너지고 있어 큰 다행으로 생각한다.
　나는 지난해(1989년) 10월과 금년 8월 두 차례에 걸쳐 소련을 다녀왔다. 작년 10월에는 모스크바대와 학술 협정을 위해, 금년 8월에는 레닌그라드대와 학술 협정을 맺기 위해서였다. 작년 10월에는 모스크바대의 초청으로 갔었고 모스크바대에서 모든 뒷바라지를 해주었기 때문에 소련의 실상을 이해하기가 쉽지 않았다. 그러나 식당이나 백화점 앞에 길게 줄 서 있는 군상, 모스크바에 있는 고려인들이 돈은 있는데 물건이 없다면서 돈이 돈이 아니라는 말, 만나는 소련인들이 한국은 잘산다는데 한 번 가보았으면 좋겠다는 말을 듣고, 소련의 경제적 어려움을 간접적으로 느낄 수 있을 정도였다.

그러나 금년 8월에는 핀란드의 수도 헬싱키에서 일주일을 보내고서 개인 자격으로 버스를 타고 레닌그라드로 갔기 때문에, 이 두 나라의 대조를 목격하는 가운데 소련의 어려움을 피부로 느낄 수 있었다. 핀란드는 호수의 나라(국토의 넓이는 33만㎢, 국토의 3분의 1이 호수. 인구 450만 명), 얼음의 나라, 산타클로스의 나라, 백야의 나라로 불린다. 역사적으로는 스웨덴과 소련의 중간에 위치하여 스웨덴과 소련의 지배를 받기도 하였고, 스웨덴과 소련이 핀란드를 서로 쟁탈하기 위해 핀란드에서 전쟁을 하는 등 어려움을 겪기도 했으며, 지금도 국토의 일부를 소련에 빼앗긴 한을 지니고 있었다.

지금의 핀란드 정치 체제는 민주주의를 받아들이고 경제는 자본주의와 사회주의를 잘 혼합하여 일인당 국민소득 2000달러의 지상낙원을 이루고 있다. 수상 부인은 백화점에서 점원으로 일하고 있고, 세계대학총장회의에 수상이 와서 축사를 하는데도 몸을 검색하는 일도 없다. 대통령은 대통령궁 앞에 있는 작은 시장에 나와 시민들과 함께 커피를 마신다고 한다. 핀란드에서 일주일을 보내고 버스를 타고 소련으로 들어가보니 소련의 가난이 얼마나 심각한가를 몸으로 느낄 수 있었다.

소련은 국토가 광활하고 지하자원이 풍부하며, 인구도 2억에 달하고, 톨스토이나 도스토예프스키, 푸시킨, 차이코프스키 같은 인재를 낳은 나라다. 레닌그라드에 있는 헤르미타지박물관의 소장품은 루브르박물관이나 대영박물관, 뉴욕의 메트로폴리탄 아트 앤드 사이언시스에 못지않을 정도로 대단했으며, 레닌그라드에 있는 그리스정교회 사원은 웅장하고 호화롭기가 말로 형언할 수 없을 정도였다. 1917년 혁명 이전의 소련은 분명 유럽을 배경으로 한 문화적인 나라였음을 실감할 수 있었다.

그런데 왜 소련이라는 거대한 나라가 이렇게 경제적으로 황폐하게 되었는가. 거기에는 몇 가지 원인이 있을 것이다. 무엇보다도 세계를 분할 지배하는 데 따른 경제적 부담과 미국과의 군비 경쟁을 들 수 있다. 그러나 그것보다는 평등이란 이념을 바탕으로 한 제도가 오래 지속된 결과라고 생각되었다. 한 나라가 채택하고 있는 제도가 그 나라의 운명과 얼마나 밀접히 연관되어 있는가를 절실히 느낄 수 있었다.

자유는 인간의 능력을 최대한 발휘하게 한다. 자유의 개념은 100미터 경주나 마라톤에서 그 특색이 가장 잘 드러난다. 자유의 개념은 능력을 발휘하게 하는 점에서는 좋은데, 격차를 가져오고 그 격차가 상대적 빈곤감과 갈등을 불러일으키는 단점을 지니고 있다. 다시 말해 자유를 바탕으로 한 자본주의는 능력을 발휘하게 하고 사회를 활성화하는 장점을 지니고 있다. 그러나 사람들 사이에 격차를 가져오고 지나친 경쟁을 불러일으키며, 상대적 빈곤감을 낳는 데 문제의 심각성이 있다.

평등은 격차를 가져오지 않는 대신 개인의 능력 발휘를 제한하게 된다. 평등은 함께 줄을 횡대로 서서 구보하는 것이라고 비유할 수 있다. 그런데 이 구보가 세월이 흐르면서 슬슬 걸어가다가 주저앉아버리는 데 문제가 있다. 평등의 개념은 사람들 사이에 격차를 일으키지 않는 좋은 점이 있지만, 능력 있는 자와 능력 없는 자 사이에, 열심히 일하는 자와 게으른 자 사이에 아무런 보상의 형평성이 없기 때문에 결국 사회가 무기력해지고 활성화되지 않는 문제점을 지니고 있다. 평등을 바탕으로 한 공산주의 사회가 활성화되지 않고 경제적으로 어려움을 겪고 있는 것은 개인에게 능력 발휘의 동기가 부여되지 않기 때문이라고 할 것이다. 페레스트로이카 이전의 소련 사회가 하나의 거대한 '일하지 않는 사회', '사보타지 사회'로 되어가고 있었던 것도 일을 열심히 하는 삶에 대한 보상이 없었기 때문이라고 할 것이다.

인류의 역사는 자유와 평등이 교차한 역사였다고 할 수 있다. 인류의 역사가 시작되었을 때 인간에게는 자유와 평등이 함께 주어졌다고 할 수 있다. 그러나 인류의 역사는 얼마가지 않아 불평등한 계급 사회로 되었다. 서양의 예를 들면, 고대 그리스에서는 귀족 계급과 평민 계급이 있었고, 중세는 봉건 영주와 농노라는 계급으로 나누어져 있었다. 인류는 이 불평등을 타파하기 위한 오랜 투쟁 끝에 18세기부터 군주제 대신 공화제가 도입되어 계급이 타파되기 시작하였다. 프랑스는 프랑스혁명을 통해, 영국은 명예혁명을 통해 그리고 유럽의 여러 나라들도 비슷한 격동을 겪으면서 정치적으로 계급 없는 평등한 사회로 변형되어 왔다.

이처럼 유럽을 군주제 대신 공화제로, 그리고 계급 없는 평등 사회로 만든 것은 18세기에 유럽을 강타란 자유주의 사상이었다. 그러나 이 자유주의는 정치적으로는 평등한 민주주의를 낳았지만 경제적으로는 자본주의를 낳았는데, 그것이 아담 스미스의 『국부론』으로 집약되었던 것이다. 이 자본주의가 자유방임주의와 시장경제를 바탕으로 100년 정도 시행되는 과정에서 하나의 문제점을 드러내게 되었다. 그것은 자본가와 노동자, 고용주와 피고용주, 가진 자와 못 가진 자 사이의 엄청난 격차였다. 임금은 싸고 노동 환경은 나빴으며 사람이 사람 대우를 받지 못했다. 이러한 자본주의가 드러낸 문제점을 배경으로 나온 것이 1848년 마르크스의 『공산당선언』이었다. 경제적 불평등을 시정하려는 것이었다. 피로써 이를 결행된 것이 1917년 레닌에 의한 볼셰비키혁명이었다.

공산주의는 처음에는 상당한 성과를 나타내었다. 힘으로 밀어붙이기도 했는데, 이는 공산주의가 내세운 이상에 대한 기대도 있었기 때문이다. 그러나 힘은 오래가지 못하였고, 공산주의가 내세운 이상은 멀어져 갔으며, 평등 개념이 인간을 나태하게 했기 때문에 공산 사회는 생명력을 잃고 무너지기 시작했던 것이다.

위에서 본 것처럼 자유의 개념은 사회를 활성화하긴 하지만 격차를 낳게 하고, 평등의 개념은 격차를 줄이지만 사회를 무기력하게 만드는 문제점을 지니고 있다. 이렇게 볼 때 우리는 자유와 평등 어느 하나를 취하고 다른 하나를 버릴 것이 아니라 그 둘을 보완적으로 소유해야 할 것으로 보인다. 마치 태극에서 양과 음이 서로 보완하듯이, 양이 없는 음을 생각할 수 없고 음이 없는 양을 생각할 수 없듯이, 자유와 평등도 서로 보완적으로 살려나가야 할 것이다.

1971년에 하버드대 철학 교수 존 롤스가 『정의의 이론』이라는 책을 내놓았다. 이 책은 정의를 분배의 개념과 연관시킨 것으로, 분배적 정의란 개념이 이 책에서 나왔다. 이 책은 출판되면서 관심과 화제의 대상이 되었다. 그 당시 나는 미국에 유학 중이었는데, 정의를 분배와 연관시키는 것이 도무지 이해가 되지 않았다. 당시만 해도 우리나라에는 분배할 것이 없는 가난한 나라였기 때문이다. 우리나라에서도 경제 성장에 따른 부의 축적으로 1980년대 중반 이후 분배 문제가 하나의 심각한 사회 문제로 대두되게 되었다.

존 롤스는 올바른 분배에 의해서만 자본주의에서 생겨나는 격차 문제와 여기에서 파생되는 갈등 문제를 해소할 수 있다고 본 것이다. 롤스에 의하면, 평등적 분배는 사회를 무기력하게 만들고 비례적 분배는 사회에 격차를 심화시키기 때문에, 정의로운 분배가 되기 위해서는 자유의 원칙과 기회 균등의 원칙 그리고 기본 욕구 충족의 원칙을 바탕으로 하면서, "능력 있는 이의 능력을 위축시키지 않고, 사람들 사이에 격차를 심화시키지 않는 범위에서 분배가 이루어져야 한다"고 했다. 이것은 다소 불평등적 분배라고 할 수 있는데, 존 롤스에 의하면 사회에 경쟁력을 불어넣어 활성화하고 발전시키기 위해서는 어느 정도의 차등은 불가피하다는 것이다.

## 삶의 일부에 그친 철학

　나의 학창 시절은 전쟁으로 점철된 불행한 시기였다. 국민학교 1학년 때 발발한 소위 태평양전쟁은 5학년 중반에 끝났고, 현대사에서 우리 민족 최대 최악의 비극인 6·25사변은 고등학교 1학년 때 시작되어 고등학교를 졸업하면서 휴전으로 엉거주춤 마무리되었으니…. 6·25사변이 터지자 3일 만에 교사(校舍)를 육군병원으로 내주고 다른 국민학교로 옮겨 학교 문을 열었으나, 그곳도 이틀 만에 다시 육군병원으로 넘겨주고 학교는 문을 닫고 말았다. 9월에 다시 학교가 문을 열었을 땐 구덕산 비탈에 마련된 노천 교실과 천막 교실이었고, 그런 환경에서 고등학교 과정을 마쳤으니, 한국 교육사상 영원히 기록될 최악의 교육 여건이었다 할 것이다. 그러나 지금 생각해보면 6·25사변이라는 극악의 상황에서 그렇게라도 고등학교 교육을 받을 수 있었던 것은 고마운 일이요 기적이 아닐 수 없다.

전쟁은 최악의 상태다. 사람을 서로 죽여야 하는 상황이기 때문이다. 모든 것이 파괴되고 모든 것을 잃게 되고 맨손, 맨몸으로 땅바닥에 던져지는 것이 전쟁이기 때문이다. 전쟁은 생명에 대한 위협과 생존에 대한 불안에 휩싸이게 한다. 산비탈과 골목길에 늘어선 하꼬방과 부산 국제시장에서 만난 생존을 위한 아우성은 바로 6·25사변의 비극이 단적으로 표출된 현장이었다.

6·25의 참담한 현실은 제1차 세계대전과 제2차 세계대전을 전후한 서구 상황과 흡사했다. 서구에서는 두 번의 세계대전에 걸쳐 실존주의라는 사상이 대두하여 사회를 풍미하게 된다. 전쟁에 대한 공포와 삶에 대한 불안에 휩싸여 있던 사람들에게, 나아가 전쟁의 도구로 전락하고 있는 인간, 국가는 커지고 개인은 작아지고 인간의 존엄이 말살되고 있는 상황에서, 인간에게 용기와 희망을 주려는 실존주의가 사람들에게 공감과 위로를 줄 수 있었다. 6·25사변 때 한국의 사회상은 두 차례 세계대전을 전후한 서구의 사회상과 많은 점에서 비슷하였기 때문에 1950년대에 실존주의가 한국 사상계를 풍미하였고, 나는 고등학교 시절에 실존주의 풍조에 휩싸여 성장했다.

나는 고등학교 2·3학년 때 국어, 영어, 수학, 국사 같은 일반 교과와는 색다른 논리학, 윤리학, 사회학 수업을 받았다. 다른 고등학교에서도 당시 그러한 과목들이 있었는지 모르지만, 어쨌든 나는 그 과목들에 특별한 흥미와 매력을 느꼈다. 다른 교과목과는 차원이 다른 깊이 있는 학문으로 느껴졌고, 그 과목을 가르치는 선생님이 다른 선생님보다 훌륭한 선생님으로 보이기도 했다. 내가 대학에 진학하여 철학을 전공하게 된 요인을 바깥에서 찾는다면, 고등학교 시절에 풍미했던 실존주의와 논리학, 윤리학, 사회학에 대한 특별한 관심 덕분이 아니었을까 생각된다.

나는 연희대 문과대학에 입학하게 되었고, 2학년으로 진급하면서 학과를 결정해야 하였다. 교육학과는 처음부터 생각이 없었다. 학문의 성격도 애매해보였고 교사나 될 것 같은 생각이 들기도 해서. 학생들은 영문학과로 많이 몰렸으나 나는 국문학과와 영문학과에도 흥미를 느끼지 못했다. 시와 소설을 좋아하긴 했으나 읽고 즐기는 수준이지 문학적 재질이 있는 것 같지도 않고, 문학은 어쩐지 좀 약하다는 느낌이 들기도 하였다. 남은 것은 사학과와 철학과였다. 사학은 재미있고 어렵지 않고 박식할 수 있을 것 같았다. 그러나 깊이가 얕고 창의성도 없을 것 같은 느낌이 들어서 결국 철학을 선택하기로 하였다. 깊이도 있고 무게도 있고 다른 무엇보다도 이성적인 학문으로 보였다. 어렵겠다는 생각이 들었으나 그것이 오히려 도전심을 자극했던 것 같기도 했다. 내가 고등학교 시절에 배운 논리학, 윤리학, 사회학과 당시에 풍미했던 실존주의가 바깥에서 동인으로 작용했을지도 모른다.

철학과 학생으로서 나는 어떤 특색이나 경향을 보이지는 않았다. 특별히 좋아하는 철학자도 사상도 없었다. 모든 철학 강의에 충실히 출석해서 열심히 공부하는 성실한 학생일 뿐이었다. 대학 4년 내내 가정교사 생활을 하느라 시간이나 돈도 없고 마음의 여유도 없었기 때문에 나의 세계를 만들 여력도 없었다. 또한 세상도 전쟁 끝이라 복구와 건설에 여념이 없는 조용한 무 이념의 시기였기도 했다. 나는 서양 철학을 하기로 하였다. 당시 철학과 교수님들은 모두 서양 철학을 전공하시는 분들이었고, 동양 철학을 하시는 분은 한 분도 없었다. 학문이나 사회적 풍조도 서양 것은 강자의 것이고 동양 것은 약자의 것이어서, 서양 것을 배워 서양을 따라잡아야 한다는 바람이 불고 있었던 것으로 기억된다. 정석해 선생님의 인식론은 칸트의 『순수이성비판』(영문판)을 여기저기 읽어가면서 강의하였으나 매우 이해하기 어려웠던 것으로 생각된다. 김하태 박사님의 플라톤과 아리스토텔레스 철학은 노트에 받아쓰게 하지 않고 프리토킹으로 강의하는 바람에 매우 인상적이어서, 나도 앞으로 강의하게 된다면 저렇게 해야겠다고 다짐하였다. 안병욱 교수님의 사회학 강의는 쉽고 재미있어 많은 학생들이 몰려들었고, 과학철학의 김준섭 박사님과 윤리학의 최재희 교수님은 연세대 전임교수인 줄 알았는데 5년간(1955~1960년) 전임대우 시간강사였음을 안 것은 한참 후의 일이었다. 김흥호 교수님이 시간강사로서 『동양철학』을 강의하였는데, 이 분은 아무것도 들지 않고 빈손으로 들어와서 한 시간 내내 독특한 방식으로 흥미롭게 말씀하였으나 체계적인 강의는 아니었던 것으로 기억된다.

   4학년 2학기쯤 졸업을 앞두고 나는 나의 진로를 고심하였다. 1950년대 후반 나라는 가난하였고(일인당 국민소득 100달러 미만), 산업은 일어나지 않았으며, 농경 사회를 벗어나지 못하고 있었다. 대학을 졸업해도 일자리는 없었다. 상경계 학생들은 몇 안 되는 은행에 입행하면 최고로 잘되는 것이었고, 문과나 이과 학생들은 중·고 교사가 되면 잘 되는 것이었으며, 정치학과나 법학과 등의 학생들 역시 몇 안 되는 신문사에 입사하면 출세하는 것이었다. 나는 철학과 출신이어서 갈 곳이 매우 제한되어 있었다. 더구나 나는 막연하게 그 어느 쪽으로 가는 것도 마음에 내키지 않았다. 뭐라고 할까. 그렇게 작게 살고 싶지 않았던 것일까. 나는, 이것은 아니다 싶어 우선 대학원에 진학하기로 하였다.

대학원에서의 둘째 학기인 1958년 가을 학기에 나는 정석해 교수님의 '과학철학' 세미나를 수강하고서 학기 논문으로 「공간의 상대성 — 아인슈타인의 특수 상대성 이론이 칸트의 시·공에 대한 관념성설을 시인하느냐」를 제출했는데, 정석해 선생님이 이 논문을 『자유공론』(1959년 7월호)에 게재하였다. 그 당시는 글을 인쇄하는 일이 여간 어려운 일이 아니었으며, 더구나 그 글을 정석해 교수님으로부터 인정받았다는 것은 나로서는 큰 기쁨이요 자신감을 주는 일이 아닐 수 없었다. 나는 석사 학위 논문으로 「플라톤의 이데아론」을 썼으면 한다고 정석해 선생님(당시 철학과장)에게 말씀드렸더니, 한 번 잘 정리해보라고 하셔서 한 학기 만에 끝내버렸다. 나는 가정 형편상 대학원을 2년 이상 끌 수 없어서, 석사 학위 논문을 한 학기 안에 끝내야 했었다. 김하태 박사님이 주심이셨고 정석해 교수님과 조우현 교수님이 부심을 맡으셨다. 당시 김하태 박사님이 학부에서 플라톤 철학과 아리스토텔레스 철학을 강의하고 계셨기 때문이다. 논문 초고를 제출하고서 정해진 날짜에 찾아뵈었더니 김하태 박사님은, "잘 썼어요. 그런데 좀 문학적이지 않아요?"라고 하셨고, 정석해 선생님은, "됐수다. 인쇄하도록 하시오"라고 하셨으며, 조우현 교수님은 "논문 심사 때 코멘트하지요" 하셨다. 이리하여 나는 석사 학위 논문은 실질적으로 한마디 지적도 받지 않은 채 원고를 그대로 인쇄에 부칠 수 있었다.

내가 플라톤의 이데아론을 석사 학위 논문으로 선택한 이유는, 플라톤의 이데아론이 철학에서 가장 오래되고 중요한 문제인 하나[一]와 여럿[多]의 문제에 대한 회답이라고 보았기 때문이다. 우리는 철학이 크게 두 유형으로 나누어짐을 안다. 하나에 역점을 두는 철학과 여럿에 역점을 두는 철학이 그것들이다. 하나에 역점을 두는 철학으로는 파르메니데스의 정적인 철학, 플라톤의 관념론, 플로티노스의 일자(一者) 철학, 기독교 사상, 대륙의 이성론, 칸트에서 헤겔에 이르는 독일 관념론 그리고 현대에서는 『논리철학논고』를 중심으로 하는 비트겐슈타인의 초기 철학으로 이어진다고 할 수 있다. 이 철학들은 하나를 지향하고 절대·불변을 중시하고, 이성을 신뢰하는 철학들이다. 여럿에서 하나를 구하려 하고, 그 하나로 여럿을 설명하려 한다. 근대까지는 하나를 지향하는 철학이 주류를 이루었다고 할 수 있다. 이에 대하여 여럿에 역점을 두는 철학으로는 헤라클레이토스의 동적인 철학, 소피스트의 상대주의, 아리스토텔레스의 실재론, 영국의 경험론, 효율성을 강조하는 프래그머티즘, 실존주의, 『철학적 탐구』를 중심으로 하는 비트겐슈타인의 후기 철학 그리고 포스트모더니즘으로 이어지고 있다고 할 것이다. 이 철학들은 여럿을 수용하고 변화와 상대성을 중시하고, 경험을 인식의 창구로 하는 철학이라고 할 수 있다. 여럿을 현실로 받아들이고 그것을 있는 그대로 설명하고 이해하려는 철학이다.

그러면 나는 왜 하나의 철학에 관심을 갖게 되었는가. 내가 성장한 시대는 사상적으로 절대주의 바람이 강하게 불고 있었다. 진리란 절대·불변의 것이고, 철학은 그러한 절대·불변의 진리를 찾는 학문으로 인식되어 있었다. 그리고 과학도 다양하고 복잡한 현상들에서 하나의 원리를 찾아내어 그것으로 현상을 설명하는 것으로 이해되고 있었으며, 같은 맥락에서 철학도 관점을 세우는 일이요, 그 관점으로 복잡한 현상을 설명하는 것으로 이해되고 있었다. 나는 플라톤의 이데아론이 바로 하나인 이데아로써 여럿인 현상을 설명하는 철학임에 착안하여 그의 이데아론에 관심을 갖게 되었던 것이다.

나는 1960년 3월에 석사 학위를 받고, 약관 26세에 천운(天運)으로 연세대 철학과의 교단에 전임(full time)으로 서게 되었다. 내가 1960년대에 강의한 과목은 주로 철학개론, 논리학, 서양 고대 철학 강독 등이었는데, 고대 철학 강독에서는 플라톤의 《대화편》들을 학생들과 함께 읽어나갔고, 그것을 토대로 플라톤에 관한 논문들을 몇 편 쓰기도 하였다. 그러나 이 일을 해나가는 과정에서 나는 다음 두 문제에 부딪히게 되었다. 앞으로 플라톤 전공자가 되려면 그리스어를 해야 하는데, 그동안 영어를 하고 독일어를 하느라 엄청나게 힘들었는데 그 위에 다시 그리스어를 해야 하는 일은 고난의 길이 아닐 수 없었다. 다음으로 이것보다 더욱 나를 당혹케 한 일은 플라톤의 ≪대화편≫들은 읽어갈수록, 이것이 철학인지 문학인지 분간이 되지 않을 만큼 명석·판명하지 않다는 것이었다. 어떤 주장을 펴나갈 때마다 끝까지 논리로 일관하지 않고 비유를 통해 구렁이 담 넘어가듯 이론의 전개 과정이 애매하다는 것이었다. 여럿에서 하나를 구해나가는 플라톤의 철학이 한 점 구름 없이 투명해야 하는데, 애매하고 불투명한 것에 회의를 느끼게 되었던 것이다.

1960년대 중반 우리나라 철학계에 초기 분석 철학인 논리 실증주의 바람이 불기 시작하여, 에이어(Ayer), 비트겐슈타인(Wittgenstein), 팹(Pap), 퀴네(Quine), 라이헨바흐(Reichenbach)의 저서들이 몰려들기 시작하였다. 나는 이 책들을 읽으면서 그 문체의 명료함과 논조의 명석함에 매료되어, '이것이다. 이것이 나의 기질에 부합되는 철학이다. 이쪽으로 나가 보자'라고 마음먹게 되었다. 그리하여 이때부터 분석 철학에 관한 공부를 독력으로 시작하였고, 분석 철학에 관한 논문들을 몇 편 쓰기도 하였다. 나는 분석 철학에 관한 이러한 이해를 바탕으로 1971년에 미국 에머리대 대학원으로 가서 분석 철학을 전공하기 시작하여, 정확히 4년만인 1975년에 「비트겐슈타인의 『논리철학논고』에서의 '검증성'의 개념」이라는 논문으로 박사 학위를 취득하였다.

『논리철학논고』를 중심으로 하는 비트겐슈타인의 초기 철학은 말할 수 있는 세계와 말할 수 없는 세계로 가르고서, 철학은 말할 수 없는 세계에 대해서는 침묵하고 말할 수 있는 세계에 한정되어야 한다는 것인데, 말할 수 없는 세계와 말할 수 있는 세계를 판별하는 데 '검증성' 개념이 주요한 역할을 하게 된다. 그리고 비트겐슈타인의 『논리철학논고』의 세계는 여럿의 세계가 아니고 하나의 세계를 지향하는 철학이다. 철학에서 애매함을 걷어내어 철학을 명료하게 하려는 것이고, 철학에서 신비한 밀림을 물리치고 검증 가능한 도시를 건설하려는 것이었으며, 다의적인 일상 언어 대신 일의적인 이상 언어를 세우려는 것이었다. 이렇게 볼 때 하나로 여럿을 설명하려는 플라톤의 이데아론과 철학을 말할 수 있는 세계로 한정하려는 비트겐슈타인의 『논리철학논고』의 세계는 서로 맥을 같이한다 할 것이다. 그러나 나는 박사 학위 논문을 완성해가는 단계에서 하나의 회의에 빠지고 있었다. '검증성'의 개념이 애초에 논리실증주의자들이 의도했던 '직접적' 검증이나 '실제적' 검증으로는 의미의 범위가 지나치게 제한되어 검증성 개념을 넓힐 수밖에 없었고, 이것을 '원리적 검증 가능성'으로까지 넓히게 되면, 그 때는 본래 논리실증주의자들이 배제하려 했던 형이상학적 명제까지도 의미 있는 것으로 받아들이게 되어, '검증성'의 정체성에 문제가 발생하게 된다는 것이었다.

 1975년에 한국에 돌아왔을 때, 불과 4년만인데도 철학계는 많이 변해 있었다. 철학에 상대주의 바람이 거세게 불고 있었다. 실용주의가 진리를 상대성으로 장식하고 있음은 물론이요, 실존주의가 이성보다는 의지에, 관념보다는 실재에 무게를 두고 있었다. 또한 논리실증주의는 힘을 잃고 있었고 과학주의에 대한 비판이 일고 있었으며, 비트겐슈타인 연구도 후기로 넘어가 있었고, 모더니즘의 한계를 극복하려는 포스트모더니즘의 바람까지 불기 시작하고 있었다. 1975년에 연세대 철학과로 돌아온 나는 학부의 '분석 철학'에서는 에이어의 『언어진리논리』와 비트겐슈타인의 『논리철학논고』를 중심으로 강의하였고, 대학원의 비트겐슈타인 세미나에서는 그의 후기 철학의 주저인 『철학적 탐구』를 학생들과 함께 철저하게 읽기 시작하였다. 이 책은 하나의 세계가 아닌 여럿의 세계, 이상의 세계가 아닌 일상의 세계에 기초한 철학이었다. 나는 이 책을 읽으면서 비트겐슈타인을 천재라고 생각하였다. 철학은 이러한 천재들이 해야 하는 학문임을 새삼 깨닫게 되었다. 그의 번쩍이는 착상, 독창적인 생각, 미세한 사고에까지 파고드는 분석적 사고, 생각을 전개하는 명료한 논리 등에 압도당할 뿐이었다.

이 책에서 나는 새로운 사실에 눈뜨게 되었다. 하나의 세계보다 여럿의 세계가 윤택하고, 철학의 문제도 삶의 문제와 마찬가지로 서로 복잡하게 얽혀 있으며, 세상이란 하나로 단순화하기에는 너무나 복잡하고 다양하다는 것을 알게 되었다. 이때부터 나의 철학적 사유는 하나와 여럿, 이상과 일상, 말할 수 있음과 말할 수 없음 사이를 오가며 헤매게 되었다 할 것이다. 그러나 나는 끝내는 철학은 이성에 기초해야 하고, 말할 수 있어야 하며, 하나로 지향해야 한다는 생각에서 벗어나지 못하고 있다. 나는 철학을 이성적 작업이라고 생각한다. 철학이 이성적 작업이라야 서로 이해하고 소통하고 일치와 불일치를 확인할 수 있을 것이기 때문이다. 따라서 철학은 끝내는 하나로 지향하는 이성적 작업이라야 하지 않을는지. 여전히 나는 하나를 지향하는 이성적 철학의 향수에서 벗어나지 못하고 있는 것인지 모르겠다.

 1975년에 미국에서 돌아온 나는 1960년대에 가르치던 과목들 대신 분석 철학, 언어 철학, 현대 윤리학, 비트겐슈타인 세미나 등 새로운 과목들을 가르치기로 하였다. 나는 새로운 각오와 의욕으로 철학에 정진하기로 다짐하였다. 그리고 나는 그러한 발걸음을 내딛기 시작하였다. 그러나 1977년 4월에 미국에서 돌아온 지 불과 1년 6개월 만에『연대춘추』주간으로 차출되고, 그 후 끊임없이 줄기차게 이런저런 행정 보직을 맡다가 급기야 1988년에서 1992년까지 연세대 총장을 역임하게 되고, 1995년에는 교육부장관을 맡게 되었으며, 다시 1997년에서 2005년까지는 광운대 총장으로 일하게 되었다. 나의 학문적 업적들을 연대별로 점검해보면 보직에서 풀렸을 때는 업적이 다소 있고 보직에 매었을 때는 업적이 없음을 확인하게 된다. 보직과 업적은 양립할 수 없다는 것이 드러나게 되는 셈이다. 다행히 원주 캠퍼스에서의 5년간은 밤에 사택에서 혼자 수도원의 수도사처럼 금욕적으로 연구에 몰두할 수 있었기 때문에 그때는 번역도 하고 논문도 쓸 수 있었다. 나는 1960년에 연세대 교단에 섰을 때 학생들에게는 따뜻한 선생이 되고 학문적으로는 큰 업적을 내는 학자가 되고자 다짐하였다. 철학이 내 삶의 전부가 되게 하려 하였다. 그러나 회상의 언덕에서 되돌아보니, 철학이 내 삶의 전부가 되지 못하고 일부에 그쳐 있음을 발견하고 아쉬움의 회한에 젖게 된다. 그러나 나는 아직도 나의 학문을 향한 길이 막혀 있다고는 생각하지 않는다. 내가 오늘도 지금까지의 그것보다 더 크고 넓은 학문의 길을 모색하고 있다면 지난날의 아쉬움에 대한 오기요 변명에 불과하다 할 것인지.

# 나의 글쓰기의 역정

나는 오래전부터 글을 잘 썼으면 하는 소망을 갖고 있었다. 이 소망을 이루기 위해 꾸준히 노력하고 있으나 아직도 그 소망은 충족되지 않은 채로 있다. '글쓰기도 하나의 타고난 재능이다. 노력만으로는 한계가 있다'는 것이 내가 내린 잠정적 결론이다.

나는 좋은 글을 읽은 후 그 필자를 만나기라도 하면 기탄없이, "당신의 글을 잘 읽었다. 내용이 참 좋았다. 어떻게 그렇게 글을 잘 쓸 수 있느냐"고 나의 느낌을 털어놓는다. 나에게서 이런 상찬의 말을 들은 분이 여럿 있을 것으로 안다. 나는 요즈음 윤형섭 호남대 총장과 때때로 만나 식사하며 대화하는 시간을 갖고 있다. 어느 날 글쓰기 이야기가 나오자 윤 총장께서 다음과 같은 일화를 들려주었다. 1960년대 후반 『연세춘추』에 칼럼을 쓰고 있을 때, 어느 날 교정에서 나를 만났다고 한다. 그 당시엔 나와 그다지 친숙한 사이도 아니었는데 자기를 보자마자 거리낌 없이 "윤 교수님, 『연세춘추』 칼럼 잘 읽었습니다. 글이 참 좋았습니다. 글에 힘도 있고 논점도 좋고요"라고 말하더라는 것이다. 그래서 "저 사람, 글에 관심이 많구먼…. 남을 면전에서 칭찬할 수 있으니 성격도 묘하군"이라고 혼자 중얼거렸다는 것이다. 그리고 10여 년이 흐른 1977년의 어느 날, 당시 윤 교수는 학생처장으로서 『연세춘추』 편집인을 겸하고 있었는데, 건강상 이유로 사표를 제출한 『연세춘추』 주간 후임을 선정할 필요가 생기게 되었다. 당시 L 총장께서 누구를 『연세춘추』 주간으로 선임했으면 좋겠느냐는 하문이 있었는데, 그때 자기 머리에 떠오른 것이 바로 나였다고 한다. '글에 대한 관심도 있고 글을 평가하는 안목도 있는 것 같아서' 『연세춘추』 주간에 합당하다고 판단되어 천거했다는 것이다. 그리고 『연세춘추』 주간을 발판으로 그 후 학내 여러 보직들을 두루 거치면서 오늘 우리가 이렇게 서로 자리를 함께 하게 된 것이라고.

　나는 조우현 교수님을 글 잘 쓰시는 분으로 생각하고 있다. 그리고 지금도 그 판단에는 변함이 없다. 선생님의 『인간에의 향수』라는 수필집에는 주옥같은 글들이 실려 있다. 글의 수준이 다소 높아 대중적 인기를 끌지는 못했지만, 그렇기 때문에 오히려 나는 선생님의 글을 높이 평가한다. 나는 1960년대 후반 어느 날 연구실로 선생님을 찾아뵙고 나의 글쓰기에 대한 고충을 털어놓은 적이 있다. "저는 글이 길게 쓰이지 않습니다. 대전제, 소전제, 결론, 이렇게 세 줄만 쓰고 나면 더 이상 글이 나가지 않는데, 선생님은 어떻게 그렇게 글을 길게 쓸 수 있습니까. 글을 잘 쓸 수 있는 비결이라도 있습니까?" 이러한 나의 하소연에 선생님은 대개 다음과 같이 말씀하신 것으로 기억하고 있다. "글 쓰는 일은 어려운 일입니다. 누구나 글 쓰는 데 대한 고충을 안고 있지요. 나도 그랬고 지금도 그렇습니다. 기승전결을 염두에 두고 글을 써보십시오. 문제를 제기하고서 그것을 끌고 가다가 한 번 돌려서 끝을 맺는 겁니다. 그리고 글에다 윤색을 가해보십시오. 그러면 글이 아름다워지기도 하고 길어지기도 합니다. 예를 들면 '백두산'으로만 쓰지 말고, '우리나라에서 가장 높은 백두산', '우리의 민족 정기가 서려 있는 백두산' 하는 식으로. 그리고 좋은 글을 많이 읽고 글을 자주 써야 합니다. 별다른 방도가 있겠어요?"

나는 글 쓰는 형태에 크게 둘이 있다고 생각한다. 하나는 한꺼번에 죽 써내려가는 '일필휘지형'이고, 다른 하나는 조금 쓰다가 다시 읽어보면서 고쳐나가는 '파지만장(破紙萬杖)형'이다. 나는 안병영 교수와 이명현 교수가 글을 잘 쓰는 분이라고 생각하며, 두 분 다 나보다 한 수 위라고 생각한다. 나는 두 분을 만난 자리에서 글을 어떻게 쓰느냐고 물어본 적이 있다. '일필휘지형'인지 '파지만장형'인지를. 두 분 모두 일필휘지한다고 했다. 한꺼번에 죽 써내려간다는 것이다. 글을 써내려가다가 잘 되지 않으면 통째로 내던져버리고 다시 쓰기 시작한다는 것이다. 그리고 한 번 쓴 글은 두 번 읽어보지 않고 그냥 넘겨버린다고 한다. 나로서는 놀라운 일이요 부러운 일이 아닐 수 없다. 나는 조금 쓰다가는 다시 읽어보고, 운을 맞추고, 추고(推敲)하고, 다시 써가다가 읽어보고 고쳐나가기 때문이다. 나는 글을 쓰다가 원고지를 찢는 일은 거의 없다. 고쳐나갈 뿐이다. 따라서 나는 파지만 장형은 아니고 '추고형'이라고 하겠다. 대체로 일필휘지형의 글은 글이 살아 있고 힘이 있다. 그러나 글에 기복이 심하다. 어떤 때는 좋은 글이 되고 어떤 때는 수준에 미치지 못하는 글이 될 수 있다. 그러나 추고형의 글은 글에 힘이 없고 생명이 없다. 그러나 글에 짜임새가 있고 논리성이 있다. 글에 기복이 별로 없고 큰 실수도 없다. 나는 내가 옛날에 쓴 글을 읽어보아도 잘 짜여 있다고 생각되고, 어떻게 글을 이렇게 짜임새 있게 썼는가라고 생각하게 되며, 이 글을 다시 쓸래도 이렇게 쓰기 힘들겠다고 생각한다. (나도 요즈음엔 일필휘지형에 가까워지면서 나의 글에 짜임새가 흐트러지고 있다는 느낌이다.) 글을 어떻게 쓸 것인가. 일필휘지형으로 쓸 것인가 추고형으로 쓸 것인가는 선택의 문제가 아니고 성격의 문제라고 생각된다. 성격을 타고나듯 글 쓰는 형태도 타고나는 일로 생각된다. 각자의 글 쓰는 형태에 따라 좋은 글을 쓰기 위해 최선을 다할 뿐이다.

오늘에 이르기까지 나의 필력을 더듬어보기로 한다. 1954년 대학 1학년 국어 시간에 장덕순 교수님이 중간 시험 때까지 단편 소설 한 편씩을 제출하라는 과제를 내셨다. 나는 '윤희'라는 제목의 단편 연애물을 제출하였다. 원고지(이하 200자 원고지) 60매 분량으로 기억한다. 학기말에 장 교수님은 학생들이 제출한 40여 편의 단편 소설 중에서 두 편을 골라 학생들 앞에서 읽어주셨는데, 그 중의 한 편이 나의 작품

(?)이었다. 교수님은 나의 작품에 대해서 "문체가 부드럽고 논리성이 있고 재미있게 읽을 수 있는 글이나, 구성이 단순하고 결말이 현실성이 없어보인다"고 품평했던 것으로 기억하고 있다. 어쨌든 이것은 나의 글이 타인에 의해 긍정적으로 평가된 최초의 일이요, 이를 계기로 나는 글 쓰는 일에 약간의 자신감을 얻었을 것으로 안다.

나는 1959년의 가을 학기(9~12월)에 석사 학위 논문 「플라톤의 이데아론」을 완성하였다. 당시에는 석사 과정 4학기 중 3학기 동안에 교과목(27학점)을 이수하고, 마지막 학기에 '논문작성법'을 이수하면서 석사 학위 논문을 작성하도록 되어 있었다. 나는 석사 학위를 4학기 안에 끝내야만 했다. 여건상 한 학기도 늦출 수 없도록 되어 있었다. 나는 12월 중순경 논문을 완료하여 1960년 3월에 석사 학위를 받게 되었고, 천운의 힘을 입어 1960년 3월부터 '전임조교'라는 이름으로 연세대 문과대학 철학과 강단에 서게 되었던 것이다. 그 후 나의 논문은 「플라톤의 이데아론」과 「플라톤의 이데아론에 대한 검토」라는 제목으로 『인문과학』제7집과 제8집(연세대 인문과학연구소, 1962)에 실렸다. 그 뒤 어느 날 나는 교정에서 신과대학의 조직신학 교수였던 서남동(徐南同) 교수님을 만났는데, 그 분께서 "박 선생님, 선생님의 그 플라톤의 이데아론입니까? 그 논문 잘 읽었습니다. 참 좋은 논문이었습니다. 저의 연구에도 크게 도움이 되었습니다"라고 겸손한 어조로 칭찬하는 것이었다. 나는 지금도 그 분의 그 맑고 겸손한 모습을 잊을 수가 없다.

세월이 많이 흘러 나는 1977년 4월에 드디어 『연세춘추』

주간이란 직책을 맡게 되었다. 1960년 3월에 연세대 교단에 선 지 17년 만의 일이었다. 이것이 내가 맡은 최초의 보직이었다. 아무래도『연세춘추』주간이라는 자리는 더욱 글쟁이 신세로 될 수밖에 없는 계기가 되었다. 학생기자의 글에 가필하여 바깥(?) 기관의 눈에 크게 거슬리지 않게 완화시켜야 하고, 때때로 '사설'을 써야 하기 때문이었다. 물론 학생기자의 글에 가필하는 일은 학생과 한동안 실랑이를 벌여야 하는 괴로운 일이었다. 어쨌든『연세춘추』주간이 됨으로써 나는 주기적으로 글 쓸 기회를 갖게 되었다. 신문의 사설을 써야 했기 때문이다. 물론 연세춘추사에는 논설위원들이 있었다. 그러나 사설은 주로 주간이 써야 했고, 주간의 요청에 의하여 논설위원들이 사설을 쓰도록 되어 있었다. 나는『연세춘추』주간의 자리를 6개월(1977년 4~10월)밖에 지키지 못했다. 그 해 10월에 교무처장 자리로 옮겼기 때문이다. 나는『연세춘추』주간 재임 기간에 신문을 모두 15호 발행했는데, 그중에서 사설을 8번 썼으니 격주로 한 번씩 쓴 셈이된다.『연세춘추』주간 자리는 내가 본격적으로 글쓰기를 시작한 출발점이었다 할 것이다.

 1977년 10월에 나는 교무처장으로 자리를 옮겼다. 나를 교무처장으로 임명하는 자리에서 당시의 L 총장께서 나에게 한 말을 나는 지금도 기억하고 있다. "교무처장은 대학의 꽃입니다. 복장도 단정히 하고 언행을 무겁게 하십시오. 교수들의 신분을 관리하는 자리니까요." 교무처장이 된 지 며칠 되지 않은 어느 날 총장님의 부름을 받아 총장실로 갔더니 글을 하나 써보라는 것이었다. 어떤 행사를 위한 격려사였던 것으로 기억한다. 덧붙여 "박 처장은 철학 교수이니 글을 잘 쓸 것 아니오?" 하시는 것이었다. 철학 교수는 글을 잘 쓴다는 일반적 통념에 따른 말로 이해하고 있다. 하기야 철학은 실험이나 통계에 의존하는 학문이 아니고 생각을 언어와 논리로 펴나가는 학문이니까 그런 말이 성립될 수도 있을 것이다. "철학도들이여, 철학자는 글을 잘 쓴다는 통념을 충족시켜나가시라."

총장이 되면 글 쓸 일이 많아진다. 특히 연세대와 같은 큰 대학의 경우에는 더욱 그러하다. 행사도 많고 축사 의뢰도 많기 때문이다. 따라서 총장이 되면 글을 써야 하는 부담과 고통을 안게 된다. 총장으로서는 이 글들을 최측근인 처장이 써주면 가장 좋다. 처장은 늘 총장 가까이에 있는 자리라 그 분의 생각과 의도를 가장 잘 읽을 수 있기 때문이다. 나는 이 날부터 2년 반 동안 L 총장의 '고스트 라이터'가 되었다. 그리고 L 총장의 뒤를 이은 A 총장의 고스트 라이터로서도 글쓰기 수련을 하게 되었다. 물론 고스트 라이터는 한 사람이 아니고 몇 사람이다. 그러나 나는 그 분들 중에서도 비교적 앞줄에 서 있는 고스트 라이터였다고 생각한다.

총장의 글을 대신 쓰는 일은 결코 쉬운 일이 아니다. 총장의 글이기 때문에 격조가 높아야 하고, 그 행사에 적합한 메시지가 담겨야 한다. 일을 어렵게 하는 것은 주기적으로 되풀이되는 동일 행사에 다른 내용을 담아야 하는 일이었다. 나는 이 작업을 할 때는, 불과 원고지 10매 내외의 글을 써야 함에도 불구하고 이삼 일을 잡아놓고 하루에 서너 장씩 써나갔다. 잘 쓰기 위해 고심하고 정성을 다했기 때문에 일을 마치고 나면 입술이 터지고 가벼운 몸살을 앓을 정도였다. 그리고 글을 끝낸 후에도 총장님께서 이 글을 어떻게 보실지 불안하기조차 하였다. 나는 나의 글이 수정 보완되어 낭독되는 행사에는 반드시 참석하여 그 글을 주의 깊게 들으면서 어떤 부분을 어떻게 썼으면 좋았겠다는 자평을 하면서 앉아 있곤 하였다.

  1988년 8월 1일에 나는 연세대 100년 역사에서 처음으로 교수총회에서 총장 후보로 추천된 소위 '민주 총장 1호'로서 연세대 총장이 되었다. 이 날로 나는 10여 년에 걸친 고스트 라이터에서 벗어나, 나의 글을 내가 직접 써야 하는 고통의 길로 들어서게 된 것이다. 나는 총장이 되면서 '총장 취임사'를 마련해야 했다. 나는 감동적인 취임사를 갖고 싶었다. 나는 A 교수님에게 취임사를 부탁하였다. A 교수는 그때 이미 명문가로 이름 나 있었고, 내가 평소에 좋아하고 존경하는 분이었다. A 교수가 취임사 초고를 나에게 넘기면서 "부득이하게 바쁜 일로 직접 쓰지 못하고 강상현 박사(당시 동아대 신문방송학과 조교수. 지금은 연세대 신문방송학과 교수)에게 부탁하여 쓰게 한 후, 그 초고에 손을 보아 마련된 것이라고 하였다. 강상현 박사는 A 교수와 내가 『연세춘추』 주간으로 있을 때 학생기자로 있었고, 글을 잘 쓰는 사람이었기 때문에 나는 별로 당황하지 않았다. 나의 총장 취임사는 그 초고에 내가 가필하여 완성된 것이다. 나의 총장 취임사는 비교적 좋은 평을 받았고, 지금도 나는 그 취임사에 만족하고 있다.

  앞서 말한 바와 같이 연세대는 큰 대학이어서 치러야 할 행사도 많고 외부에서 청탁하는 원고도 많다. 학교의 공식 행사로는 졸업식과 입학식, 창립기념식, 교직원 정년퇴임식 등이 있고, 건물을 지을 땐 기공사, 완공되면 준공사를 해야 한다. 학생들의 각종 행사 팸플릿에도 총장의 격려사는 필수다. 무악축전, 연고전, 교육방송의 숲속의 향연, 화우회전, 서예전, 학생들의 체육 행사, 음악대학 음악회 등 이루 헤아릴 수 없다.

 나는 오랫동안 고스트 라이터의 역할을 해보았기 때문에 총장이 얼마나 많은 글을 써야 하는지를 알고 있었다. 그래서 총장이 되면서 나도 몇 분의 고스트 라이터를 두어야겠다고 마음먹었다. 연세대에는 글 잘 쓰는 교수들이 많기 때문이다. 그러나 나는 이 일에 실망하고 얼마 후부터 모든 행사의 글을 내가 직접 쓰기로 하였다. 나는 이 고난의 길을 스스로 선택한 것이다. 나는 내 목소리를 직접 내는 총장이 되고 싶기도 했고, 명색이 철학자 총장이 제 목소리를 내지 못한대서야 말이 되겠는가라는 오기에서였다. 그리고 그렇게 할 자신도 있었다. 물론 나도 처음 몇 차례 글을 잘 쓴다고 생각하고 있던 교수에게 글을 부탁해보았다. 그러나 그 일이 순조롭게 진행되지 못했다. 언제 사용할 글이니 행사 이삼 일 전까지 써주면 좋겠다고 당부했음에도 불구하고 그 날짜를 지키지 않고, 그 전날 밤에야 갖고 와서 현관에 밀어 넣고 벨을 누르고는 가버리는 것이었다. 나를 더욱 당황하게 만든 것은 그 글이 사용할 수 없을 만큼 마음에 들지 않았다는 것이다. 글이 격식을 갖추지 못하고 있거나, 글의 내용이 행사의 취지를 살리지 못하고 있었다. 그래서 나는 그 글을 통째로 폐기하고 밤을 새워가며 다시 써서 행사에 겨우 맞추었던 것이다. 이러한 경험을 한두 차례 겪고서는 대필 의뢰를 포기하고 내가 직접 쓰기로 작심한 것이다.

물론 남의 글을 쓴다는 것은 쉬운 일이 아니다. 더구나 행사용 글을 쓴다는 것은 괴로운 일이 아닐 수 없다. 행사의 취지도 정확히 모르고, 총장이 그 행사를 통해 말하려는 것이 무엇인지도 모르는 일반 교수로서는 총장의 마음에 드는 글을 쓰기가 결코 쉬운 일이 아니다. 이러하여 나는 총장 재임 4년간, 그 많은 온갖 행사의 글들을 모두 남의 힘을 빌리지 않고 내가 직접 쓰게 된 것이다. 그래서 나는 내 목소리로 총장직을 수행했다는 자부심을 갖고 있다.

나는 거의 매일 아침 일찍 일어나서 총장공관의 뜰을 아홉 바퀴쯤 돌고 맨손 체조로 몸을 풀고선 책상 앞에 앉아 행사용 글을 쓰곤 하였다. 지금 누군가가 나에게 "총장 때 가장 힘들었던 일은, 그리고 총장 시절을 회고할 때 떠오르는 일은?"이라고 묻는다면, 나는 한마디로 "글 쓰는 일이 가장 힘들었고, 아침마다 글 쓰느라고 고심했던 일"이라고 할 것이다. 나의 글쓰기는 이러한 과정을 거쳐 점차 숙달되기 시작하였으니, 1992년 7월에 총장직을 마감할 즈음에는 메시지 세 개 정도만 잡으면 하루나 이틀 아침 시간에 원고지 10매 정도의 글은 크게 힘들이지 않고 만들어낼 수 있을 정도로 되었던 것이다.

나는 1995년에 7개월여(5월 16일~12월 20일) 교육부장관을 역임한 바 있다. 내가 교육부장관에 취임한 지 불과 보름만에 '5·31교육개혁안'이 발표되었기 때문에 나는 스스로

'교육 개혁의 전도사'임을 자임하고, 교육 개혁의 배경과 취지, 전망 등 한마디로 교육 개혁의 철학을 홍보하기 위해 전국을 돌아다니면서 각종 모임에서 무려 30여 회에 걸쳐 강연하였다. 이 밖에 교육부장관으로서 각종 행사에서 연설하지 않을 수 없었다. 이 경우 나는 해당 국(局)에서 작성해온 초고에 가필하여 사용할 수밖에 없었다. 그러나 교육부의 주요 행사라고 할 수 있는 전국대학총장회의나 전국전문대학장회의의 연설문은 내가 직접 작성하였다. 나는 7개월여의 짧은 재임 기간 동안에 총장회의를 세 번(서강대, 제주신라호텔, 서울올림피아호텔) 개최하였고, 전문대학장회의를 한 번 개최하였는데, 전문대학장회의에서의 연설문「전문대학의 시대가 열리고 있다」는 전문대학장들로부터 호의적 반향을 크게 일으켰고, 1995년 하계 전국대학총장회의(제주신라호텔)에서의 연설문「대학을 열린 교육 사회로」에 대해서는, 최근 어느 자리에서 이상주 교육부총리(당시 울산대 총장)께서 "그 연설문 참 좋았습니다. 나만이 아니고 몇 총장들이 그렇게 생각했습니다. 철학하시는 분이라 글의 내용도 깊고, 글의 짜임새도 매우 논리적이었습니다"라고 높이 평가해 주었다. 교육부장관으로서 전국의 대학 총장들 앞에서 하는 연설이라 나도 그 글에 열성을 기울인 것이 사실이다.

이제 내 나이 69세. 고희에 접어든 나이여서인지, 나는 나의 뜻과는 달리 '원로'(?)로 취급되기도 하고, 나의 삶에서 역사적 자료를 구하려는 대상이 된 것으로 보인다. 한국철학회에서 학회 설립 50주년을 맞아 나에게 '나의 글쓰기의 역정'을 쓰게 하는 것도 그 한 사례라고 하겠다. 나는 이와 유사한 글을 이미 세 편이나 쓴 바가 있으니, 1994년 1월 내가 환갑을 맞이한 해에 『철학과 현실』에서 '나의 철학적 인생론'을 청탁하였다. 나는 그것을 내 삶의 일부를 정리할 수 있는 좋은 기회라고 생각하여 「자유도 운명도 아니더라」는 제목의 글을 쓴 바 있다. 인생이란 자유로운 것도 아니고, 그렇다고 운명적으로 결정된 것도 아니고, 자유와 운명의 상호 작용에 의하여 꾸려지는 것이라는 취지의 글이었다. 이 글에 대해서 어느 날 김태길 교수님께서 "박 총장, '자유도 운명도 아니더라'는 글 재미있게 읽었어요. 박 선생도 글쟁이던데요?"라고 평가해주셨다. 서강대 강영안 교수도 "선생님, 글 재미있게 읽었습니다. 글 잘 쓰시던데요. 우리 젊은 사람에게는 역사적 의의도 있었어요. 그런 글 많이 써주십시오"라고 하였다.

1999년 어느 날 나는 『기독교세계』 편집자로부터 전화를 받았다. 『기독교세계』의 '나의 삶, 나의 교회'라는 코너에 2회에 걸쳐 '나의 기독교에 관련된 삶과 기독교관'을 써달라는 것이었다. 나는 아직 나의 종교를 말할 때가 아니라고 고사했으나, 교회 생활을 오래한 장로님이신데 어찌 할 말이 없겠느냐면서 막무가내여서 어쩔 수 없이, 「당신에 이르는 길고도 먼 길」(『기독교세계』, 1999년 6월/7월/8월/9월호)이라는 제목으로 2회에 걸쳐 연재하였다. 그런데 편집자로부터 다시 전화가 왔다. 독자들의 반응이 예상외로 좋아 계속 연재해달라는 것이었다. 자기의 종교적 내면을 이렇게 있는 그대로 솔직하게 서술한 글은 보기 드물다는 것이었다. 나는 2회만 더 쓰기로 하고 그 글을 마무리했다.

한국대학총장협회에서 발행하는 『대학지성』에는 '역대 장관에게 듣는다'라는 코너가 있다. 교육부장관들이 역임 순으로 써내려오고 있는 글이다. 2002년 3월에 나의 순서가 되었는지 편집자로부터 원고 청탁이 왔다. 나는 「교육 개혁의 전도사」(『대학지성』, 2002년 5월)라는 제목으로 나의 장관 시절의 행적들을 담았다. 입각 경위, 교육 개혁의 전도사로서의 역할, 국민학교에서 초등학교로의 교명 변경, 박사 후 과정의 신설, 대학원 중점 지원 사업에 얽힌 이야기 등을 줄거리로 하였다. 나는 그 글의 말미에서 이 글은 모든 행적들을 담지 못한 '미완성의 것으로 되고 말았다'고 하였더니, 얼마 후 『대학지성』의 편집인 김세중 교수로부터 전화가 왔다. 편집회의에서 선생님의 글을 한 번 더 싣기로 만장일치로 의견을 모았다는 것이다. 나는 그런 글은 그 정도에서 멈추는 것이 좋다는 말로 완곡하게 거절하고 말았다.

1997년 10월 1일자로 나는 연세대에서의 37년(1960년 3월~1997년 9월)간의 교수 생활을 접고 광운대 총장으로 자리를 옮겼다. 그것도 총장 공모에서 19 대 1의 높은 경쟁률을 뚫고 취임하게 되었다. 어느 날 나는 송자 총장(당시 명지대 총장)으로부터 축하 전화를 받았다. 연세대 총장과 교육부장관을 지내신 분이 총장 공모에 응하다니, "선배님, 참 용감하십니다"라는 것이었다. 나는 총장 취임식에서 내가 직접 작성한 총장 취임사를 낭독했다. 그 취임사에 접한 광운대 구성원들은 한마디로 충격을 받았다는 것이다. 그렇게 격조 높고 내용 있고 감동적(?)인 글은 처음 대했다는 것이다. "역시 다르구나"라고 평가했다는 것이다. 나는 그 뒤 광운대에서의 각종 행사에서도 그러한 평가를 유지하기 위해 늘 연설문 작성에 정성을 다하고 있다. 그리고 좋은 연설을 하기 위해 최선을 다하고 있다. 나는 대학 총장의 연설문은 대학의 품격을 높이는 일이요 교육의 일환이 된다고 생각하고 있기 때문이다.

나는 대학의 크고 작은 행사의 연설문을 모두 글로 쓴다. 그래야만 머릿속에 흩어져 있던 생각들이 정리되기 때문이다. 그리하여 그 행사가 비교적 가벼운 것이라고 판단되면 나는 그 연설문을 읽고 만다. 그러나 그 행사가 크고 비중이 높다고 생각되면, 그리고 그 자리를 통해 총장의 이미지를 높일 필요가 있다고 판단되면 그 연설문을 암기하다시피 하여 원고 없이 연설한다. 물론 연설문을 암기하여 원고 없이 연설하는 일은 쉬운 일이 아니다. 그러나 총장직을 수행하기 위해서는 그 정도의 노력은 해야 하고, 그 정도의 고통은 감당해야 하는 것이다. 이 세상에 숨은 노력 없이 이루어지는 일은 없는 것이다.

나는 오래전부터 정범모 교수님을 흠모해왔다. 그 분이 소위 '정범모 사단'의 총수이기 때문이 아니고 그 분의 글 때문이다. 나는 교육 관련 모임이나 대학총장회의 등에서 정범모 교수님의 발표문을 접할 기회가 있었다. 그 분의 글은 당신의 머리에서 나온 글이었다. 남의 사상들을 이리저리 엮은 글이 아니었다. 당신의 생각이었다. 그러면서도 그 글은 내용이 있고 무게가 있고 논조가 있었다. 당시만 해도 남의 이론들을 엮지 않고서는 글을 쓸 수 없었던 나로서는 놀라운 일이었다. 어떻게 글을 저렇게 쓸 수 있을까. 언제쯤

나도 저렇게 글을 쓸 수 있을는지 ….

세월이 흘러 1999년 7월에 나는 대한민국학술원 회원이 되었다. 나로서는 기대 밖의 큰 영광이었다. 나는 학술원 인문・사회 제1분과에 속하게 되었고, 그 분과에서 정범모 교수님을 만나게 되었다. 나로서는 송구스런 일이 아닐 수 없었다. 더구나 2001년에 이돈희 교육부장관의 배려로 학술원은 2600만 원의 정책연구비를 받게 되었는데, 그 연구를 정범모 교수님(책임연구자)과 내(공동연구자)가 함께 하게 된 것이다. '지식 기반 사회의 교육 이념과 교육 정책'이라는 연구 과제에서 정범모 교수님은 교육 이념을 다루었고, 나는 교육 정책을 다루게 되었다. 이 연구 과제 수행 과정에서 '목차'를 작성하기 위해 몇 차례 만나 협의하였다. 정범모 교수님은 추진력이 있는데다 안목 또한 높았고 연구 경험이 풍부한 분이었다. 정범모 교수님은 원고지 360매, 나는 원고지 460매로 그 연구를 완료하여, 그 해 11월말 연구 기한에 앞서 교육부에 연구보고서를 제출하였다. 이 일을 통해 나는 내가 높이 흠모하던 정범모 교수님과 함께 연구하는 영광을 안게 되었고, 나도 정범모 교수님과 동일 반열에 서게 된 것이 아닌가 하는 착각을 일으키게 되었는지도 모른다.

학술원 회원이 되고난 후, 연구 복이 터졌는지 나는 연구비를 계속 받게 되었다. 연세대 교수로 있을 때 나는 거의 연구비를 받지 못했다. 그 당시엔 연구비도 거의 없었고, 나의 전공이 인문학 중에서도 철학이라 연구비가 잘 배정되지 않았으며, 대학에서 이런저런 행정 보직을 맡았기 때문에 연구비 신청을 자제했던 것이다. 그런데 뜻밖에 학술원 회원이 되고서 연구비를 계속해서 받게 된 것이다. 2001년에는 앞서의 교육부 정책 과제를 정범모 교수님과 함께 수행하였고, 2002년에는 '대학원 교육의 개선 방안'이라는 학술원 정책 과제를 수행하였으며, 2003년에는 2004년 10월에 개최될 '학술원 개원 50주년 기념 국내 학술 대회'에서 발표할 주제 중의 하나인 '인문학의 위기와 그 대처 방안'을 다루기로 되었기 때문이다. 나는 이에 앞서 학술원 정책 과제인 '대학원 교육의 개선 방안'을 그 마감일인 2003년 2월 28일보다 두 달 앞서 2002년 12월에 원고지 430매로 완료하여 학술원 사무국에 제출하였다.

여기서 그 바쁜 총장직을 수행하면서 어떻게 그 많은 원고를 소화했느냐는 의문을 제기하실 분이 있을 것이다. 1990년에 연세대 총장직을 수행하고 있던 어느 날, '내가 이렇게 행정에만 파묻혀 살아도 되느냐. 1960년 3월에 내가 대학 교단에 서게 되었을 때 나는 좋은 선생이 되고 훌륭한 학자가 되기로 다짐하였는데, 내가 이렇게 매일같이 행정에 시달려서야 되겠느냐. 회의하고, 또 회의하고, 사람 만나고, 행사에 참석하여 축사하고, 이러한 생활을 되풀이하고만 있어도 되느냐. 명색이 교수라는 사람이, 그 귀한 시간을 학구적인 생활에 할애하지 못하고 행정에만 바쳐도 되느냐. 하루 다만 몇 시간이라도 나를 위해, 학구적 생활을 위해 할애할 수는 없을까?'라고 자문하였다. 그리하여 내가 내린 결론은 '그렇다. 아침 시간을 이용하자. 아침 두 시간을 나를 위해 사용하자. 그 두 시간 속에서 학구적인 나를 발견하자. 학자로서의 나를 지키자.' 이러한 결론에 이르게 된 것이다.

그 날 이후 나는 지난 12년간 어떤 일이 있어도 매일 아침 다섯 시에 일어나 화장실에 들른 다음 커피 한 잔을 책상머리에 놓고 여덟 시 15분경까지 두 시간 가까이 아침 작업에 들어간다. 누구에 의해서 어떤 것에도 방해받지 않고 아침 두 시간을 집중해서 글쓰기와 책읽기를 계속하니, 웬만한 과제들을 수행할 수 있게 되었다. 그리고 나도 매일 학구적인 시간을 갖는다고 생각하니, 행정만 하고 있다는 자책감에서 벗어날 수 있고 떳떳할 수 있게 된 것이다.

  나는 비교적 오랫동안 글쓰기에 관심을 갖고 좋은 글을 쓰기 위해 고심해온 셈이다. 여기서 나의 경험을 토대로 내가 글쓰기에 대해서 내릴 수 있는 결론은 이러하다. '글쓰기도 타고난 재능이 있어야 한다. 노력만으로는 한계가 있다.' 나는 원고 청탁을 받으면 언제나 흔쾌히 받아들여 원고 마감일 전에 보내준다. 그러나 나는 스스로 글을 쓰는 일은 거의 없다. 나는 일기도 쓰지 않는다. 나는 글 쓰는 재주를 타고나지는 않았다. 그래서 나는 늘 글 쓰는 일에서 한계를 느끼고 있는지도 모른다.

# 자유도 운명도 아니더라

나는 비교적 평탄한 인생을 살아왔다. 평탄했다기보다는 단조로운 삶을 살았다는 것이 맞을지도 모른다. 6.25사변 때 피난한 경험도 없고, 고픈 배를 움켜쥐고 세상을 원망해보지도 않았으며, 못 믿을 건 여자라며 눈물지은 가슴 아픈 사연도 없고, 동료로부터 배신당하여 분개해본 일도 없다. 나는 늘 말하곤 한다. 나의 인생은 극화(劇化)할 소재가 못 된다고. 그러나 격동의 한국 현대사 60년을 살아온 나에게 어찌 기억에 남을 사건이 없을 것인가. 이제 그것들을 들춰보기로 한다.

## 해방의 느낌

나는 1941년에 국민학교에 입학했다. 아시아에 전운(戰雲)이 급박하게 감돌던 시기였다. 그 해 12월에 드디어 태평양전쟁이 발발했으니 …. 나의 바로 윗반 학생들은 학교에서 '조선어'를 배웠다는데, 내가 입학했을 때는 '조선어' 과목은 교과에서 빠져 있었고 역사도 일본 역사를 배웠으니 나는 완전히 민족혼이 빠진 학교 교육을 시작한 셈이다. 집에서는 한국말을 쓰고 학교에서는 일본말을 사용해야 했다. 학교에는 한국인 교사도 있고 일본인 교사도 있었으나 누가 누군지 알 수 없었다. 국민학교 1학년 때 통신표에 나타난 이름은 한자로 '朴煐植'이었으나 2학년 때부터 이름은 일본 이름으로 개명되었지만 어찌 된 영문인지 명확히 깨닫지 못했었다. 아버지와 형님들이 조소 섞인 말들을 하는 것 같았지만, 나는 그것을 의식할 나이에 이르지 못했던가보다. 나의 국민학교 교육은 이렇게 시작되어 이러한 분위기에서 진행되고 있었다. 나는 나의 국적 정체성에 혼란을 겪고 있었으며, 한국의 산하도 이렇게 숨을 죽이고 있었다.

　나는 국민학교 5학년 때 해방을 맞았다. 일본의 항복이 방송된 그 날 동네 청년과 어른들은 어디서 나왔는지 저마다 손에 태극기를 들고 "조선 독립 만세!" "대한 독립 만세!"를 외쳐대면서 길거리로 쏟아져 나오고 있었다. 나는 그 물결치는 행렬을 보고 당혹감에 젖어 있었다. 어린 마음에 저래도 되는 건지, 경찰에 붙잡혀가는 건 아닌지 걱정이 되기도 했다. 나는 해방의 기쁨을 표출해도 되는 건지 표출해선 안 되는 건지가 헷갈리는 상태로 해방을 맞았던 것이다. 나는 이렇게 조국의 해방을 부끄럽게 맞이했던 것이다. 나의 세대의 보통 아이들의 공통된 느낌이 아닐는지. 이러한 부끄러운 감정의 유산을 우리의 후대에겐 남기지 말아야 할 것이다.

해방이 되자 친일 행위를 단죄하는 소문들이 들려왔다. 어느 면장은 청년들의 몰매에 맞아죽었느니, 어느 경찰서 형사는 밤중에 어디론가 도망을 쳤다느니 하는 소문들이었다. 그러나 그것은 소문에 그친 것만은 아니었다. 어느 날 아침 아버지께서 사랑방 손님에게 세숫물을 떠다드리라고 해서 들고 갔더니 거기에 우리 국민학교 교장 선생님이 계시는 것이 아닌가. 그 교장 선생님이 우리 집으로 피신해온 사연은 이러했다. 그 교장은 일본말을 못하는 장모를 모시고 있었는데, 장모께 이야기할 때는 부인을 가운데 통역으로 놓고 교장이 일본말로 하면 그것을 부인이 한국말로 옮겨 말했다는 것이다. 그는 교장의 지위를 지키기 위해 철저히 일본인으로 행세했던 것이다. 동네 청년들이 이 빠진 교장을 혼내주어야 한다면서 몽둥이를 들고 몰려갔던 모양이다. 나는 그 교장을 위해 며칠 동안 세숫물과 밥상 시중을 들었다. 그는 그 후 어디론가 자취를 감추었다. 내가 다시 그를 먼발치에서나마 보게 된 것은 그로부터 불과 1년 반만의 일이었다. 부산 부민국민학교는 경남도청과 길 하나를 사이에 두고 있었다. 나는 그때 부산 부민국민학교로 옮겨와 있었다. 2층 교실에서 도청광장을 내려다보고 있노라니 그 교장이 도청 직원들을 앞에 세워놓고 훈련 호령을 하고 있는 것이 아닌가. 나는 놀라서 눈을 비벼 다시 보았으나 분명 그 사람임에 틀림없었다. 그는 그때 이미 경남도청 학무과장의 자리에 앉아 있었다. 그는 그 후 부산 시내의 고등학교 교장을 거쳐 부산시 교육감을 지냈으며 다시 서울로 옮겨와 고등학교 교장과 서울시 교육감의 자리를 누렸다. 나는 물론 우리 집 사랑방에서 본 이후로는 그의 이름을 신문 지상에서 보았을 뿐 그를 한 번도 찾아간 적은 없다. 나는 이렇게 해방을 어리둥절한 감정으로 맞이했으며, 그 교장 선생의 행적은 나의 마음속에 늘 떫은 감정과 어두운 그림자로 남아 있다.

## 나의 이력서

우리 집안은 해방의 기쁨을 만끽할 수 없었다. 해방된 지 다섯 달 만인 1946년 1월에 아버지가 오랜 투병 끝에 돌아가셨기 때문이다. 그때 아버지의 나이는 44세였고, 어머니 슬하에는 6남매가 남겨져 있었다. 여자는 돈을 알면 안 된다면서 아버지 혼자서 경제권을 행사하셨기 때문에 어머니로서는 해방 후의 급변하는 사회적 변화에 대처할 수 없었다. 1948년 정부 수립 후 단행된 토지 개혁으로 백 석 남짓했던 소작농은 지가증권(地價證券)으로 바뀌어 휴지가 되고 말았으며, 마을 앞 농토에서 거둬들인 벼는 정부에 의하여 싼값으로 강제 수매되어 손에 쥐는 것이 거의 없었다. 설상가상으로 6·25사변까지 터졌으니, 이때부터 우리 집안의 가난은 지루하고 오래 계속되었다. 중학 입학에서 대학원 졸업까지의 학창 시절 내내 나의 호주머니는 늘 텅 비어 있었고 돈을 버는 일은 나와는 거리가 먼 신비한 일로만 여겨졌다.

이러한 어려운 여건에서도 나는 국민학교를 세 번 옮겼다. 해방이 되면서 나는 읍내 국민학교로 옮겼고 졸업을 불과 두 달 남짓 남기고 다시 부산의 국민학교로 옮겼던 것이다. 이것은 오로지 어머니의 결단에 의하여 이루어진 일이었다. 어머니는 학교 교육을 받은 분이 아니었지만 자식들에 대한 교육열은 대단하셨다. 자식들의 교육을 당부하신 아버지의 유언을 맹목적으로 실천한 것인지도 모른다. 나는 어머니의 교육적 열성 덕분으로 경남중학교에 입학할 수 있었고, 오늘날 내가 밥술깨나 먹는 것도 어머니의 열성 덕분이라고 늘 생각하고 있다.

　중학 시절 여름방학이면 소치는 일은 나의 몫이었다. 형님은 형이라는 이유로 이 일을 마다했고 동생은 동생임을 내세워 이 일을 기피했다. 소치는 일은 오후 세 시경부터 산 그림자가 김해평야에 길게 뻗으면서 사방이 어둑어둑해지는 저녁 여덟 시경까지 하루에 다섯 시간씩 지루하게 계속되었다. 어떤 때는 친구들과 함께 소를 치는 경우도 있지만 혼자서 소를 치는 일도 자주 있었다. 하루에 다섯 시간씩 산에서 혼자 보내는 일은 결코 쉬운 일이 아니었다. 그것도 매일같이. 소설책을 읽기도 하고 시집을 낭송하기도 하지만, 다섯 시간 내내 할 수 있는 일은 아니었다. 그래서 나는 그 무료한 시간을 메우기 위해 주로 두 가지 공상에 젖어들곤 했다. 하나는 산 아래 펼쳐진 농토를 갖고 기와집을 짓는 상상이었다. 논들을 사들여 큰 농장을 만들고 그것을 바둑판으로 정지 작업하고, 거기에 차가 다닐 수 있는 길을 내어 농업을 현대화하는 것이다. 농업의 대형화와 기계화를 꿈꾸었던 것이다. 그러나 나의 이러한 꿈은 내가 대학 교육을 위해 서울로 올라온 후 다시 시골로 내려가지 않음으로써 한낱 무료한 시간을 때우기 위한 몽상에 그치고 말았다.

다른 하나는 나의 이력서를 쓰는 일이었다. 나의 미래를 설계하는 일이었다. 땅거미가 내려앉은 어둑한 산 속에서 혼자서 내 마음대로 나의 미래를 화려하게 수놓는 것이다. 지금의 중학교를 마치고는 서울로 올라가 한국서 제일 좋은 고등학교로 진학하고 대학도 일류 명문 대학으로, 그리고는 미국이나 영국의 이름난 대학원에 가서 박사 학위를 받고 돌아와선 대학 교수가 되고…. 나의 이력서는 이렇게 계속되고 있었다. 내가 나의 백일몽에서 깨어날 때면 어느덧 땅거미는 짙게 내려앉고 사방은 어둑해져 있었다. 소를 몰고 산을 내려오는 나의 얼굴은 상기되어 있었고 남에게 내 속을 드러낸 것 같은 부끄러움에 젖기도 했던 것이다. 나는 여름방학이 되면 지금도 고향을 생각하고 소 치던 때를 생각하고 그때 꿈 많던 소년이 손바닥에 썼던 이력서를 되새겨 보곤 한다. 그때로부터 45년이란 세월이 흐른 지금, 나는 그때 내가 썼던 이력서에 얼마나 근접한 삶을 살았는지를 되뇌어보면서 나 혼자 남모를 미소를 입가에 짓게 된다. 나는 이제 환갑도 지나고 정년도 몇 년 남지 않았으니 나의 이력서는 사실상 끝난 셈이다. 나는 나의 이력서의 여백을 깨끗하게 지키고자 한다. 이것이 내가 기울여야 할 마지막 노력으로 다짐하고 있다.

### 6·25의 아픔

우리 세대가 겪은 최대 비극인 6·25를 짚고 넘어가지 않을 수 없다. 6·25가 뿌린 아픈 상처와 깊은 불신이 오늘날

통일을 방해하는 가장 큰 장애물로 되고 있음은 6·25가 얼마나 참담한 사건이었는가를 단적으로 말해주고 있다.

  6·25는 내가 고등학교 1학년 때 발생했다. 그 해는 새로운 학제 시행으로 6월 1일에 1학기가 시작되었으니, 학기가 시작된 지 한 달도 채 못 되어 사변이 터진 것이다. 그 날은 일요일이었고, 나는 그 당시 경남도청 앞에서 하숙을 하고 있었기 때문에, 아침밥을 먹고선 도청 지하실로 가서 탁구를 치고 있었다. 오전 열 시 반쯤 되었을까, 갑자기 사이렌이 울리고 사람들이 웅성거려 밖으로 뛰어나왔더니 북한 공산군이 남침했다는 것이었다. 이렇게 해서 3년여 이 강토를 피로 물들이고 남북을 적으로 만든 6·25사변이 시작되었다. 부산에 있던 우리는 사변이 터진 지 여섯 시간이 지나서야 그 사실을 알게 된 셈이니 나는 지금도 그 연유를 알지 못하고 있다. 사변이 터진 지 사흘도 못 되어 토성동의 학교 교사는 육군병원으로 개편되어 우리는 동신국민학교에서 수업을 받기로 되었으나 그곳으로 옮긴 하루 만에 그 학교도 육군병원으로 개편되는 통에 우리는 완전히 공부할 터전을 잃고 임시 휴교에 들어갈 수밖에 없었다. 그때 나는 사변이 발생한 지 불과 이삼 일 만에 많은 부상병들이 들것에 실려 학교 교사로 들어오는 것을 목격하고 우리 측이 큰 상처를 입고 있음을 실감할 수 있었다.

  9월이 되면서 우리는 사태를 어느 정도 수습하게 되었고, 학교는 다시 문을 열게 되었다. 우리는 무작정 구덕산으로 올라가 나뭇가지에 흑판을 매달고 돌멩이를 깔고 앉아 수업을 받기 시작했다. 글자 그대로 노천 수업이 시작된 것이다.

비가 오는 날이면 학생들이 나무 밑에 옹기종기 서서 "수업 그만 합시다"라고 소리를 지르면 그 당시 젊은 교감이었던 이창갑 선생님이 걱정스러운 표정으로 교무실에서 나와 하늘을 쳐다보면서 "지금 구름이 이동하고 있으니 비가 곧 그칠 겁니다. 수업은 계속합니다"라고 하면, 학생들이 우우하고 소리치면서도 계속 수업을 받았다. 바람막이도 없는 초겨울 노천 교실에서 손은 시리고 깔고 앉은 돌멩이가 차가워 엉덩이를 들썩인 기억이 새롭다. 고등학교 1학년은 이렇게 노천 교실에서 보내고 2학년과 3학년은 천막 교실에서 수업을 받으면서 고등학교를 마쳤다. 나의 고등학교 과정 3년은 이렇게 6·25로 시작하여 6·25로 끝났으며, 한국 교육사에 진기한 기록들을 남기면서 마감했다. 그러나 그때 우리는 한마디 불평도 없이 열심히 공부했고, 우리 옆에 있던 부산여고 교문(?)에는 '여기는 우리의 싸움터'라는 간판을 내걸고 공부했던 것이다. 1993년은 고등학교 졸업 40주년이 되는 해라 동기 동창 100여 명이 졸업 40년 만에 환갑의 나이로 반백의 머리를 하고 구덕산 기슭의 모교를 방문했다. 거기에는 노천 교실도 천막 교실의 흔적도 찾을 길 없고 잘 정돈된 고등학교 건물들이 들어서 있었다. 6·25사변으로 경황없이 임시로 올라왔던 구덕산 기슭이 모교의 캠퍼스로 정착될 줄이야 그때 누가 알았으랴. 세상일이란 계획되어 진행되기보다는 흘러가다 되는 것이 아닌가를 실감나게 했다.

 6·25사변 전 부산은 인구 50만 정도의 조용한 항구 도시였다. 이러한 부산이 사변으로 임시 수도로 되고 전국에서

피난민들이 몰려들자 포화 상태가 되었다. 산비탈엔 판자촌이 형성되고 뒷골목엔 판잣집들이 들어서게 되었다. 길거리는 사람들로 북적대고 국제시장은 먹고살려는 사람들의 아우성으로 수라장이 되었다. 사람들은 먹고살기 위해 모든 것을 벗어던지고 알몸으로 뛰고 있었다. 부산은 한계 상황에서 인간이 어떤 모습을 노정하는가를 전시하는 도시처럼 보였다. 그때 이후 한국은 시끄럽기 시작했으며, 이 소란 속에서 전통적인 가치관이 무너지고 사람 사는 태도가 바뀌기 시작했던 것이다. 6·25사변 때 부산 국제시장에서 시작된 시끄러움은 그 후 끊이지 않고 지속되었다. 군사 쿠데타로, 근대화·산업화로, 반독재·민주화로, 새마을운동으로, 다시 광주민주항쟁으로, 시끄러움은 끊일 줄 몰랐다. 이제 우리는 6·25로 놀란 가슴을 달래고 가난으로 맺힌 한을 씻고, 정치적 불안에서 벗어나 경제적 부의 축적도 자제할 필요가 있다. 우리는 안정된 마음과 차분한 자세로 이웃과 함께 걸어갈 여유를 되찾아야 할 때가 되었다고 본다. 우리의 가슴속에 깊이 잠복되어 있는 6·25의 상처에서 벗어날 때가 된 것이다.

  6·25 때의 한국과 부산의 상황은 실존주의를 잉태시킨 제1차 세계대전과 제2차 세계대전 전후의 유럽과 비슷한 양상을 띠고 있었다. 전쟁의 와중에서 인간의 존엄성은 추락되고, 가난에 시달렸으며, 개인은 전쟁 수행을 위한 대치(代置) 가능한 존재로 전락되고, 자유는 제한되고, 희망은 보이지 않았다. 그래서 당시 우리 사회에 실존주의가 유입되어 우리의 사상계를 풍미하고 있었다. 나도 그때의 사상적 유

행에 따라 카뮈의 『이방인』, 사르트르의 『구토』와 『실존주의는 휴머니즘이다』, 키에르케고르의 『이것이냐 저것이냐』를 닥치는 대로 읽었다. 그리고 당시에는 고등학교 2, 3학년 교과 과정에 논리학, 사회학, 윤리학이 포함되어 있어, 나는 이 과목들을 다른 과목들보다 흥미롭게 배웠고 수준 높은 과목으로 받아들였다.

요즈음 나는 때때로 '철학을 전공하게 된 동기가 뭐냐'는 질문을 받게 된다. 교수로서, 대학 강단에서 철학을 강의한 지도 35년에 접어들었고 사회적으로 활동하다 보니 이러한 질문을 받게 되는가보다. 그러나 이 질문에 대한 해답은 쉬운 일이 아니다. 나는 젊은이들에게 나의 전공 선택의 동기를 감명 깊게 미화할 능력도 없어, 단지 6·25라는 시대적 상황, 그때 불어닥친 실존주의 풍조 그리고 고등학교에서 배운 철학 관련 교과목들이 복합적으로 작용하여 나를 철학의 길로 들어서게 한 것이 아닌가 할 뿐이다. 6·25가 나에게 별다른 큰 상처를 남기지 않고서 오히려 철학의 길로 들어서게 한 하나의 계기가 된 것에서도 나는 인생의 기묘한 우연성을 절감하게 된다.

## 자유도 운명도 아니더라

나는 연세대 철학과에 입학하게 된다. 나는 이것이 연세대와의 긴 인연의 출발점이 될 줄은 전혀 예상치 못했다. 학생으로서 6년, 교수로서 35년, 이렇게 나는 연세대와 41년째 길고 깊은 인연을 맺고 있다. 학생으로 입학했을 때 나는 연세대 교수가 되리라고는 생각지 못했으며, 교수로 임명되었을 때도 총장이 되리라고는 상상도 못했던 일이다. 지금도 나는 연세대 입학부터가 나의 의지에 의한 것으로 보지 않는다. 그리고 그 후 연세대에서 교수가 되고 처장, 학장, 부총장을 거쳐 총장이 된 여러 가지 일들도 내가 만들었다고 보지 않는다. 그렇다면 그저 주어진 일인가. 감나무 아래서 입을 벌리고 누워서 된 일인가. 그러나 그렇게 한가하고 편하고 쉽게 보낸 세월은 결코 아니었다. 이러한 상념은 언제나 나를 인생은 자유도 운명도 아니라는 결론 아닌 결론에서 멈춰서게 하곤 한다.

철학과에 입학하여 나는 정석해 교수님을 만나게 된다. 정석해 선생님과의 만남을 나는 연세대에 입학한 보람과 긍지로 삼고 있다. 정석해 선생님은 1917년 연희전문학교에 입학하여 3학년 때인 1919년에 3·1운동이 일어나자 독립선언서를 학교 지하실에서 등사하여 고향으로 갖고 가는 일을 시발로 독립 운동에 참여하신 분이다. 그 일로 학업을 중단당하고 그 후 만주와 상해 등지에서 독립 운동을 돕다 유럽으로 건너가 독일 백림대에서 수학과 경제학을 공부하셨다. 이어 프랑스 파리대에서 철학을 전공하면서 주로 프랑스에서 20여 년 체류하시다가 해방 5년 전에 귀국하여 해방될 때까지 연금 생활을 하시다가, 1946년에야 연세대 철학과 교수로 부임하여 연세대와 깊은 인연을 맺게 되신 분이다. 4·19혁명 때는 4·19의 학생운동이 반전되려는 기미를 보이자 교수 데모의 의장으로서 '학생들의 피에 보답한다'는 플래카드를 내걸고 교수 데모대를 앞장서 선도함으로써

4·19혁명을 마무리짓는 데 결정적인 역할을 하신 분이다. 정석해 교수님의 교육에 대한 열정과 나라에 대한 뜨거운 사랑 그리고 사리(事理)에 대한 불같은 정의감은 많은 사람들의 귀감이다. 나는 정석해 선생님에 미치지 못하는 나를 늘 자책하곤 한다.

철학과에 입학하여 강의를 받고 보니 이것은 내가 기대했던 철학이 아니었다. 이것은 철학과에 입학하는 대부분의 학생들이 접하는 당혹감일 것이다. 철학을 통해 삶의 지혜를 얻을 수 있을 것으로 기대했으나 철학도 다른 학문과 다를 바 없는 하나의 이론이요 학문이었다. 과학을 응용할 때 기술이 나오듯, 철학의 지식을 쌓아 그것을 삶에 응용할 때 지혜가 된다는 것을 깨달은 것은 한참 후의 일이다. 그러나 나는 학문으로서의 철학에 절망하거나 좌절하지 않았다. 아니 그럴 정신적 경제적 시간적 여유를 갖지 못했던 것이다. 나는 학부 2년과 대학원 2년 이렇게 4년 동안을 백부님 댁에서 보냈다. 큰아버지께서 공부를 시켜주신 것이다. 숙식도 백부님 댁에서 했고 등록금도 백부님께서 도와주셨다. 나는 이 일에 대해 늘 감사하고 있다. 나의 학창 생활 마지막에 큰 힘이 되어주신 분이 백부님이시기 때문이다. 나는 하루 속히 학업을 마치고 독립해야 했기 때문에 대학에서의 철학의 성격으로 고민할 처지가 못 되었던 것이다. 내가 석사 학위 과정을 2년에 끝내버린 것도 같은 사정에서였다. 더 좋은 논문을 쓴다면서 앉아 있을 처지가 아니었던 것이다. 3학기 동안에 학점 따고 1학기 동안에 석사 논문을 써내어야만 했다. 늘 시간에 쫓기고 호주머니는 언제나 빈 채로 나의 학창 시절은 그렇게 고달프게 지나가고 있었다. 집에서는 동생 공부를 돌보아주어야 했기 때문에 나는 나의 시간을 갖기 위해 가능하면 학교에 나가 강의실과 도서관에서 시간을 보내었다. 나는 강의 수강에 충실했으며 공부도 열심히 하느라고 했다. 그것밖엔 별달리 할 일도 없었고 할 여유도 없었다. 사회도 비교적 침묵하던 시기였다. 6·25가 휴전으로 접어든 이후 4·19가 일어나기까지의 시기는 무이념·무정치의 시대였다고 할 수 있다. 6·25로 폐허가 된 한국을 재건해야 하는 일에 여념이 없었고, 모두가 가난했으며, 공산주의가 좋은 사람은 북으로, 민주주의가 좋은 사람은 남으로 갈라섰으니 이념 갈등의 소지도 없었다. 또한 산업화가 시작되기 전이었기에 가진 자니 못 가진 자니 하는 이분법도 성립될 수 없었다. 우리는 정치 문제로 학원이 열병을 앓는 일 없이 비교적 안정된 분위기 속에서 대학 교육을 받을 수 있었다. 비록 교육 여건은 부실했지만, 교수님들의 열성과 학생들의 열정이 결합되어 대학은 그 상아탑적 위용을 마지막으로 발휘하고 있었던 것이다.

그 당시 대학 졸업자가 나갈 곳은 크게 세 군데뿐이었다. 은행과 신문사와 고등학교였다. 그때는 산업화 이전이었기 때문에 기업체란 것도 몇 개 없었고 규모도 작았다. 내가 나갈 곳은 신문기자가 아니면 고등학교 교사였다. 나는 기자가 되었으면 하는 생각을 지녀보기도 했지만, 그것도 쉬운 일이 아니었을 뿐 아니라 그것은 내가 써온 이력서에 없는 직업이라 크게 열을 올리지도 않았다. 그래서 나는 별다른 목표도 없이, 더구나 대학 교수가 되겠다는 포부도 없이 그냥 대학원에 진학하여 공부를 더 계속하기로 하였다. 공부만은 하는 데까지 최고(?)로 해보자는 심산이었다. 나는 대학원에 입학했다는 사실을 백부님에게 말씀드리고 크게 꾸중을 맞았다. 대학을 마쳤으면 직장을 얻어 나가야지 또 무슨 공부냐는 요지의 말씀이셨다. 그러나 백부님은 계속해서 나의 공부를 도와주셨다.

내가 대학원에 진학했을 때 정석해 교수님의 연세는 59세였고 오랫동안 맡아오셨던 학교에서의 여러 보직들인 교무처장과 학생처장, 문과대학장 등을 모두 내놓으시고 우리의 강의에만 열중하고 있었다. 정석해 교수님은 학부에서나 대학원에서나 강의를 빠지는 일이 없었다. 세미나는 한 번에 논문 한 편을 다루는 방식으로 진행되었는데, 그 논문에 대한 논의가 끝날 때까지 시간에 전혀 구애받지 않고 날이 어두워질 때까지 진행하곤 하셨다. 1958년 가을 대학원 2학기 때 나는 정석해 교수님의 '과학철학' 세미나를 듣고 학기 논문으로 「공간의 상대성 — 아인슈타인의 특수 상대성 이론이 칸트의 시공에 대한 관념성설을 시인하느냐」를 제출했는데, 정석해 선생님이 이 논문을 『자유공론(自由公論)』(1959년 7월호)에 게재해주셨다. 그 당시는 글을 인쇄하는 일이 여간 어려운 일이 아니었으며, 더구나 그 글이 정석해 교수님으로부터 인정받았다는 것은 나로서는 큰 기쁨이요 새로운 자기 발견이 아닐 수 없었다. 지나고보니 그때 학자로서의 나의 길이 열리기 시작한 것이 아닌가 생각한다.

나는 「플라톤의 이데아론」을 석사 학위 논문으로 제출했다. 한 학기 만에 써버린 것이다. 그것을 한 학기 이상 붙들고 있을 여유도 형편도 못 되었다. 김하태 박사님이 주심이 셨고 정석해 교수님과 조우현 교수님이 부심을 맡으셨다. 그 당시 김하태 박사님이 학부에서 플라톤 철학과 아리스토텔레스 철학을 강의하고 계셨기 때문이다. 논문 초고를 제출하고서 정해진 날짜에 찾아뵈었을 때 김하태 박사님은, "잘 썼어요. 그런데 좀 문학적이지 않아요?"라고 말씀하셨고, 정석해 선생님은 "됐수다. 인쇄하도록 하시오"라 하셨으며, 조우현 교수님은 "논문심사 때 코멘트하지요"라고 말씀하셨다. 이렇게 나는 나의 석사 학위 논문에 대해서 실질적으로 한마디의 지적도 받지 않은 채 원고 그대로를 인쇄에 부쳤던 것이다. 이때 나는 논문이란 자기가 쓰는 것이라는 생각을 했고, 이것은 미국에서 박사 학위 논문을 쓸 때도 대동소이했던 것으로 기억된다.

석사 학위 논문은 통과되었는데 나의 진로는 정해지지 않았다. 그 당시 대학원에는 박사 학위 과정이 없었기 때문에 더 진학할 수도 없었다. 그렇다고 당장 외국으로 나갈 형편은 못 되었다. 당시엔 외국으로 유학한다는 것은 글자 그대로 하늘의 별따기요, 웬만한 사람은 꿈도 꿀 수 없는 일이었다. 그때에 비하면 지금은 얼마나 좋아졌는지. 1960년 2월은 나로서는 허공에 뜬 시기였다. '어쩐다, 뭘 한다, 어디로 간다?' 막연할 뿐이었다. 그때 내 마음속 깊은 곳에서는 학교에 남아 가르칠 수 있다면 얼마나 좋을까 하는 생각을 하고 있었는지 모른다. 그러나 나는 그것을 입 밖에 내본 적이 없다. 나는 할 일 없이 학교에 들러보기도 하고 친구 하숙방을 기웃거리기도 했다. 그러던 어느 날 우연히 나에게 큰 행운

이 떨어졌다. 나의 인생을 결정하는 사건이 일어난 것이다. 교정에서 정석해 선생님과 마주쳐 가볍게 인사를 했더니 내 옆을 지나치면서 "박 군, 날 따라오우" 하시는 것이 아닌가. 선생님 뒤를 따라가는데 선생님이 하도 **빠른** 걸음으로 걸어가시기에 내가 잘못 들은 것은 아닌가 싶어 걸음을 멈추려니까 다시 "따라오우" 하시는 것이 아닌가. 나는 잘못 들은 것이 아니구나 싶어 선생님 연구실로 따라갔더니, "박 군. 학교에 남아 계속 연구해보도록 하오. 조교로 쓰기로 백 총장과 이야기가 됐수다." 이렇게 해서 나의 연세대와의 제2의 인연이 맺어지게 되고, 석사 학위를 갖고 연세대 교단에서는 행운을 잡게 된 것이다. 벌써 35년 전의 일이요, 호랑이 담배 피울 때의 일로 들릴지 모르지만, 그러나 그때는 그 나름대로 어려움이 있었다는 사실을 유념할 필요가 있을 것이다.

**강의 예행 연습**

나는 1960년 3월 18일에 내 인생 처음으로 대학 교단에 섰다. 정확히 4·19 한 달 전의 일이었다. 그때 이미 3·15 부정선거가 마산에서 문제로 제기되긴 했지만, 그러나 그것이 한 달 뒤 4·19로 연결되어 12년간의 이승만 정권이 붕괴되리라고는 예측하지 못했다. 나는 1959년 입학생인 철학과 2학년에게 '논리학'을 강의했다. 정석해 교수님이 "논리학을 강의하도록 하오. 논리학을 가르치면서 논리적 훈련을 쌓는 일은 앞으로의 철학 연구에 크게 도움이 될 것이외다"

하시면서 당신이 지난 15년 동안 강의하셨던 논리학 강의를 나에게 넘겨주신 것이다. 그 당시 교수들의 강의 방식은 크게 둘로 나뉘어 있었다. 대부분의 교수들은 '받아쓰기' 방식을 채택하고 있었다. 강의 내용을 불러주고 그것을 받아적게 하고선 설명해나가는 방식이다. 그 밖의 소수 교수들만이 소위 프리 토킹으로 강의하였다. 나는 학생 때 받아쓰기 방식에 대해 불만을 품고 있었다. 그럴 바에야 프린트해서 나누어주고 설명할 것이지 팔 아프게 왜 받아쓰게 하는지 이해되지 않았던 것이다. 그래서 나는 강의를 프리 토킹으로 하기로 마음먹었다. 나이 26세밖에 안 된 젊은 사람으로서 대학 2학년을 대상으로, 그것도 노트를 보지 않고 논리학을 강의하기란 여간 마음에 부담되는 일이 아니었다. 더구나 젊은 사람이라 강의를 잘 못하면 실력 없는 선생으로 몰릴 수도 있었다. 나는 그럴 수는 없다고 생각했다. 그래서 강의 시간 전에 다른 빈 교실에 들어가 흑판에 판서를 하면서 강의를 예행 연습하곤 했다. 이것이 습관이 되어 나는 지금도 밤낮 하는 '철학개론'마저도 강의 시작 40분 전에는 연구실 문을 걸고 조용히 생각을 정리하고 마음을 가다듬곤 한다. 나는 강의를 거르지 않고 강의에 최선을 다하는 것을 교육적 신조로 삼고 있다. 나의 이 신조가 오늘의 나를 지탱시킨 바탕이 되었다고 생각하고 있다.

나는 「플라톤의 이데아론」을 석사 학위 논문으로 제출한 연고로 '고대 철학 강독' 과목을 맡아 학생들과 함께 영어로 된 플라톤의 《대화편》인 『국가』, 『변명』, 『메논』, 『크리톤』, 『파이돈』 등을 읽어나갔다. 그러면서 나는 「플라톤의 이데아론」 이외에 「영혼의 문제」, 「에로스의 성격」 등을 논문으로 써나가고 있었다. 그러는 동안에 나의 마음속에 플라톤 철학에 대한 일말의 회의가 일기 시작했다. 플라톤의 작품들이 다분히 시적(詩的)인데다 비유를 자주 사용하고 있어 논의의 전개가 불분명하다는 것이었다. 논의가 비유를 통해 어떤 결론에 이르긴 하지만 늘 무엇에 오도된 듯한 미심쩍음이 남곤 했다. 과학적 정확성이 결여된다는 생각을 떨칠 수 없었다. 그 위에 플라톤 철학을 전공하려면 그리스어도 극복해야 하고, 더구나 철학과 교수의 분포상 조우현 교수님이 고대 철학을 전공하고 계신데 두 사람이나 고대 철학을 한다는 것도 문제가 아닐 수 없어 전공 설정에 고심하고 있었다. 그러던 중에 비트겐슈타인의 『논리철학논고』와 에이어의 『언어·진리·논리』, 팹(Pap)의 *Elements of Analytic Philosophy*, 화이글(Feigl)과 셀라즈(Sellars)의 *Readings in Philosophical Analysis* 등의 책들에 접하면서, '이것이다! 분석 철학을 전공해보자!'라고 결심하게 되었다. 분석 철학은 내가 학생 때 강의 받지 못한 새로운 분야였으나, 나는 그것의 정확성, 간명성, 과학성에 매료되었다. 이때부터 나는 독학으로 이 방면의 글을 읽으면서 논문들을 쓰기 시작했으며, 미국으로 유학가게 되면 이것을 전공하리라 마음먹었다. 지금 생각해보면 그것은 매우 위험하고 성급한 판단이었다. 분석 철학이 뿌리내려 있는 수학적 논리적 심연의 깊이가 그 후 나를 얼마나 괴롭혔는지 고백하지 않을 수 없다. 분석 철학의 표피적 성격을 그것의 전부로 이해한 나의 무지에 대한 죗값을 그 후 톡톡히 치러야 했던 것이다.

나는 1960년 3월에 대학 교단에 서면서도 나의 학업은 아직 끝나지 않았다고 생각하였다. 박사 학위를 받아야 형식상 대학 교수의 자격이 갖추어진다고 생각하고 있었기 때문에 나는 늘 나를 미완으로 생각했고, 미완인 채 교단에 서 있는 나를 부끄럽게 생각하고 있었다. 그래서 나는 1960년대 중반부터 유학 준비를 시작했다. 학교 퇴근 버스가 종로에 닿으면 교수들은 '양지' 다방이나 '낭만'이라는 맥주홀로 빠져들었지만 나는 '코리아헤럴드학원'이나 '시사영어학원'으로 가서 영어 공부를 했다. 그곳 영어 강사 중에는 연세대 영문과의 나의 동료들도 있었지만, 나는 부끄럽게 생각하지 않고 수강했다. 1960년대 중반쯤에 벌써 졸업생들 중에 유학길에 오르는 사람이 생겨 나의 마음을 조급하게 했고, 박사 학위를 지닌 교수들이 마치 모든 것을 아는 척 거드름을 피우는 것이 못마땅하기도 해서 나의 결심은 더욱 굳어졌다. 그러나 유학길은 쉽게 열리지 않았다. 남의 돈으로 가려니 쉬운 일일 수 없었다. 그러던 중 한 가지 길이 열리게 되었다. 미국 뉴욕에 있는 연세대 후원 단체인 연합재단(United Board for Higher Education in Asia)에서 연세대 전임 교수 중 1년에 한 사람을 선발하여 미국 대학에서 석사 과정을 밟게 하는 것이었다. 비록 한국의 석사 교수들을 미국에 가서 다시 석사 과정을 밟게 하는 것이었지만, 그때로선 어쩌면 당연한 것이었고 큰 혜택이 아닐 수 없었다. 교수들은 그것을 따기 위해 경쟁적으로 줄을 서게 되었다. 1968년부터 나도 그 줄의 꽁무니에 서 있었다. 그 연합재단 펠로우십(Fellowship)을 따려면 미시간 테스트나 토플을 쳐야만 했다. 인문·사회

계열은 토플 성적이 520점을 넘어야 했다. 그러나 30대 후반의 우리에겐 그때로선 쉬운 일이 아니었다. 그런데 세상이란 묘한 것이었다. 처음에는 그 줄에 20여 명이 서 있었는데, 한두 해가 흐르면서 격감되어 1970년에 와서는 경쟁자가 두셋밖에 남지 않게 되었다. 드디어 1970년에 나는 하늘의 별 같은 펠로우십을 받아 1971년 7월 철학 교단에 선 지 11년 만에 박사 학위 취득이라는 무거운 부담을 지고 미국으로 유학의 길에 오르게 되었다. 그때 내 나이는 37세였고 학교에서의 직위는 전임조교 3년, 전임강사 3년, 조교수 4년을 거쳐 1971년 3월 갓 부교수로 진급되어 있었다. 이때 내가 느낀 것은 이런 것이었다. '세상이란 내가 잘 나서가 아니고, 남들이 포기하기 때문에 앞서게 되는 것이다. 인생은 마라톤이다. 꾸준히 뛰는 놈이 이기게 된다.'

그때만 해도 비행기를 타고 외국으로 유학하는 일은 대단한 사건이었다. 나도 그때 처음으로 비행기를 타게 된 것이다. 그때 공항에서 찍은 사진의 환영 인파를 보면 엄청나다. 우리 집안의 대소가는 물론이고, 문과대학에서는 학장님을 비롯하여 거의 모든 교수님들이 총동원되다시피 하였다. 줄잡아 50명은 될 것 같은 인파다. 그로부터 정확히 4년 뒤인 1975년 7월에 내가 박사 학위를 받아 금의환향(?) 했을 때 학교에서는 박사 학위를 취득했다고 2호봉을 특진시켜주었고, 문과대학에서는 환영연을 열어 축하하면서 금지환을 선물로 주기도 했다. 그때 인심은 그러했다. 그러한 따뜻하고 인간적인 인심이 지금은 어디로 갔는지. 그때는 참 좋은 시절이었나보다.

## 에머리에서의 애환

1970년 12월 내가 펠로우십으로 결정될 즈음, 학교의 연합재단 펠로우십 정책이 변화될 조짐을 보이고 있었다. 미국에 가서 석사 학위를 받아오는 일에 별다른 의의를 찾을 수 없을 만큼 우리 사회가 성장하고 있었던 것이다. 그래서 펠로우십 수혜 기간을 3년으로 늘려서 박사 학위를 받아오게 하자는 것이었다. 나도 석사 학위를 갖고 대학에서 10년이나 가르친 사람이 나이 40에 가까워 고생스레 유학 가서 다시 석사 학위를 받아오는 일은 승복할 수 없었다. 그래서 나는 연합재단 펠로우십 신청서 희망 학위 과정란에 박사 과정이라고 기록해버렸다. 물론 정책이 박사 과정으로 변경되기 전의 일이다. 이 사실이 드러나게 된 것은 내가 펠로우십으로 확정되고 난 후의 일이었다. 나는 어느 날 그 당시 이 일을 맡고 있던 원일한 박사에게로 불려갔다. 그는 이것이 석사 과정 프로그램인 줄 알면서 어떻게 박사 과정에 체크했느냐고 다그쳤다. 나는 이 프로그램이 변화될 것이라는 말을 들었다는 것과 이미 석사 학위를 갖고 있는데 또 석사 학위를 받아 뭘 하겠느냐는 요지의 말을 했던 것으로 기억한다. 이 일은 결국 2년 동안의 학업 과정을 살펴보고서 그때 가서 석사 과정으로 중단시키든지 1년 연장해서 박사 과정으로 전환시키든지 하겠다는 선에서 결말나고 말았다. 이러한 곡절을 거쳐 나의 유학길은 마침내 열리게 되었던 것이다.

나는 연합재단의 배려로 로스앤젤레스의 ELI에서 50일간 영어 훈련을 받고서 샌프란시스코와 시카고 그리고 뉴욕을 거쳐 에모리(Emory)대가 있는 애틀랜타로 가게 되었다. 나는 샌프란시스코에서 언덕 위의 그 다양하고 화려하게 채색된 아름다운 집들을 보고 지구상에 이렇게 아름다운 도시도 있나 하고 감탄하였다. 미국의 도시들은 모두 그 나름대로 아름답지만 미국에서 가장 인공적으로 아름다운 도시는 샌프란시스코이고, 자연적으로 가장 아름다운 도시는 애틀랜타라고들 한다. 나는 미국에서 자연적으로 가장 아름다운 도시에서 공부하게 된 것이다. 애틀랜타는 도심 자체는 얼마 되지 않고 도시가 숲 속으로 넓게 흩어져 있어 도시 전체가 하나의 커다란 공원으로 보였다. 그 당시 애틀랜타의 인구는 150만에 불과했는데 지금은 200만을 넘어섰다고 하며, 1996년에 제26차 올림픽대회가 열리게 된다니 그때 모교에 머리를 다시 한 번 방문할 기회를 가졌으면 한다.

에머리에서의 나의 유학 생활은 보람되고 유익하고 시야를 넓혀주고 그 후의 나의 삶에 큰 변화를 일으키게 되었지만, 그러나 유학 생활 그 자체는 고달프고 다람쥐 쳇바퀴 돌듯 무미건조한 것이었다. 미국의 대학생들은 대부분 기숙사 생활을 한다. 다른 지역에서 온 학생들은 물론이고 그 도시의 학생들도 부모 곁을 떠나 기숙사에 들어와서 학문 정보를 교환하고 서로 사귀면서 함께 생활한다. 이리하여 하나의 독립적 개체로 훈련받으면서 성장해간다. 이것은 대학의 시작에서부터 그러했고 그 전통을 그대로 이어가고 있는 것이다. 나도 여느 학생들과 마찬가지로 매일같이 아침에 기숙사를 나와 우체국에 들러 우편물을 체크한다. 우편물을 체크할 때면 늘 한국에서 어떤 소식이 왔는가에 가슴 설레었다. 그리고 그 옆에 있는 책방 겸 문구점에 들러보고는 세미나에 참석하고, 이어 칵스 홀(식당)에 가서 식사하고 도서관에서 책 읽다 자정쯤에 도서관 불이 꺼지면 지친 몸을 이끌고 기숙사로 돌아온다. 나는 4년 동안 매일같이 이 일을 지치지 않고 밀고 나갔다. 나에게는 동기와 목표가 뚜렷했고 늘 시간에 제한받고 있었기 때문에 다른 생각을 할 여유가 없었던 것이다.

내가 에머리에 도착해 며칠 안 되어서의 일이다. 칵스 홀에서 혼자 식사를 하고 있는데 주위에 있던 미국 학생들이 내 옆으로 와서 자리를 함께해도 좋으냐고 했다. 좋다고 했더니, 그 중의 한 학생이 어디서 왔느냐고 물었다. 한국에서 왔다니까, 그러냐면서 한국을 잘 안다고 했다. 자기 친구 중의 한 사람이 한국에 병사로 근무하고 돌아왔다는 것이다. 다른 학생이 뭘 전공하느냐고 해서 철학을 전공한다니까, 그 어려운 철학을 전공하느냐면서 한 번 가볍게 놀라는 표정이었다. 다른 학생이 철학 중에서도 무엇을 전공하느냐고 묻기에 '분석 철학'을 전공한다니까, 그 까다로운 분석 철학을 그 영어로 어떻게 하겠느냐는 표정으로 다시 한 번 놀라는 것이었다. 그 다음 학생이 누가 너의 주요 사상가냐고 다시 물었다. 분석 철학자 중에서 누구를 주로 다룰 것이냐는 질문이었다. 나는 다시 간단명료하게 비트겐슈타인이라고 했더니, 그들은 한꺼번에 모두 뒤로 나자빠지는 표정들이었다. 나는 이 불가능을 딛고 나와 함께 대학원에 입학한 열 명의 미국 학생들을 제치고 유일하게 4년 만에 학위를 끝내고 돌아왔던 것이다.

　내가 에머리에서 겪은 가장 큰 어려움은 물론 영어였다. 나는 '영어의 장벽만 아니면' 하는 말을 늘 혼자 입 속으로 뇌까리고 다녔다. 쓰는 영어는 시간이 걸리더라도 쓸 수 있었고, 말하는 영어는 내 나름대로 띄엄띄엄 말하면 되었지만, 문제는 듣는 영어였다. 사람들마다 발음이 다르고 더구나 그곳은 미국의 남부 도시라 흑인 특유의 꼬이고 흐르는 발음이 섞여 도무지 알아들을 수 없었다. 세미나에 참석하면 교수와 학생들은 그 유창한 영어로 논의를 전개한다. 나는 그 논의의 대체적인 흐름은 간파할 수 있었지만, 그것이 어떤 굽이를 어떻게 넘어 어디로 결론짓고 있는지 분명치 않았다. 갑자기 학생들이 웃기라도 하면 나는 뒤따라 웃는 척해야만 했다. 세미나에서의 결론이 어떻게 났는지는 늘 안개 속에 가려진 느낌이었다. 이것은 마치 공중에서 **바닷**가에 어떤 물건이 떨어졌는데 그것이 물속으로 떨어졌는지 백사장에 떨어졌는지, 바닷가에서 다소 떨어진 거리에서는 분명치 않은 것에 비유될 수 있을 것이다. 한편으로 나는 끝내 영어로 직접 글을 쓸 수 없었다. 습성 탓인지 고령(?) 때문인지 나는 그렇게 하지 못했다. 우리말로 글을 써놓고 그것을 영어로 옮겨서 수동 타자기로 두꺼비 파리 잡아먹듯 뚝딱뚝딱 쳐서 학기 논문을 작성했던 것이다. 나는 이러한 영어로도 1년에 3학기, 한 학기에 세 과목, 2년 동안에 18개 학기 논문을 제출했으며, 2년간의 교과 과정이 끝났을 때 나에게는 미완결 논문(incomplete)은 하나도 없었다.

　에머리는 명문(?) 사립 대학이다. 학부 학생 3000명, 대학원 학생 4000명 도합 7000명 규모의 대학이다. 이것은 미국 명문 사립 대학들의 대체적인 규모다. 대학의 재정 능력에 맞추어 대학 규모를 설정해나가고 있기 때문이다. 우리나라 대학들이 재정 능력은 고려하지 않고 대학을 양적으로만 팽창시키고 있는 현실에 접할 때마다 언제 어떻게 교육의 질을 심화시킬 수 있을지 걱정이 앞서기만 한다. 대학의 규모가 그러하기 때문에 에머리대 철학과도 규모가 크지 않았다. 학부 학생 120명과 대학원 학생 60명 해서 모두 180명 안팎이었고, 교수는 11명 정도였다. 그리고 학과 운영은 매우 짜임새있게 하고 있었다. 그래서 대학원 학생들은 모두 학과에서 정한 과목을 수강할 뿐 개인적 전공에 따른 선택의 여지는 거의 없었다. 2년째에 가서야 자기 전공에 관련되는 한두 과목을 택할 수 있었는데, 그때도 교수를 지정해서 직접 지도(directed study)를 받는 길밖에 없었다. 나는 세미나에서 '비트겐슈타인의 철학'을 한 과목 택하긴 했지만, 그것으로 부족하다고 생각되어 포션(Fotion) 교수로부터 직접 지도로 한 과목 더 듣기로 했다. 그 직접 지도 받는 시간은 매주 화요일 오후 한 시로 정했고 교재는 비트겐슈타인의 『논리철학논고』로 했다. 나는 에머리에서 공부한 4년 동안 나의 정체성(identity)을 한국 학생으로 고정시켰다. 그 당시 미국에는 장발의 히피족이 유행하고 있었지만 나는 한국을 떠날 때의 짧은 머리 모양을 그대로 유지했고, 옷도 한국에서 갖고 간 옷을 단정하게 입었으며, 교수님들을 만나면 고개를 깊이 숙여 정중하게 인사했다. 나는 이렇게 함으로써 내가 한국 명문 대학의 부교수 신분임을 은근히 상기토록 했으며, 이를 통해 '좀 봐달라'고 위압적으로 간청하고 있었는지도 모른다.

나는 매주 화요일 오후 한 시 10분 전에 포션 교수의 연구실 앞에 서 있다가 포션 교수가 나타나면 머리를 숙여 정중하게 인사하고 뒤따라 방으로 들어가서 함께 『논리철학논고』를 읽어나갔다. 그러다가 어려운 문제에 부딪히면 포션 교수는 그것을 다음 시간까지 타자용지 3매 정도로 해결해 오라고 했다. 매번 이런 식으로 진행되었기 때문에 나는 매주 타자용지 3매에 『논리철학논고』의 난해한 문제들을 풀어가야만 했다. 이 일은 결코 쉬운 일이 아니었다. 그러나 나는 이를 악물고 반쯤 울면서 밤을 새워가면서도 한 번도 거르지 않고 변명하는 일 없이 숙제를 손에 쥐고 매주 정확한 시간에 포션 교수의 연구실 앞에 서 있었.

이렇게 하자 한 학기가 끝날 무렵 나를 보는 포션 교수의 눈빛이 달라지기 시작했다. '이 친구 결심이 대단해. 괜찮은 놈이야. 도와주어야겠어!' 하는 것 같았다. 그 후 나에 대한 포션 교수의 태도는 완연히 달라졌으며, 포션 교수의 적극적인 도움으로 그 후의 종합 시험과 학위 논문 작성 그리고 구두 시험을 모두 무사히 마치고 1975년 6월 16일, 대학본부 앞뜰에서 거행된 졸업식에서 총장 애드우드(Edwood) 박사와 축하의 악수를 나누면서 철학 박사 학위를 받았던 것이다. 나는 박사 학위 취득을 내 인생에서의 두 번째 사건으로 기록하고 있다. 물론 첫 번째 사건은 1960년 3월 연세대 전임조교로 임명되어 대학 교단에 서게 된 일이다. 나의 처와 딸 형지, 이렇게 우리 세 식구는 에머리에서의 애환을 가슴에 묻은, 채 미국의 수도 워싱턴을 둘러보고 버팔로에 가서 나이아가라 폭포를 구경한 뒤, 뉴욕의 어느 중국 식당에서 철학과 제자들로부터 축하연을 받고 로스앤젤레스를 거쳐 홀가분한 마음으로 한국으로 돌아왔다.

**교수와 보직**

대학은 연구하고 교육하는 곳이다. 교수는 그것을 위해 존재하는 사람이다. 따라서 당연히 교수는 교육에 마음을 쓰고 연구에 힘을 기울여야 한다. 교수는 연구 업적에 승부를 걸고 그것에서 기쁨과 보람을 느껴야 한다. 교수가 저서를 출간하면 그것을 화제로 삼고 관심을 표하고 축하해야 한다. 그런데 오늘 한국 대학의 분위기는 그렇지 못하다. 어떤 교수가 나에게 한탄스럽게 다음과 같이 실토한 일이 있다. "책을 출판했을 때는 아무 반응도 없더니 학장이 되니 여러 곳에서 축전도 오고 화분도 오더라"고. 이것이 오늘 우리 대학의 병리 현상을 축약한 말이라고 할 수 있다. 하루 속히 개선되어야 할 현상이 아닐 수 없다.

1960년 3월에 대학 교단에 서게 되었을 때, 나는 전혀 보직 같은 것은 염두에 두지 않았다. 나에게 주어진 행운에 대해 좋은 선생이 되고 큰 학자가 되어 보답하겠다는 일념뿐이었다. 지금 생각해도 1960년대 10년 동안은 나는 좋은 선생이었고 학자의 길을 성실하게 걷고 있었다. 좋은 강의를 위해 열심히 준비했고 최소한 1년에 한 편의 논문은 써야 한다는 원칙에 충실하였다. 나는 학생들에 대해서도 늘 관심을 갖고 대화의 상대가 되어주었으며, 봄이나 가을 야유회에는 한 번도 빠지지 않고 따라가서 그들의 강권에 못 이기는 체하며 '번지 없는 주막'을 불러 흥을 돋우면서 그들과의 마음의 간격을 좁혀갔다. 또한 졸업 여행 인솔 교수의 일을 도맡아 학생들과 함께 설악산과 속리산, 가야산을 헤매면서 학교에서 드러나지 않던 개인적 재능과 인간적 고뇌, 장래의 설계 등을 발견하고 동정하고 조언하면서 그들과 깊이 사귀곤 하였다. 그래서 나는 아직도 1960년대에 연세대 철학과를 거쳐간 졸업생들의 얼굴은 물론이고 그들의 이름도 대부분 기억하고 있다. 그때 나는 참으로 순수하고 열정적으로 학자적 지조를 지키고 있었다.

이러한 나에게 1960년대 후반부터 밖으로 표출할 수 없는 불순한(?) 생각이 마음속 깊이에서 꿈틀거리기 시작하였다. 3월 새 학기엔 수십 개의 보직이 가을 낙엽처럼 쏟아지는데 그 중의 어느 하나도 내 머리나 어깨 위에 떨어지지 않을 때면, 당연히 그럴 수밖에 없는 합리적 이유를 알면서도 어쩐지 허전한 느낌을 감출 수 없었던 것이다. 나는 그 당시 전임조교와 전임강사를 거쳐 겨우 조교수에 진입한 상태에 있었을 뿐 아니라 박사 학위 없는 교수에게는 보직을 맡기지 않겠다는 것이 당시 총장의 확고한 정책이었기 때문이다. 어쨌든 나는 1960년대 10년 동안 어떠한 보직도 맡지 않았다. 맡지 않았다기보다는 어떠한 보직도 나에게 주어지지 않았다. 그리고 뒤이어 4년간의 유학 생활이 시작되었던 것이다.

미국에서 돌아온 후 나에게 생긴 변화는 강의 과목의 변경이었다. 이전까지는 강의 과목이 주어졌는데 이제는 내가 강의 과목을 선택할 만큼 나의 위상이 높아져 있었다. 나는 그동안 강의했던 '형식논리학', '기호논리학', '서양 고대 철학 강독', '서양 근대 철학사' 대신에 '분석 철학', '언어 철학', '미국 철학', '비트겐슈타인의 철학' 등 분석 철학에 연관된 과목들을 새로 설강하고, 이 과목들의 강의를 위해 새로운 마음으로 강의 준비에 열중하고 있었다. 그러던 어느 날 백양로에서 나와 졸업 동기인 사무과장을 만나 함께 걸어오던 중 그가 불쑥 이런 말을 하는 것이 아닌가. "박 박사. 이제 큰 감투가 박 교수에게 떨어질 것이오. 학교에 근무한 지도 15년이 지났겠다, 나이도 40대 중반으로 접어들었겠다, 게다가 미국 가서 박사 학위도 따왔으니, 두고 보시오. 누가 있나요?" 나는 그의 말에 "그런 일에 별 관심 없어요, 이제 좋은 강의로 학교에 보답해야지"라고 답하면서도 그의 말에 관심을 기울였던 것으로 기억하고 있다. 그의 말이 적중한 것일까. 나는 1977년 4월 연세대 교단에 선 지 17년 만에 처음으로 『연세춘추』 주간이란 감투를 쓰게 되었다. 이 자리는 결코 높은 자리도 화려한 자리도 아니었다. 그리고 나는 이런 자리 한두 개를 맡으면서 학교를 위해 행정적으로 봉사하다 말겠거니 생각했다. 대개의 경우 교수들은 보직 한두 자리를 맡아 짧으면 2년 길면 4년 정도 하다 끝내고 마는 것이 관례였기 때문이다. 그런데 나는 그 『연세춘추』 주간의 자리가 학문으로부터 멀어지는 외도의 출발이 되고, 연세대 총장에 이르는 긴 여정의 시발이 될 줄은 전혀 예상치 못하였다. 나의 보직은 『연세춘추』 주간(6개월)에서 교무처장(2년 6개월), 학생처장(3년 3개월), 원주대학장(1년 4개월)으로 이어지고, 원주대학이 문리대학과 경법대학으로 분리·개명되면서 두 대학 학장을 겸임했으며(3년), 여기서 원주부총장(6개월)으로 그리고 연세대 총장(4년)으로 '끊임없이' 15년간 이어져 갔다. 나는 이 일이 예사롭게 여겨지지 않았다. 어떻게 이런 일이 가능할 수 있을까? 이런 일을 두고 기독교에서는 '하늘의 뜻'이라는 용어를 곧잘 쓰곤 하지만, 나는 그런 거창한 개념을 나의 일에 낯 뜨거워 사용할 수는 없다. 그렇다고 그것이 단순히 주어졌다고도 말할 수 없다. 한마디로 그것은 자유도 운명도 아닌, 그 둘의 상승작용이었는지 모른다.

### 민주 총장 1호

1988년 2월에 제6공화국이 출범하자 우리 사회는 오랫동안 억눌렸던 욕구 분출과 민주화에 대한 열기로 가득 차게 되었다. 노사 분규가 사회를 뜨겁게 하고, 민주화도 정치적 민주화에 그치지 않고 사회 전반으로 확산되어야 한다는 분위기였다. 6공화국 정부는 욕구의 분출을 조절, 제어하지 못한 채 민주화의 수용이란 이름으로 떠밀려가기만 했다. 연세대도 이러한 사회적 분위기에서 예외일 수 없었다. 4월에 들어서면서 직원들은 직원 노조 결성을 선언했고, 교수들은 교수평의회 구성을 위해 움직이기 시작했다. 교수평의회는 3개월여의 길고 지루한 논의를 거쳐 '교수평의회 회칙'이 전체 교수들의 투표로 7월 6일에 채택되고, 그 회칙에 기초

하여 7월 21일에는 창립총회가 개최되기에 이른다. 그런데 그 회칙에는 '총장 후보 2인을 교수총회에서 선출하여 이사회에 추천한다'는 중대한 골자가 담겨 있었다. 그러나 교수평의회가 구성되고 그 회칙이 통과되긴 했지만, 과연 이사회에서 이를 수용할 것인지는 미지수였기 때문에 사태는 급변하면서도 유동적인 상태로 있었다. 드디어 이사회는 교수평의회의 요구를 받아들여 총장에게 총장 후보 2인을 추천해달라는 서한을 보냈고, 총장은 그것을 교무위원회에서 논의한 끝에 그 업무를 교수평의회에 맡기기로 의결함으로써 연세대 역사 103년 만에 총장 후보를 교수총회에서 선출하게 되어, 사실상 교수들이 총장을 직접 선출하게 된 것이다. 이리하여 총장 후보를 내기 위한 교수총회가 7월 30일(토요일) 오후 세 시 백주년기념관에서 열리게 되었으니, 이것은 교수평의회 창립총회가 열린 지 10일 만이요 총장 임기가 끝나기 하루 전의 일이었다.

그 날의 교수총회에서 나는 총장 후보로 선출되었다. 처음 있는 일인데다 사태가 매우 유동적이었기 때문에 총장에 뜻을 둔 사람들도 별다른 선거 운동을 할 수 없었고 하지도 않았다. 모든 일은 대학다운 풍모를 지키면서 매우 순수하게 진행되었다. 이 사실은 2차 투표를 통해 선출된 다섯 명의 예비 후보들의 소견 발표에서 잘 드러나고 있다. 어떤 후보는 나는 "교수에 충실하려 했을 뿐 총장에는 뜻을 두지 않았는데 후보로 되었다"고 했으며, 다른 후보는 "여자의 치마길이와 연설은 짧을수록 좋다는 말에 따라 나는 연설을 짧게 하겠다"고 서두를 장식할 정도였다. 나는 '연구 중심

대학'을 대학 운영의 지표로 삼겠다고 했고, 대학 재정을 하드웨어보다는 소프트웨어 쪽으로 투자하겠다고 했으며, 중앙도서관의 전산화를 공약으로 내거는 등 제법 거창하게 포부를 피력했던 것으로 기억한다.

 총장 선임을 위한 이사회는 교수총회에서 총장 후보를 선출한 다음 날인 7월 31일(일요일) 오후 세 시 알렌관에서 열렸다. 기독교 대학인 연세대의 이사회가 일요일에 개최된 것은 그 날을 제외하고는 전무후무한 일이었을 것이다. 그 날이 바로 총장 임기가 끝나는 날이었기 때문이다. 나는 그 이사회에서 연세대 제11대 총장으로 선임되고 밤 여덟 시에 문과대학 교수 휴게실에서 "대학의 자율화를 위해 힘쓰겠으며 교수, 학생, 직원의 의견을 수렴하는 민주적 행정을 펴나가겠다"는 요지의 기자 회견을 가졌다. 그리고 다음날 8월 1일(월요일) 열 시에 전임 총장과 사무 인수인계를 하고, 바로 그 날 총장 직무에 착수했다. 언론에서는 교황 선출 방식에 의하여 선출된 '한국 최초의 민주 총장'이라면서 대서특필하였다. 그 순간에도 나에게는 학문의 길에서 멀어지는 죄책감과 총장 직책에 따른 무거운 중압감이 어지럽게 교차하고 있었다.

# 제 2 장
# 세상을 살아가는 지혜

## 꿈이 사람을 만든다

젊은이는 나라의 꿈이요 미래다. 젊은이를 보면 그 나라의 미래를 알 수 있다고 한다. 젊은이들이 어떤 꿈을 꾸느냐에 따라 그 나라의 미래가 결정된다고도 한다. 젊은이는 꿈을 꾸어야 한다. 꿈은 이루어지게 마련이거나 최소한 그 꿈에 가까워 질 수 있기 때문이다.

젊은이는 큰 꿈을 꾸어야 한다. 꿈에 의하여 그 사람이 어떤 사람으로 되기 때문이다. 큰 꿈을 꾸는 사람은 크게 되고 작은 꿈을 꾸는 사람은 작게 된다. 꿈이 없는 사람은 아무 일도 이룰 수 없다. 비근한 예로 대통령도 대통령이 되겠다는 꿈을 품고 그것을 향해 꾸준히 노력하는 사람들 중에서 나온다. 그러한 꿈이 없는 사람들 가운데서 대통령이 되는 일은 없다.

미국 작가 나다니엘 호손의 『큰 바위 얼굴』은 꿈을 꾸면 꿈을 이룬다는 교훈적 이야기다. 어느 산골 마을에 어네스트라는 소년이 있었다. 그 마을에서 멀리 바라보이는 산 위에 사람 얼굴로 보이는 큰 바위들이 있었다. 사람들은 그것을 '큰 바위 얼굴'이라고 불렀다. 그리고 그 마을에는 큰 바위 얼굴을 닮은 큰 인물이 나타날 것이라는 예언이 전해오고 있었다. 소년 어네스트는 그 큰 바위 얼굴의 인물을 만나보고 싶었다. 그리고 마음속으로는 그러한 인물이 되었으면 하고 염원했다.

어느 날부터 그 마을에서 태어나 외지에 나가 크게 출세한 사람들이 내가 바로 그 큰 바위 얼굴이라면서 돌아오기 시작했다. 그 중에는 돈을 많이 모은 부자도 있었고, 장군도 정치인도 이름난 시인도 있었다. 사람들은 그들이 바로 그 큰 바위 얼굴이라면서 흥분하고 환호했다. 그러나 얼마 지나지 않아 그들은 큰 바위 얼굴의 인물이 아님이 드러나게 되었다. 그들은 하나같이 욕심을 갖고 세속적으로 자기 중심적으로 살아온 사람들에 지나지 않았기 때문이다.

그러는 사이에 어네스트도 머리에 백발을 날리는 노인이 되었다. 그는 평생을 그 마을에 살면서 열심히 성실하고 정직하고 지혜롭고 인자하게 살았다. 그리하여 주변에 그의 명망이 알려지기 시작했다. 그리하여 마을 사람들은 어네스트가 바로 그 큰 바위 얼굴의 사람이라고 환호하게 되었다. 드디어 어네스트가 큰 바위 얼굴의 인물이 된 것이다. 그러나 어네스트는 마음속으로 중얼거렸다. 언젠가 나보다 더 큰 바위 얼굴을 닮은 사람이 나타날 것이라고.

제22차 세계철학자대회가 서울에서 개최되었다(2008년 7

월 30일~8월 5일). 110년의 역사를 지닌, 5년에 한 번씩 열리는 글자 그대로 세계철학자대회가 아시아에서는 처음으로 서울에서 개최된 것이다. 세계 각국에서 2000여 명의 철학자들이 모여들었고, 1000여 명의 한국 철학자들이 참여하여 대성황을 이루었다. 많은 철학적 주제들을 갖고 세계의 철학자들이 일주일 동안 열심히 논의하고 토론하였다. 한국 철학자 두 명이 집행위원으로 선출되고, 한국이 하나의 석좌 강좌(chair lecture)를 제의하기도 했다. 그러나 이 세계철학자대회도 끈질긴 노력 끝에 우리의 오랜 꿈을 실현한 대회였다.

1989년에 내가 한국철학회 회장으로 있을 때 우리는 세계철학자대회를 서울에 유치하기로 뜻을 모으고 김여수 교수를 추진위원장으로 내세워 대회 준비에 착수했다. 2003년의 대회 유치를 목표로 했으나 1997년의 IMF로 재정 지원을 약속했던 어떤 기업인이 난색을 표명함에 따라 아쉽게 무산되고 말았다. 그러나 우리는 그 꿈을 버리지 않고 꾸준히 노력한 끝에 드디어 금년에 그 꿈을 실현하게 된 것이다.

나는 세계철학자대회 한국조직위원회 재정위원장으로서 여러 기업인들을 만나 재정 지원을 요청하면서 그 분들에게 이렇게 말했다. "이번이 세계에 한국 기업인들이 어떤 분인가를 보일 수 있는 좋은 기회다. 한국 기업인들은 돈이 생기지 않는 철학대회를 지원하여 이를 성사시키는 분이라는 이미지를 심어야 한다." 또한 철학이 사회적으로 어떤 기여를 하느냐고 반문하는 분들에게는, "우리는 철학 속에 있다. 우리는 철학으로 살고 있다. 자유도 평등도 철학이고, 민주주의도 공산주의도 철학이며, 인권도 정의도 분배도 철학이다." 세계철학자대회를 흑자 대회로 만들어주신 우리의 기업인들에게 이 자리를 빌려 감사하는 바다. 꿈은 사람을 만든다. 꿈은 일을 성사시킨다. 그러나 구체적인 행동이 없는 꿈은 꿈이 아니고 하나의 백일몽에 불과하다.

## 인생은 선택이다

　대학 입시가 눈앞에 다가 서 있다. 11월 18일에 수학 능력 시험을 치러야 하니, 이제 불과 50여 일밖에 남지 않았다. 지난 수년 동안 대학 입시 준비에 시달려온 수험생과 부모님들의 육체적 피로와 정신적 억압과 재정적 부담에 위로와 격려를 드린다.

　대학 입시가 우리나라만큼 과열된 나라는 전 세계에서 그 유례를 찾아볼 수 없을 것이다. 대학 입시의 과열은 교육에 대한 높은 관심에서이고, 그것이 우리나라를 사회적으로나 경제적으로 이만큼 발전시켰다는 주장이 있다. 그러나 이제는 그 논리에 안주할 수 없는 시점에 이르렀다고 본다.

　물론 대학 입시의 과열은 교육에 대한 높은 관심에서 나온 것이다. 그러나 그 관심의 뿌리에는, 교육받은 사람에게는 사회적 혜택이 너무 많이 주어지고 상대적으로 교육받지 못한 사람에게는 사회적 혜택이 너무 적게 주어지는 데 있다고 할 수 있다. 다르게 말하면 이름 있는 대학 출신과 이름 없는 대학 출신 사이에 사회적 격차가 너무 심하기 때문에, 대학 입시가 특정 대학을 향해 과열된다는 것이다. 따라서 대학 입시 과열을 완화하기 위해서는 유명 대학 출신과 무명 대학 출신 사이의 사회적 격차를 줄일 필요가 있는 것이다. 이러한 사회적 변화 없이는 대학 입시의 과열은 식지 않을 것이다.

일본 속어에 '최후의 5분간'이란 말이 있다. 마지막까지 방심하지 말고 최선을 다하라는 뜻이다. 대학 입시를 눈앞에 둔 수험생 여러분은 우선 최선을 다해야 한다. 말로만 최선을 다하는 것이 아니고 몸과 행동으로 최선을 다해야 한다. 중도에 포기하는 사람에게는 아무것도 주어질 수 없다. 승리의 월계관은 최선을 다하는 사람에게만 주어진다.

인생은 선택이다. 우리는 하루하루 선택하면서 살아간다. 우리는 선택에서 벗어날 수 없다. 선택이 쌓여 그 사람의 인생이 결정되는 것이다. 그 중에서도 대학의 선택은 매우 중요하다. 대학의 선택은 어쩌면 배우자의 선택, 직업의 선택과 함께 인생에서 가장 중요한 선택일 수 있다. 여러분의 대학 입시 준비가 바로 이러한 대학의 선택과 연관되어 있기 때문에 더욱 고달프고 힘든 일인 것으로 안다.

말할 필요도 없이 명문 대학의 자기 적성에 맞는 학과를 택할 수 있으면 최선의 선택을 하는 것이다. 그러나 이러한 선택을 할 수 있는 사람은 소수일 뿐, 대부분의 학생들은 좋은 대학을 택하면 원하는 학과에 들어갈 수 없고, 원하는 학과에 들어가려면 대학 수준을 낮추어야 하는 딜레마에 빠지게 된다. 대학 선택의 어려움이 바로 여기에 있다고 본다. 그러나 이때 가장 중요한 것은 '자기가 원하는 학과'를 먼저 고려하는 것이다. 사람은 자기가 원하는 일을 하면서 살아야 한다. 자기 적성에 맞는 일을 할 수 있어야 한다. 그래야만 신바람이 날 수 있고 능력을 발휘할 수 있으며 즐거울 수 있다. 직업은 인생을 바쳐야 할 일이기 때문에 적성에 맞아야 한다. 다소 수준이 낮은 대학일지라도 자기 적성에 맞는 전공을 택해야 한다.

그러나 요즈음엔 대학에 학부제도 있고 복수전공제도 있고 2+2 제도도 있다. 대학에 입학한 후 전공 학과를 결정하거나 입학한 학과와는 상관없이 전공 학과를 결정할 수 있다. 각 대학의 입학 요강을 면밀히 살펴보아야 할 것이다.

대학 입시는 이 땅에 태어난 사람은 누구나 한 번 치러야 할 홍역과 같은 것이다. 여러분의 선배들도 치른 홍역이다. 여러분이라고 감당하지 못할 이유가 어디 있겠는가. 이제 건강에 유의하면서, 마음을 편안히 갖고 자기 페이스를 지키면서 마지막까지 최선을 다해야 하는 것이다.

## 목적이 움직이게 한다

우리는 아리스토텔레스를 목적론자라고 한다. 그는 모든 사물에는 목적이 있고 목적이 그 사물을 그렇게 움직이게 한다고 했다. 나는 아리스토텔레스의 "목적이 움직이게 한다"는 말을 이해하기 어려웠다. 이 말을 이해하게 되는 데 오랜 시간이 걸렸다.

육군사관학교를 거쳐 장성이 된 후배에 의하면, 그는 학생 때부터 장군이 되겠다는 목적을 세우고서 그 목적을 이루기 위해 꾸준히 다음 세 가지를 실천했다고 한다. 첫째, 지휘관이 되면 훈시(연설)를 자주하게 되는데 좋은 훈시를 위해서는 책을 많이 읽어야 한다. 둘째, 장성까지 올라가려면 돈과 이성 문제에서 말썽이 생기지 않아야 한다. 셋째, 장군이 되기 위해서는 건강해야 하며, 몸을 뚱뚱하지 않고 날씬하게 하기 위해 운동을 게을리 해서는 안 된다. 그는 장

군이 되겠다는 목적을 세우고서 위의 세 가지를 꾸준히 실천했기 때문에 장군이 될 수 있었다고 한다.

내가 아는 한 대학 교수는 대학에서 여러 보직을 맡아하던 중 어느 날 총장이 되어보겠다는 생각을 하게 되었다고 한다. 그리고 그는 그 목적을 이루기 위해서는 무엇보다도 건강해야겠다고 생각하여 그 날부터 아침에 조깅을 시작했다고 한다. 그는 조깅을 꾸준히 하였고 총장이 된 후에도 조깅을 계속했다고 한다. 그런데 총장을 그만두게 되자 그는 조깅도 하지 않게 되더라는 것이다. 조깅을 해야 할 이유도 필요도 목적도 없어졌기 때문이다. 목적이 살아지자 행동도 없어지게 되더라는 것이다. 그는 그 후로는 거의 운동을 하지 않게 되었다고 한다. '노년을 건강하게 살기 위해 운동을 해야 하다'는 목적으로는 늙은 몸을 움직이기에 역부족이었다는 것이다. 우리는 그를 통해 목적이 움직이게 한다는 사실을 확인하게 된다.

목적이 사람을 움직이게 한다. 좋은 목적을 세워 그것에 따른 행동을 실행하면 생기 있는 삶을 살게도 되고 목적을 이루게도 된다는 사실을 마음에 새겼으면 한다.

## 세상에 공짜는 없다

　나는 대학에서 45년 넘게 교수 생활을 하였다. 웬 45년이냐고 반문할 분이 있겠지만, 1960년 3월부터 2005년 10월까지 대학에 있었으니, 정확히는 45년 7개월이 되는 셈이다. 그 긴 세월 동안 나는 대학에서 강의하였다. 대학은 교육 기관이요 교육의 꽃은 강의라고 생각하여 나는 강의에 열의와 성의를 다하였다. 교실에는 몇 분 전에 들어가 분위기의 위압에서 벗어나려고 하였고 끝나는 종이 울려야만 교실을 나왔다.
　나는 강의실에 들어가기 한 시간 전에는, 그 과목이 매학기 되풀이하는 철학개론이라도, 연구실 문을 잠근 채 전화도 받지 않고 강의할 내용을 한 번 훑어보며 머릿속에 넣어 돌려보고는, 연구실을 왔다 갔다 하며 중얼거리면서 예행연습을 하기도 한다. 그리하여 강의 내용이 머릿속에 정리되고 마음이 안정되면 가벼운 걸음으로 교실로 향한다. 일단 교단에 서면 나는 아무것도 보지 않고 일사천리로 거침없이 강의해나간다. 학생들로 하여금 눈을 반짝이면서 숨을 죽이고 듣게 하고서 종이 울리면 영웅적 쾌감을 안고 강의실을 나서곤 하였다. 나는 교수에서 학생으로 일방적으로, 질의응답도 거의 없는 그러한 시대에 그러한 방식으로 강의하였다. 나는 간혹 강의 도중에 졸거나 옆 사람과 잡담하는 등 학생이나 청중의 태도가 나빠서 호통을 치고서 중도에 나와버렸다고 토로하는 분을 보게 되는데, 그때 나는 그를 물끄러미 쳐다보면서 속으로, '강의를 좀더 철저히 준비하지 않고서'라고 한다.

교수들은 누구나 한두 번은 강의가 뜻대로 풀리지 않아 강의 도중에 등골에 진땀이 나고, 교실을 나설 때는 학생들의 따가운 시선이 뒷머리를 잡아당기는 것 같은 처참한 경험을 갖게 된다. 교수들은 언제나 이러한 경험을 되풀이하지 않기 위해 강의 준비에 분발해야 하는 부담을 안고 살아야 하는 사람들이다.

나는 음악회에 가서 피아노 독주곡이나 협주곡을 감상할 때가 있다. 나는 피아노 연주자가 그 길고 복잡한 악보를 하나하나 손가락으로 건반을 쳐서 음악을 만들어내는 것을 볼 때마다 신기(神技)의 경지라고 생각하면서 놀라워한다. 그리고 그 신기의 경지가 수백 번 아니 수천 번 반복된 결과라는 생각이 미칠 때 다시 한 번 연습의 힘에 놀라게 된다. 교수의 강의도 하나의 연주라고 할 때 교수들도 강의를 위해 더 많이 준비하고 연습해야 한다고 생각하게 된다.

나는 언젠가 교장 연수를 받는 분들을 대상으로 삼청동에 있는 교육공무원연수원에서 특강을 한 일이 있다. 동일한 내용을 갖고 대상을 달리하면서 월, 수, 금 세 차례 강의하게 되어 있었다. 나는 열심히 강의안을 마련하고 그것을 머릿속에 정리하는 등 준비를 하여 월요일과 수요일 강의를 내가 뜻한 대로 무난하게 강의하였다. 그래서 나는 같은 내용의 것을 두 번이나 되풀이 강의하여 비교적 좋은 반응을 받았으니, 금요일 강의는 별로 신경 쓰지 않고 별다른 마음의 준비도 하지 않아도 되겠다고 생각하였고, 금요일 강의를 하러가면서도 오늘은 교단에 올라서면 입에서 말이 거침없이 나올 것이라고 생각하여 머리에 아무 부담도 주지 않고 그냥 가서 강의실 문을 열고 교단에 올라섰다.

그런데 그때 마음이 흔들리기 시작했다. 강의 준비를 하지 않았다는 생각이 엄습하면서 앞뒤가 잘 풀리지 않게 되었다. 나는 안간힘을 써서 겨우 마음을 수습하여 강의를 마치긴 했지만, 마음에 들지 않는 강의가 되고 말았다. 마음이 씁쓸했다. 나는 그 강의실을 나서면서 속으로 중얼거렸다. '세상에 공짜는 없다'고.

## 자기와의 싸움

　1990년대 초반부터 피부에 닿게 일기 시작한 세계화는 경쟁의 대상을 국가의 범위를 넘어 세계로 확대하고 있으며, 이로 말미암아 대학도 학문의 수월성이란 말 대신에 대학의 경쟁력이 역설되고 있다. 사람 사는 세상에서는 경쟁은 피할 수 없는 것인지도 모른다. 힘 있는 나라가 지배하고 힘없는 나라가 지배당하는 세계사가 이를 입증하고 있다 할 것이다. 그래서 실존주의자 야스퍼스는 '죽음', '불안', '죄'와 더불어 '경쟁'을 인간으로서는 피할 수 없는 한계 상황이라고 하였다.
　우리는 흔히 경쟁이라면 타인을 생각하고 타인과의 경쟁을 생각하지만, 그러나 경쟁 중에서 가장 어려운 경쟁은 자기와의 경쟁이다. 자기와의 경쟁에서 이기면 다른 모든 경쟁에서 이길 수 있기 때문이다. 우리는 자기와의 싸움은 상대가 남이 아니고 자기이기 때문에 자기 마음대로 할 수 있는 것 같지만, 실상은 자기와의 싸움만큼 힘든 것은 없다. 이 세상에 성공한 사람의 수가 적은 것은 그만큼 자기와의 싸움이 얼마나 힘든 것인가를 말해주고 있다.

자기와의 싸움이 얼마나 어려운 것인가를 말하는 것에 '작심삼일(作心三日)'이라는 사자성어가 있다. 사람들은 이것만은 꾸준히 실천하겠다고 굳게 다짐한 일을 3일을 넘기지 못한다는 것이다. 나는 심호흡 운동을 하고 있다. 숨을 콧수염이 흔들리지 않을 정도로 천천히 깊이 들이마셔서 천천히 깊이 내뱉는 운동을 30분 정도 반복한다. 물론 오래할수록 좋다. 이 운동은 산소 공급을 충분히 하고 폐를 건강하게 할 뿐 아니라, 호흡할 동안에는 잡념에서 벗어날 수 있기 때문에 마음을 고요하고 깨끗하게 하는 명상법이 된다. 그러나 그 실천이 결코 쉽지 않아 작심삼일을 반복하고 있을 뿐이다.

천자문을 배우고 나서 천자문 중에서 가장 마음에 드는 말은 '누울 와(臥)' 자라는 말이 있는데, 이는 인간이 얼마나 편하고 게으르기 쉬운 존재인가를 말해준다. 사회학을 창시한 프랑스의 쌍시몽이 그렇게 위대한 사상가로 된 데에는 다음과 같은 일화가 있다. 쌍시몽의 집에는 충직한 늙은 종이 있었는데 그 사람이 아침마다 새벽 다섯 시가 되면 쌍시몽의 침실 밖에서 "도련님, 도련님, 도련님은 위대한 인물이 될 분이십니다"라고 속삭였다고 한다. 그 종이 쌍시몽으로 하여금 따뜻한 잠자리의 유혹을 떨치게 했다는 것이다.

사람들로 하여금 자기와의 싸움에서 견디지 못하게 하는

것은 게으름이다. 게으름이 자기와의 싸움에서의 최대의 적인 것이다. 게으름은 일을 시작하지 않게 한다. 사람을 움직여 일을 시작하지 못하게 한다. 게으름은 일을 미루게 하고, 일을 미루다 급기야 시기를 놓치게 한다. 게으름은 적당한 선에서 머물게 한다. 일을 최선을 다하여 밀고 나가게 하지 않고 중도에서 멈추게 한다. 게으름은 일을 하지 않거나 완수하지 못한 데 대한 핑계나 변명을 하면서 합리화하려 한다.

세상에서의 경쟁은 남과의 경쟁이 아니고 자기와의 싸움인 것이다. 경쟁의 적이 밖에 있는 것이 아니고 자기 안에 있는 것이다. 경쟁에서의 불리를 남의 탓이나 남에 대한 원망으로 돌리지 말고 자기 탓으로 하여 자책해야 하는 것이다. 경쟁은 자기와의 경쟁이요 자기와의 경쟁에서 이기는 길에 성공의 열쇠가 있다 할 것이다.

## 적당한 거리

　인간 관계에서는 물론이고 사물을 대할 때도 적당한 거리가 필요하다. 적당한 거리를 유지할 때 인간 관계가 원만하게 되고 사물도 바르게 볼 수 있게 된다는 것이다. 예를 들어 우리가 그림을 볼 때, 너무 가까이에서 보면 그것은 끈적끈적한 물감 덩어리에 불과한 것이고, 너무 먼 거리에서는 그림의 윤곽이 잡히지도 않을 것이다. 음악을 감상할 때도 사정은 동일하다. 너무 가까이에서는 소음에 불과할 것이고 너무 먼 거리에서는 음의 고저장단이 구분되지 않아 더 이상 음악일 수 없게 될 것이다. 그림과 음악을 바르게 감상하려면 적당한 거리가 필요한 것이다.
　사람의 관계에서도 적당한 거리가 필요하다. 많은 경우 부부가 서로 정당하게 평가하지 못하는 것은 서로가 적당한 거리를 유지하지 못하기 때문이다. 그래서 가까운 사이일수록 예의를 지켜야 한다는 말이 나오게 된 것이 아닌가 한다.

역사에서 남편과의 거리를 적당히 유지하지 못하여 낭패를 당한 것으로 보이는 여인이 둘 있는데, 한 사람은 소크라테스의 처 크산티페이고, 다른 한 사람은 강태공의 처 마씨다. 사전을 들춰보면 크산티페에는 고유명사로서 소크라테스의 처와 보통명사로서 '악처'라는 두 가지 뜻이 있다. 크산티페가 남편인 '위대한 철인' 소크라테스와의 관계에서 적당한 거리를 유지하지 못하였기 때문에 천추에 씻을 수 없는 악명을 쓰게 된 것이 아닌가 한다.

다른 한 여인인 강태공의 처 마씨의 경우는, 강태공이 생활에는 전혀 관심을 두지 않고 밤낮 위수에 곧은 낚시를 드리우고 있었으니 견디기 어려웠을 것이다. 어느 날 강태공의 처 마씨가 남의 집 허드렛일을 하기 위해 집을 나서면서 뜰에 보리를 늘어놓았으니 비라도 오거든 거두어달라고 강태공에게 당부하고 나갔다. 마씨가 저녁에 돌아와 낮에 내린 소낙비에 보리가 모두 떠내려 가버린 것을 보고서 이 남자와는 전혀 가망이 없다고 생각하여 집을 나서고 만다. 그런데 그 후 강태공은 주나라 무왕의 부름을 받아 재상이 되어, 어느 날 풍악을 울리며 화려한 마차에 올라앉아 민정 시찰을 나갔다가 그의 전처를 만나게 된다. 그 여인이 과거를 뉘우치며 다시 합칠 수 없겠느냐고 간청하자, 강태공이 그대 머리 위의 물독을 엎어보라고 하여 물독이 산산조각이 나자, 우리의 관계는 그 깨진 물독과 같은 것이라면서 지나치고 말았다고 한다.

물론 위의 두 일화는 남성 중심의 이야기일 뿐 그 반대의 경우도 얼마든지 있을 수 있다. 그리고 위의 예화는 인간 관계에서 적당한 거리가 필요하다는 것을 말하려는 것일 뿐이다. 여기서 어느 정도가 적당한 거리인가는 각자의 삶의 지혜가 결정할 일이다.

## 경쟁의 빛과 그림자

경쟁에 대해서 말한 사상가들이 많이 있다. 고대 그리스의 철인 헤라클레이토스는 "만물은 변하면서 흐른다" 하였고, 만물을 변하게 하는 것이 투쟁이라고 했다. 근대의 토마스 홉스는 인간의 자연 상태는 "만인에 대한 만인의 투쟁"이라는 전쟁 상태라고 했으며, 그 전쟁 상태에서 벗어나기 위해 국가를 형성한다고 했다. 현대의 카를 마르크스는 투쟁을 역사 발전의 원동력이라고 했으며, 실존주의자 칼 야스퍼스는 싸움을 인간이 피할 수 없는 한계 상황이라고 했다.

철학적으로 중요한 의미를 지니고 있는 경쟁도 두 개의 얼굴을 갖는다. 경쟁의 밝은 면과 어두운 면이 그것이다. 경쟁은 사람을 긴장시킨다. 최선을 다하게 한다. 능력을 발휘하게 한다. 따라서 경쟁은 사회를 활성화하고 생산성을 높인다. 이것이 경쟁의 빛이다.

그러나 경쟁은 인간을 서열화하고 승자와 패자로 나눈다. 승자는 가진 자로 되고 패자는 못 가진 자로 되면서 이들 사이에 격차가 생기게 되고 그 격차가 사회적 갈등 요인으로 된다. 이것이 경쟁의 그림자다.

물론 인간은 경쟁을 피할 수 없다. 그러나 경쟁에 마구 뛰어드는 일은 위험할 수 있다. 상대를 면밀히 검토해야 한다. 경쟁의 다음 두 특성 때문이다. 우리는 공정한 경쟁을 기대하기 어렵다. 형식적 요건은 같이할 수 있지만 내용적 조건까지 같이하기 어렵기 때문이다. 자녀를 초등학교에 입학시키기 위해 교문을 들어서는 어머니들은 모두 자기 자녀가 일등하기를 염원하게 된다. 그러나 그 아이들은 나이가 같다는 것 이외의 다른 조건들이 모두 다르다. 성격, 지능지수, 체력, 부모의 교육열, 재정 능력, 가정의 교육적 환경 등이 다르다. 이 차이들 때문에 경쟁은 이미 끝난 거나 다름없다고 할 수도 있다. 또한 경쟁에서는 한 번 앞서게 되면 그 중력과 관성으로 앞선 사람은 계속 앞서 가게 되기 때문에, 뒤진 사람이 앞선 사람을 따라잡기가 매우 힘들게 된다. 강자와의 경쟁이 어려운 이유가 여기에 있다 할 것이다.

피할 수 없는 것이 경쟁이라면 어떻게 할 것인가. 우선 공정한 경쟁이 될 수 있도록 규칙을 좀더 자세히 마련해야 한다. 권투에서는 체중에 따라 체급을 정하여 같은 체급의 선수끼리 시합하게 한다. 공정한 경쟁을 위해 우리는 가능한 세분된 규칙을 마련하는 일에 관심을 기울여야 할 것이다. 다음으로 승자와 패자 사이의 격차가 크게 나지 않도록 해야 한다. 차등을 두지 않으면 경쟁이 생기지 않을 것이므로 차등을 두되 그 차이가 심하지 않도록 해야 할 것이다. 사회적 갈등을 줄이기 위해서나 패자의 상처를 깊지 않게 하기 위해서도 경쟁의 바탕에는 언제나 승자보다 약자를 배려하는 심성과 지혜가 작동되어야 할 것이다.

## 철학과도 뽑아라

　신문 보도에 의하면 LG의 구본무 회장이 다양성을 강조하는 인재 경영 방침을 밝히는 자리에서 "철학과도 뽑아라"고 했다고 한다. 다양해지고 복잡해지는 고객의 요구(needs)를 충족시키기 위해서는 철학을 전공한 사람도 사원으로 뽑아야 한다고 했다는 것이다. 물론 여기서의 철학은 문학, 역사, 철학, 정치학, 사회학 등 인문학을 상징적으로 표현한 것으로 보아야 할 것이다.
　1980년대 초반 언젠가 대우의 김우중 회장이 담을 쌓을 때는 여러 형태의 돌로 쌓아야 튼튼할 수 있지, 한 가지 모양의 돌로만 쌓으면 쉽게 무너질 수 있다면서, 사원을 뽑을 때는 수학이나 철학 등 기초 학문 전공자를 뽑아야 한다고 말하여 신선한 충격을 준 일이 있었다. 그러나 1980년대까지만 해도 우리나라에 산업화가 진행 중이었고 사회가 확대 과정이어서 대학 출신 인재를 많이 필요로 하고 있었기 때문에 오늘만큼 절실한 말로 들리지는 않았다.

여기서 우리는 1990년 전후의 국내 사정을 눈여겨볼 필요가 있다. 1981년에 단행된 자율화 조치 그리고 산업화가 순조로이 진행되어 경제적으로 안정되었기 때문에 많은 학생들이 외국으로 유학하는 바람에 1990년을 전후하여 박사 학위를 취득하여 돌아오게 됨으로써 박사 학위 홍수 시대, 박사 학위자 실업 사태를 빚게 된다. 1990년을 전후하여 1차와 2차 산업에 기반한 우리나라의 산업화가 더 이상의 출구를 찾지 못하여 정지 상태에 들어가게 되고, 이에 따라 사회 확장도 중지되게 된다.

이러한 사정에도 불구하고, 양적으로 팽창된 대학에서는 졸업생을 마구 배출하게 되어 대학 졸업생 과잉 사태를 빚게 된다. 이때부터 기업체에서는 자기들에게 필요한 전공자만 선별적으로 채용하게 된다. 이러한 추세에 따라 공학 계열과 경영, 행정, 신문, 방송 등 응용 학문은 숨을 쉴 수 있었으나, 인문학은 길이 막혀 위기를 맞게 되었던 것이다. 이와 때를 같이하여 경쟁력을 앞세운 대학들이 구조 조정을 하면서 주로 인문학 계열의 학과를 없애거나 통합하는 바람에 인문학은 그 존립이 위태롭게 되었다. 이러한 암담한 상황에서 "철학과도 뽑아라"는 언명은 어두운 밤의 등불처럼 눈에 크게 띄지 않을 수 없다.

그러나 나는 저 말에 대해서도 큰 기대를 하지 않는다. 상징적으로 몇 사람 뽑는 데 그칠 뿐 지속적인 인재 채용 지침이 될 수 없을 것이기 때문이다. 여기서 나는 인문학 전공자와 인문학의 앞날을 위해 다음 두 길을 제시하고자 한다.

우선 인문학 전공자는 4+2의 개념을 갖고 학부에서 인문학을 선택하라는 것이다. 예를 들어 철학과를 졸업하고서(4) 그가 직업으로서 선택하고 싶은 응용 학문, 예컨대 경영학이나 법학, 언론학 등을 학사 편입이나 대학원 진학으로(+2) 보완, 접목하라는 것이다. 그렇게 할 때 "철학과도 뽑아라"는 인재에 해당되어 원하는 취업이 가능해질 것이다.

다음으로 대학의 교육 제도를 학부(college)에는 인문, 사회, 자연의 기초 학문만 두고, 직업으로서의 응용 학문은 모두 대학원(school)으로 옮기도록 해야 한다는 것이다. 인문학적 바탕 위에서 직업인이 되도록 해야 한다는 것이다.

수년 전부터 정부에서 추진하고 있는 법학대학원, 의학대학원, 경영대학원 등이 위의 취지에서 출발한 것으로 알고 있다. 따라서 그 본래의 취지에 따라 학부에는 경영대학과 법과대학, 의과대학 등이 있어서는 안 되는 것이다. 지금은 대학의 저항에 부딪혀 이도저도 아닌 상태에 있는데, 이를 과감하게 정리해야 할 것이다. 이를 위해 각 대학교의 인문대학과 사회과학대학, 자연과학대학 학장들은 지금의 방관 상태에서 벗어나서 위의 교육 제도가 관철될 수 있도록 목소리를 내는 적극적인 자세를 취해야 할 것이다. 미국에서는 이미 오래 전에 이 제도를 시행하여 교육적으로 큰 성과를 거두고 있다. 앞으로 정보 사회에서는 교육 기간이 길어지게 되어 있고, 우리나라도 이제 그것을 수용할 정도의 경제력을 갖고 있으므로, 우리나라가 선진국으로 진입하기 위해서라도 인문학을 바탕으로 한 직업인이 되어야 하는 것이다.

# 가장 좋은 대학

3월의 대학은 다시 활기를 띠게 된다. 새 학기가 시작되고 신입생들을 맞이하기 때문이다. 신입생이라는 새 주인공들이 들어와서 대학에 활기를 불어넣는 것이다.

그러나 입학식의 분위기는 대학에 따라 다르다. 소위 명문이 아닌 대학의 입학식 분위기는 차갑게 가라앉아 있다. 이것이 아닌데 하며 아쉬운 듯 체념한 듯한 분위기다. 입학생 수가 1750명이면 입학식에 참석하는 학부모의 수도 2000여 명은 되어야 하는데 200여 명밖에 되지 않는다. 이러한 분위기의 입학식에서 총장이 해야 할 일은 학생들에게는 새로운 의욕으로 뛸 수 있는 용기를 주어야 하고, 학부모에게는 생각보다는 맡길 만하다는 기대감을 갖게 하는 것이다.

입학식이 끝나면 이어서 '총장과 학부모의 대화의 시간'이 있는데, 이 시간에도 대부분의 학부모는 자진해서 참석하지만 일부는 집으로 가버리고, 나머지는 "총장님과의 대화의 시간에 참석하십시오, 총장님을 언제 다시 만나볼 수 있겠습니까. 4년에 오늘 한 번 있는 일입니다"라는 직원들의 권유에 못 이겨 참석하기도 한다. 이러한 학부모의 마음을 돌려 기대감을 갖게 하는 일은 결코 쉬운 일이 아니다.

나는 우선 학부모님들에게 자녀들을 우리 대학에 보내주신 데 대하여 감사한다는 인사말을 하고서, 우리 대학의 역사와 이념 등을 소개한다. 몇몇 분야는 우리나라에서는 손꼽힐 정도로 특성화되어 있고, 교수님들은 100% 국내외 명문 대학에서 교육을 받은 박사들이며, 대학 분위기가 매우 가정적이고, 졸업생들 중에는 이러이러한 유명한 인사들이 있다는 식으로 설명을 하지만, 학부모님들은 이러한 이성적 설득에 의해서는 좀체 감동하는 빛을 보이지 않는다. 그래서 나는 다음으로 감성적 설득에 나설 수밖에 없게 된다.

"나의 친구 아버지에게 아들 둘이 있었는데, 큰아들은 X대학 교육학과에 다녔고 둘째 아들은 Z대학 화학과에 다녔다. 그 아버지에게 '한국에서 가장 좋은 대학은 어느 대학입니까?'라고 물으면, 전혀 주저하는 기색도 없이 단숨에 X대학이 가장 좋은 대학이고, 그 다음이 Z대학이라고 합니다. 왜 그러냐고 되물으면, '큰아들이 다니는 대학이 최고이고, 둘째아들이 다니는 대학은 그 다음이지, 다른 대학들이 좋아야 뭣해?' 하는 것입니다. 이것은 제 친구 부친의 확고한 신념이었습니다. 학부모님 여러분도 오늘부터는 '이 K대학이 가장 좋은 대학이다. 내 자녀가 다니는 대학이니까. 다른 대학이 좋으면 뭣해?'라고 생각하십시오."

내가 이렇게 말하면, 그제야 학부모님들의 얼굴빛이 달라지면서 고개를 끄덕이기 시작한다. 나의 이야기는 다시 이렇게 이어진다.

"학부모님 여러분. 이제 대학을 비교할 때는 지났습니다. 그동안 많이 비교하지 않았습니까. 이제 비교의 시간은 지났습니다. 이젠 정해진 것입니다. 일단 정해지고 나면 믿고 기대하고 사랑해야 합니다. 결혼하기 전까지는 이 남자 저 남자를 비교할 수 있습니다. 그러나 일단 결혼하고 나면 남편을 비교해서는 안 됩니다. 부모도 정해진 것이고 자식도 주어진 것입니다. 어떻게 할 수 있는 것이 아닙니다. 부모도 자식도 비교해서는 안 됩니다. 그래서 이런 말이 있지 않습니까. 부모를 비교하면 불효하게 되고, 아내를 비교하면 불화하게 되며, 자식을 비교하면 불행하게 된다고. 학부모님 여러분. 이젠 대학을 비교하지 마십시오. K대학이 가장 좋은 대학이라고 생각하고 그렇게 믿으십시오, 남들에게도 아주 당당하게 그렇게 말하고 주장하십시오. 오늘부터 여러분은 K대학의 홍보대사입니다. K대학이 좋아지고 사회적으로 그렇게 인식되어야 여러분의 자녀들이 좋아질 수 있습니다. K대학이 가장 좋은 대학이라는 신념을 갖고 자녀에게도 그러한 확신이 생기도록 말하고 격려하십시오. 자녀들에게 자기 대학에 대한 확신이 생겨야만 좋은 교육적 성과를 낼 수 있습니다."

내가 끝으로, "학부모님 여러분! 이제 K대학이 가장 좋은 대학이지요?"라고 물었을 때 "예!"라는 학부모님들의 한층 맑아지고 밝아진 목소리를 뒤로 하고 교실을 나서면서, 나는 정말 저 학부모님들의 기대에 어긋나지 않을 좋은 교육을 하고, 좋은 대학으로 만들어야겠다는 각오를 다시 하곤 하였다.

# 무소유의 행복

사람은 누구나 행복을 원한다. 행복하기를 원하지 않는 사람은 없을 것이다. 사람이 원하는 것에는 많은 것들이 있다. 돈이나 집, 건강, 지위, 명예 등 이루 헤아릴 수 없다. 그러나 이것들은 행복을 위한 수단에 불과한 것이다. 그래서 옛날 그리스의 철인 아리스토텔레스는 행복을 인간이 추구하는 최고의 목적이라고 하였다.

그런데 사람들 중에는 그것도 많은 사람들은 많이 갖고 크게 이루는 데서 행복을 구하려고 한다. 그래서 세상에는 많이 갖고 크게 이루기 위한 경쟁과 투쟁이 끊임없이 일어나게 된다. 사람들은 경쟁의 긴장 속에서 소유의 노예가 되어 살아가고 있다. 그러나 소금물은 마시면 마실수록 더욱 목말라지고, 인간의 욕망에는 한계가 없으며, 욕망이라는 전차는 멈출 줄 모르기 때문에 소유를 통해 행복하려는 일은 사람을 끝없이 힘들게 하고 지치게 할 뿐 끝내 행복할 수 없을지도 모른다.

그래서 사람들 중에는 행복을 소유가 아니고 무소유에서, 소유를 줄이고 제한하는 데서 얻으려는 사람이 있다. 우리는 그 대표적 표상으로 승려와 신부를 들 수 있다. 물론 그들의 삶의 방식이 행복을 위한 것이 아니고 종교 생활을 구현하기 위한 것이긴 하지만, 우리는 그들의 삶의 방식에서 무소유의 행복의 일면을 찾아볼 수 있다. 무소유의 행복을 실천한 몇몇 사례를 역사에서 찾아보기로 한다.

우리는 무소유의 행복을 실천한 대표적 인물로 옛날 아테네의 철인 디오게네스를 들 수 있다. 그는 그의 재산을 모두 이웃에게 나누어주고서 아테네 교외의 통 속에서 살고 있었다. 이 사실을 전해들은, 당시 아테네를 점령하고 있던 알렉산더 대왕이 디오게네스를 찾아와 그의 사는 모습을 보고 이렇게 말한다. "디오게네스여, 당신이 원하는 것이 무엇이냐?" 이에 대해 아침햇살을 쬐고 있던 디오게네스는 "당신이 나의 햇빛을 가리고 있으니 그 햇빛이나 가리지 말아주시오"라고 대답했다. 이 같은 일화는 2500년이 지난 오늘날에도 하나의 교훈으로 사람들에 회자되고 있다.

당시는 그리스가 마케도니아에 의해 멸망되고(BC 338), 로마가 카르타고와의 포에니전쟁에서 승리하여 다시 로마가 마케도니아를 정복하여(BC 168) 지중해 패권을 장악할 때까지의 170년간으로서, 지중해 세계는 이리 뛰고 저리 뛰는 병사들의 말굽소리가 요란한 시기였다. 따라서 그때는 몸을 지키고 목숨을 보존하는 일이 최대의 관심사였다. 그래서 이때 나온 행복관은 무소유에 가까운 것일 수밖에 없었을지 모른다.

　이때의 사상가들은 행복을 마음의 안정과 평정에서 구하였다. 행복이란 마음이 고요한 상태라는 것이다. 피론이라는 사람은 마음의 안정을 위해서는 '판단 중지'해야 한다고 하였다. 세상일에 대해서 옳다 그르다, 좋다 나쁘다고 판단하는 데서 시비에 말려들게 되고 적을 만들게 되며 마음의 고요가 깨지게 된다는 것이다. 어지러운 세상에서는 마음의 안정을 위해서 그리고 몸과 생명을 보존하기 위해서는 왈가왈부하지 말아야 한다는 것이다. 판단 중지만이 마음의 안정을 유지할 수 있는 길이라는 것이다.

　에피쿠로스학파의 사람들도 마음의 안정과 평정에서 행복을 구하였다. 그래서 이들도 "야망을 줄여라", "숨어서 살아라"고 권고하고 있다. 이들은 행복을 "성취를 욕망으로 나눈 값"이라고 하면서, 아무리 무한히 성취해도 욕망이 무한하면 그 값은 영(0)이 되고, 하나(1)를 성취해도 욕망이 영(0)이면 그 값은 무한으로 된다면서 행복을 위해서는 성취를 키우기보다는 욕망을 줄이는 일이 관건이라 하였다. 행복을 성취가 아니라 욕망을 줄이는 데서, 무소유에서 구하고 있는 것이다.

　스토아학파의 사람들도 무소유에서 행복을 구하고 있다. 이들도 행복을 부동심(apatheia), 마음이 고요한 상태라고 한다. 정욕(patheia)를 부정(a)해야 부동심으로 될 수 있다는 것이다. 정욕이 마음의 고요를 흔드는 원인이라는 것이다. 마음의 고요, 부동심을 지키기 위해서는 외부적 변화에 반응하지 않는 담담한 자세를 취해야 한다. 행복은 외부적 소유에서 생기는 것이 아니고 내면적 자유에서 생기는 것이요, 내면적 자유를 누리기 위해서는 외부적인 것에 무관심해야 한다는 것이다. 이들이 그렇게 할 수 있었던 것은 자연 현상뿐 아니고 인간의 삶이나 역사도 자연 법칙에 따라 필연적으로 진행되기 때문에 개인의 행위나 노력이 아무런 의미도 지니지 못한다는 그들의 철학에 말미암은 것이라고 할 수 있다.

무소유의 행복은 앎의 문제가 아니고 실천의 문제다. 아는 데 그쳐서는 의미가 없고 실천으로 나아가야 하는 것이다. 그러나 소유를 향해 질주하고 있는 오늘의 상황에서 무소유를 실천하는 일은 결코 쉬운 일이 아니다. 그러나 때때로 무소유의 행복을 떠올리는 것만으로도 우리를 경쟁의 긴장에서 풀리게 하고 소유의 노예에서 벗어나게 하며 보폭을 한 박자 늦추게 하는 여유를 제공할 수 있지 않을는지.

## 아름다운 결말

　1950년대 말 Y대학의 대학원에서는 '한글 시험'을 치르고 있었다. 이 시험을 통과해야만 석사 학위 논문을 제출할 수 있게 되어 있었다. 한글학자이신 K원장께서 당시 학생들의 한글 실력이 수준 이하여서 이를 보완하여 논문을 논문답게 쓰게 하기 위한 깊은 생각에서 나온 시책이었다. 그러나 시간이 지나면서 '한글 시험'을 통과하지 못해 석사 학위 논문을 제출하지 못하고 졸업이 지체되는 학생들 수가 늘어나면서 학생들의 불평이 높아지기 시작하였다. '대학원 학칙에도 없는 시험을 필수로 하여 낙방생을 양산하고, 그 학생들을 따로 모아 이삼 주 동안 한글 공부를 시키는 방법 등을 고려하지도 않고 ….'
　이러한 불만 여론을 등에 업고 당시 대학원학생회 회장을 맡고 있던 Y군이 면담 신청을 하여 대학원장을 만나 학생들의 불만을 전하면서 시정을 요청하였다. 두 사람이 이 문제를 놓고 한동안 의견을 개진하던 중 K원장이 "Y군, 자네의 주장에도 일리가 있어. 그리고 내 의견에도 일리가 있지 않은가?"라고 반문하였다. 이에 Y군은 "물론 원장님의 생각에도 일리가 있습니다"라고 하자, K원장이 "자네 생각에도 일리가 있고 내 생각에도 일리가 있다면 누구 생각대로 해야 하겠는가?"라고 반문하였고, Y군은 "당연히 원장님 생각대로 해야 합니다"라고 답하고 나왔다고 한다. K원장은 그 다음 학기에 한글 시험을 중단하였다.

  내가 Y대학 교무처장으로 있던 어느 날, 기사 한 분이 처장실에 들어서면서 "처장님 좀 도와주셔야겠습니다"라고 하는 것이었다. 사연인즉, 자기 아이가 금년에 Y대학에 지원했는데 19일이 모자라서 대학에서 부여받는 가산점 혜택을 받지 못하게 될 것 같다는 것이다(당시에 교수는 3년, 직원은 9년이 지나면 일정한 가산점을 주게 되어 있었다. 물론 그 제도(?)는 1981년 문교부장관의 공문 한 장으로 폐지되고 말았지만).

  3년에서 19일이 모자라게 된 연유를 들어보니, 3년 전인 1월 1일부터 행정대학원장의 차를 운전하게 되었는데, 대학 측의 발령 수속이 늦어 3월1일이 아닌 3월19일에 발령되었기 때문이라면서, 행정대학원장의 확인서와 동료 기사들의 진정서를 제출하는 것이었다. 나는 학교 행정의 지연으로 개인에게 피해를 준 셈이어서 사실상의 사유를 바탕으로 도와주었으면 하는 생각이 들어 이 문제를 갖고 부총장님과 상의하였더니, 당신에게도 다녀갔다면서 안 된다고 했다는 것이다. 19일 모자라는 것을 봐주면 20일도 봐주어야 하고, 20일을 봐주면 21일도 봐주어야 하니, 그렇게 되면 규정이 쓸모없는 것으로 되고 만다는 논리였다.

그러나 나도 그 정도의 논리를 몰랐던 것도 아니어서 그쯤에서 물러서고 싶지 않았다. 그 기사는 19일 동안에도 일을 하였고, 원인은 학교 행정상 지연에 있었기 때문에 고려할 여지가 있지 않으냐면서 재고를 요청하였다. 그러자 부총장께서 진담 반 농담 반으로 "이거 누가 부총장이고 누가 교무처장인지 모르겠네. 부총장은 해주자고 하고 (실무자인) 교무처장이 안 된다고 해야 할 텐데, 거꾸로 되었으니…." 부총장과 교무처장 사이의 의견 불일치는 며칠 더 계속되었고, 그러는 사이에 그 말이 총장에게 전해졌던 모양이었다. 어느 날 총장께서 두 사람을 불러 자초지종을 듣고자 하였다. 두 사람의 의견을 듣고 난 후 총장은 "교무처장의 말에도 일리가 있고 부총장의 말씀에도 일리가 있습니다. 이때 내가 누구의 말에 따라야 하겠소? 부총장의 말에 따라야지요. 부총장 뜻대로 하십시오." 그 기사의 아이는 그해 시험에서는 낙방하고 1년 재수를 거쳐 그 다음해에 입학한 것으로 들었다.

이 두 사례의 결말에 대하여 대체로 우리 세대의 사람들은 '아름다운 결말'이라고 할 것이다. 그러나 만약 신세대라는 사람이 그것이 어떻게 아름다운 결말이냐, 그것은 사실에 기초한 민주적 결말이 아니고 위계(位階)에 입각한 권위적 결말인 것 아니냐라고 한다면, 나는 그것을 아름다운 결말로 보는 구세대에 속한 것을 다행으로 여길 것이다.

# 제3장
# 고마운 사람들

## 어머니의 교육열

어머니 치맛바람이라는 말이 있다. 어머니들의 교육열을 빗댄 말이라고 생각된다. 그러나 치맛바람은 어제오늘의 일만이 아닌 모양이다. 2500년 전 주나라의 맹모(孟母)에 그 뿌리를 두고 있으니…. 널리 알려져 있는 대로, 맹자의 어머니가 아들 교육을 위해 집을 세 번이나 옮겼다고 하니, 여간한 교육열이 아닌 것이다.

다소 거창한 비유지만, 나의 어머니도 이 아들의 교육을 위해 초등학교를 세 번이나 옮겼으니, 1945년 해방되었을 때 나는 초등학교 5학년이었다. 내가 다니고 있던 학교는 김해 읍내에 있는 초등학교의 분교였다. 어머니는 분교에 그대로 두어서는 좋은 중학교에 진학할 가망이 없다고 생각했던지 김해 읍내에 있는 대성국민학교로 옮겼다. 그러나 이 학교에 옮겨놓고도 마음에 차지 않았던지, 이 학교로 옮긴

지 1년 남짓 만에 다시 부산의 부민국민학교로 옮겼다. 나는 부민국민학교에서 3개월 남짓 공부하고는 졸업하였다. 그래서 나는 내가 졸업한 초등학교의 정체성이 헷갈리곤 한다. 물론 부민국민학교에서 졸업장을 받았으니 그 학교 졸업생인 것만은 확실하지만, 3개월밖에 다니지 않았으니…. 대성국민학교에서 1년 남짓 다녔고 칠산국민학교에서 4년 반 넘게 공부하였으니, 정서적으로는 칠산국민학교가 나의 모교로 느껴지기도 한다.

어머니는 배우지 못한 분이셨다. 1901년생이어서 서당에는 아들만 보내는 시대의 분이시고, 신식 학교가 들어서기 이전의 분이기 때문이다. 그래서 아무래도 어머니는 당신이 배우지 못한 한을 자녀 교육을 통해 풀려고 한 분일지도 모른다. 하지만 나는 어머니가 당신을 위해, 당신의 한을 풀기 위해 자녀 교육에 열을 올렸다고는 보지 않는다. 그리고 당시에는 지금처럼 교육열이 그렇게 뜨거웠던 시대도 아니었다. 나는 어머니 교육열의 원천을 다음의 두 가지에서 찾고자 한다.

아버지가 1946년 1월에 44세의 젊은 나이로 세상을 떠났을 때 아버지는 어머니 슬하에 어린 6남매를 남겨놓으셨다. 어머니에 의하면, 아버지의 유언은 "어떤 일이 있어도 아이들 교육은 끝까지 시켜주시오"였다고 한다. 어머니는 이 아버지의 유언을 지키려고 애쓰신 분이라고 생각한다. 나는 어머니가 자녀 교육에 소홀한 다른 사람들에게 자녀 교육이 가장 중요하다면서 독려하는 것을 여러 차례 본 일이 있다. 나는 어머니의 교육열의 원천이 아버지의 유언이라고 생각한다.

아버지는 형제분이셨다. 백부님은 서울에 사셨고 아버지는 김해에 살았다. 아버지와 큰아버지는 사이가 각별하셔서 편지 왕래도 잦았다. 아버지가 서울에 가면 큰아버지는 아버지와 잠자리를 같이 하면서 밤새도록 이야기꽃을 피웠다고 한다. 그래서 1945년 전에 누님은 진명여중에 다녔고 형님은 경복중학에 다녔다(그때의 학제는 중학 6년제였음). 당시 서울에 유학하는 여학생은 김해군 전체에서 한둘밖에 되지 않았다고 한다.

백부님에게는 아들이 여럿 있었는데 그들 중 위의 셋은 여름이나 겨울 가릴 것 없이 방학만 되면 우리 집에 와서 보내곤 하였다. 해방 전에 사촌 큰형은 경성제국대학 법문학부 법학과에 재학 중이었고, 사촌 둘째형은 보성전문 상과에, 사촌 셋째형은 연희전문 상과에 다니고 있었다. 그래서 방학 때가 되면 우리 집에는 서울에 유학하고 있는 딸과 아들 그리고 사각모에 망토를 입은 대학생 셋이 드나들었다. 이것은 당시에는 보통 보기 어려운 일이었고, 남들이 부러워하는 자랑스러운 광경이었다. 이 사촌들을 뒷바라지하면서 어머니는 마음속으로 다짐했을 것이다. '내 아이들도 훗날 사각모를 씌워야지'라고.

나를 시골 분교에서 끝내는 부산의 부민국민학교로 옮긴 것도 오래전부터 다져온 어머니의 결심의 일단이었을 것이다.

나는 어머니가 떠오를 때마다 생각한다. 내가 오늘 이만큼 밥을 먹고 살게 된 것도 어머니의 그 끈질긴 교육열 덕분이라고. 나는 어머님의 그 열의에 늘 감사하고 있다.

## 아버지의 사랑

　나는 아버지에 대한 기억이 별로 없다. 내 나이 열두 살에 돌아가셨기 때문에 아버지에 대한 인상이 많지 않다. 아버지가 읍내에 나가셨다 밤늦게 돌아오실 때는 언제나 자전거 핸들에 과자 봉지를 달고 오신 것, 밤늦게 드시는 아버지의 밥상 밑에서 밥이 먹고 싶어 침을 삼키던 일, 여름날 수리둑에 멱을 감으러 가다 꼴머슴이 아버지가 데리고 오란다며 붙들려간 일, 칠산국민학교 교정에 지금도 세워져 있는 분교설립공덕비에 새겨져 있는 아버지의 성함 ….

　여기에 아버지의 애정 어린 일화 두 가지를 적어보기로 한다. 초등학교 3학년 때였을까. 아버지의 도구함에서 이상하게 생긴 가위를 발견하였다. 나는 그것을 들고 사랑채 화단에 있는 나뭇가지를 자르기 시작하였다. 그것은 전지가위였고 힘들이지 않고 나뭇가지가 삭둑삭둑 잘도 잘렸다. 나는 재미있어 그 나무를 나 나름대로 정리해버렸다.

저녁 때 외출에서 돌아오신 아버지가 그것을 보시고선 정말 화가 나서 야단을 치기 시작하셨다. 누가 했느냐는 것이다. 그렇지 않아도 말라죽을 것 같아 걱정이었는데 저렇게 가지를 잘라버렸으니 어떻게 살겠느냐는 것이다. 나는 자백할까 했으나 기회를 놓쳐 하는 수 없이 버틸 수밖에 없었다.

한참 화를 내어 야단치시던 아버지께서 눈치를 채셨는지 아니면 어머니와 눈으로 이야기를 나누셨는지, 더 이상 화를 내시지도 자백을 받으려고도 하지 않으셨다. 집안에 나 말고는 다른 사람이 없었고 그 도구함에서 가위를 꺼낼 만한 사람이 나밖에 없었으니…. 아버지께서는 알아들을 만큼 말했다고 생각하셨는지, 자백할 기회를 놓친 아들에게 더 이상의 자백을 추궁하는 것은 마음의 상처가 더할 뿐이라고 생각하셨는지 없었던 일로 하셨다.

그 후 나는 그 나무가 날로 말라가는 것이 가슴 아팠고, 아시면서 모르는 채 넘어가주신 아버지의 도량을 확인하고는 아버지의 사랑을 느낄 수 있었다.

나는 초등학교 1학년과 2학년은 행복하게 보낼 수 있었다. 1학년 담임선생은 진주사범학교를 갓 졸업하고 처음으로 부임한 처지인데다 천성이 착한 분이셨고, 우리 집에서 1년간 공으로 숙식하셨기 때문이다. 2학년 때는 일본인 여자 선생님이셨는데, 말수가 적고 키가 크고 부드러운 분이어서 별다른 인상 없이 보낼 수 있었다. 문제는 3학년 담임선생님이었다. 일본인이었는데, 키가 작고 약간 얽은 얼굴에 도수 높은 안경을 쓰고 까다롭게 생긴 분이었다. 이 야마

사기(山崎) 선생은 처음부터 나를 못마땅해 하는 것 같았다. 아버지는 학교를 유치한 분이셨고, 우리 집은 그 인근에서는 부잣집으로 알려져 있었으며, 나는 1, 2학년 때 반장을 하였는데, 이런 일들이 모두 못마땅해보였는지 나를 골탕 먹이는 것 같았다. 소제하다가 잠시 허리를 펴면, "다른 애들은 일하고 있는데 너는 뭐 하느냐?"고 꾸지람하셨고, 옆의 짝지와 잠깐 이야기를 나누었는데도 수업 시간에 무슨 이야기냐고 틈만 보이면 야단을 치는 것 같았다. 어릴 때부터 착하고 공부 잘한다는 말만 듣던 나로서는 견디기 어려울 정도로 당혹스러웠다. 나는 이 사실을 어머니에게 하소연했던 모양이다.

어느 일요일 열두 시 조금 전에 아버지가 부르셔서 사랑채로 나갔더니 호미를 갖고 화단의 풀을 매라는 것이었다. 얼마간 풀을 매고 있는데 인기척이 나는가 하더니, 사랑채로 통하는 쪽문이 열리면서 담임선생이 들어오시는 것이 아닌가. 나는 엉겁결에 손에 호미를 든 채 인사를 했더니, "너, 화단을 손질하고 있었군" 하시는 것이었다. 내가 그렇다는 회답을 하려는데 위채에서 사랑채로 내려오시던 아버지께서 "영식이는 자주 집안일을 합니다"라고 하면서 담임선생님을 모시고 사랑채 마루로 올라가셨다. 아버지와 선생님은 어머니가 정성을 다해 차려내신 점심 식사를 함께 하셨다. 그 후 나에 대한 담임선생님의 태도는 바뀌었고, 나는 부담 없이 학업 생활을 할 수 있었다. 나는 아버지를 생각할 때마다 이 일을 상기하면서 아버지의 깊은 정을 느끼곤 한다.

## 보고 또 보고픈

　교수정년축하연에 가보면 그 회순의 마지막에 그 날의 주인공인 교수님의 답사가 있다. 많은 분들이 와주셔서 고맙다는 말과, 정년을 맞은 소회 그리고는 나는 보수적인 사람이라 그동안 나의 집사람에게 고맙다거나 사랑한다는 말을 한 적이 없는데 오늘 이 정년의 자리에서 한마디 하지 않을 수 없다면서 다소 어색한 표정을 지으면서, "당신의 그동안의 헌신적 내조에 감사하고 당신을 늘 사랑해왔고 앞으로도 사랑할 것"이라고 한다. 그러면 객석에서 박수가 터져나오곤 한다.
　나도 이젠 70대 중반을 넘기고 있으니 아내에 대한 나의 이야기를 해도 될 나이인지 ….
　지금은 그 수가 많이 줄어들었지만 한때는 새해 정초가 되면 많은 제자들이 세배를 오곤 하였다. 그런 날엔 신이 나서 포도주 한 잔씩을 돌리고 덕담을 나누면서 교육과 정치, 사회 등 세상 돌아가는 이야기를 한참 하다가 나는 나의 아내에 대한 이야기를 험담을 섞어가면서 하게 된다. 그러면 제자들은 사모님에 대한 험담이니까 재미있어 하다가, 한 제자가 "선생님, 사모님에 대한 험담을 그렇게 하시고서 저희들이 돌아가고 난 뒤 사모님한테 혼나시는 게 아닙니까?" 한다. 그때 이재희 박사가 나서서, "아니야, 선생님 말씀 자세히 들어봐. 험담처럼 보이지만 은근히 사모님 자랑을 하고 있는 거라고" 한다. 그러면 내가 "역시 이재희 박사의 밝은 머리가 나의 속뜻을 꿰뚫어보는구먼 …" 하고 답하면서 한바탕 웃는다.

1998년 6월에 나는 『비트겐슈타인 연구』(현암사, 1998)로 제10회 서우(曙宇)철학상(저작상)을 받게 된다. 서우철학상은 최재희 교수님의 학덕을 기리고 철학 발전을 위해 1989년에 제정된 상으로서, 올해에 벌써 제21회 시상식을 거행할 정도로 역사와 권위를 내세울 만한 상이다. 이 상을 위해 꾸준히 노력하고 있는 한국외국어대의 최완진 교수와 그 가족들에게 경의를 표하는 바다. 나의 서우철학상 시상식에서는 이초식 교수가 심사 경위를 보고하고 김태길 교수님이 축사를 하였는데, 김태길 교수님과 나의 인연은 김태길 교수님이 연세대 철학과 교수로 재직하고 계실 때인 1961년으로까지 소급되지만, 김태길 교수님이 나의 아내를 보기는 그 날이 처음이었다. 첫눈에 좋은 인상을 받았던지 축사에서 이렇게 말씀하셨다. 박 총장님이 총장도 하고 장관도 하는 등 높은 자리에 오르고, 박 총장도 깨끗하게 생긴 분이어서 이성적 스캔들이 생길 만도 한데 전혀 그런 말이 들리지 않아 그 이유가 궁금했는데, 오늘 그 사모님을 보니 '보고 또 보고픈' 분이어서(당시 텔레비전에 「보고 또 보고」라는 일일 연속극이 방영되고 있었음) 그 까닭을 알게 되었다면서, 수상에 대한 축사뿐 아니라 아내에 대한 칭송을 빼놓지 않으셨다.

나의 고등학교 후배 가운데 이홍수 변호사가 있다. 한마디로 거물 변호사다. 키도 크고 체격도 건장하고 눈도 부리부리하고 목도리도 굵직하여 말을 잘할 뿐 아니라 세상 돌아가는 일을 꿰뚫고 있어, 만나서 이야기를 듣고나면 어두웠던 눈이 밝아지는 듯하게 된다. 이 변호사가 언젠가 한 번 우리 내외를 초빙한 적이 있다. 의정부에 있는 한 양식당에서였다. 자리에 앉자마자 이 변호사가 내 아내에게 "형수님, 오랫동안의 숙제가 형수님을 보는 순간 풀렸습니다"라는 것이었다. 주변 사람들은 이 분이 무슨 말을 하려는지 지켜보고 있자 그의 말이 이어졌다. "박 총장님이 그동안 승승장구해서 웬 일인가 했습니다. 솔직히 말해서 박 총장님 몸이 건장합니까, 얼굴이 잘 생겼습니까. 목소리는 또 얼마나 나쁩니까. 그 위에 순 경상도 사투리로 말하지요. 저런 사람이 어떻게 총장을 하고, 그것도 보통 대학입니까. 교육부장관을 지내고, 학술원 회원으로 되고 …. 이상하다고 생각했습니다. 숙제가 풀리지 않았습니다. 그런데 형수님을 보는 순간 그 숙제가 풀렸습니다. 형수님 덕분이구나 하고 말입니다."

이야기가 여기에 이르자 아내의 표정은 밝아졌고, 나도 기분이 나쁘지 않았다. 이 변호사의 이야기는 여기서 끝나지 않고 다시 이어졌다. "형수님, 그러나 결혼을 잘하신 것이 못 됩니다. 형수님 정도면 총리 부인은 되고도 남을 만한데 장관 부인밖에 되지 못하였으니 …" 하는 것이었다.

그 후로 아내는 이 변호사의 이야기만 나오면 젊은 시절로 돌아간 듯 밝은 표정이 된다.

## 소크라테스의 처

　소크라테스의 처는 크산티페다. 사전을 보면 크산티페에는 두 가지 뜻이 있다. 하나는 고유명사로서 소크라테스의 처이고, 다른 하나는 보통명사로서 '악처'다. 소크라테스의 처 크산티페가 왜 '악처'라는 오명을 쓰게 되었을까.
　소크라테스의 제자로서 소크라테스와 같은 시대에 태어나서 스승으로 모실 수 있는 것을 하느님에게 감사한 플라톤은 36권에 이르는 ≪대화편≫ 어느 구석에서도 크산티페가 악처라는 흔적을 찾아볼 수 없다. 오히려 그는 소크라테스의 최후를 묘사한 『파이돈』이라는 책에서 소크라테스 내외가 정분이 두텁고 소크라테스에 대한 크산티페의 애정이 애틋했음을 보여주고 있다. 소크라테스가 독배를 마시고 죽게 되는 최후의 날 새벽에 소크라테스의 제자 몇 명이 감옥으로 소크라테스를 면회하려 간다. 그때 그 날 밤을 소크라테스와 함께 보낸 크산티페는 가슴에 어린아이를 안고 있었고 감방을 나설 때 슬피 울었다고 한다. 69세의 소크라테스와 크산티페 사이에 가슴에 안아야 할 정도의 어린 아기가 있었다는 것은 두 사람의 정분이 두터웠음을 말해주고 있으며, 크산티페가 슬피 울었다는 것은 소크라테스에 대한 애정이 남달랐음을 보여주고 있다.

그러면 누구에 의해 왜 크산티페가 '악처'라는 오명을 쓰게 되었는가. 군인 출신인 크세노폰은 『회상』이란 책에 다음과 같은 일화를 남기고 있다. 어느 날 아침, 크산티페가 남편에게 요즈음 말로 바가지를 긁기 시작하였다. 그러나 소크라테스는 아무런 대꾸도 하지 않은 채 예의 명상에 잠겨 있는 듯하였다. 이에 더욱 화가 난 크산티페가 부엌에 들어가 바가지에 물을 담아와 소크라테스의 머리 위에 뒤집어 씌워버렸다. 그러자 소크라테스는 태연히, "아침부터 뇌성이 요란하더니만 드디어 소나기가 내리는구먼"이라고 하였다는 것이다. (남편들이여, 아내가 바가지를 긁으면 소극적으로라도 대응해주시라. 그렇지 않으면 무시당했다는 생각으로 더욱 화를 낼 테니까.) 크세노폰은 군인 출신이기 때문에 사실을 왜곡하거나 과장하지 않고 사실을 있는 그대로 서술했을 것이라고도 한다.

크산티페가 악처라는 오명을 쓰게 된 것은 크산티페의 성벽 때문인가 아니면 소크라테스가 그 원인 제공자인가. 소크라테스는 펠로폰네소스전쟁 때 참여한 것과, 길지 않은 기간 공직에 몸담은 것을 제외하고는 일생을 별로 하는 일 없이 매일같이 길모퉁이나 시장에 나가 거기 모여 있는 청년들에게 대화를 통해 그들의 덕성을 함양하고 그들의 무지를 깨우치는 일을 하였다. '너 자신을 알라'는 소크라테스의 교육적 표어였다. 그는 이 일을 통해서 물론 돈을 받지는 않았다. 글을 가르치면서 돈을 받는 일은 부도덕한 일이라고 생각했기 때문이다. 그는 아침에 집을 나와 저녁에 집으로 돌아가지만 돈을 들고 들어가는 사람이 아니었다. 그는 생활에는 무관심한 사람이었던 것으로 보인다. 그의 제자인 크리톤이 생계를 보조했다고 하지만, 주는 사람은 부담스럽고 받는 사람은 부족한 것이 생계의 보조 아닌가. 이러한 남자와 사는 여인은 힘들고 답답하고 분통이 터지는 일이 아닐 수 없다. 이러한 남편과 사는 아내라면 그 누가 악처가 되지 않을 수 있으랴.

　세상에 아내로부터 존경받는 남편은 드물 것이다. 남편과 한 집에 살고 한 방을 쓰고 함께 밥을 먹고 매일 같이 나쁜 습성을 드러내고 있으니, 그러한 남편을 존경할 아내가 있을 것인지. 그래서 애인은 연인끼리의 만남이고 부부는 원수끼리의 만남이라는 말이 생겼는지 모른다. 이 세상에서 가장 행복한 사람은 아내로부터 존경받는 남편일 것이다. 아내로부터 존경받는 남편은 다음 둘 중 하나일 것이다. 따뜻하고 넓게 아내를 감싸는 인품을 가진 남편이거나, 첫사랑의 애틋한 감정으로 한결같이 아내를 사랑하는 남편일 것이다.

# 행복의 세 얼굴

　사람은 누구나 행복을 추구한다. 행복을 원하지 않는 사람은 없을 것이다. 그래서 아리스토텔레스는 행복을 인간의 최고의 목적이라고 했다. 인간이 추구하는 목적들을 거슬러 올라가면 행복이라는 목적에 이르게 된다는 것이다. 행복이 인간이 바라는 최고의 목적이라는 데 대해서는 철학자들 사이에 별다른 이견이 없다. 그러나 행복이 무엇이냐, 어떤 것이 행복이냐에 대해서는 의견의 차이를 보이고 있다. 행복에 대해서는 여러 가지 입장이 있겠지만, 다음의 세 가지가 그 대표적인 입장이 될 것으로 보인다.

　행복에 대한 첫째 입장은 쾌락주의다. 쾌락주의자들은 쾌락을 좋은 것이라고 한다. 고통은 우리를 불행하게 하고 쾌락은 우리를 행복하게 하며, 쾌락이 줄면 행복도 감소된다고 한다. 한마디로 행복의 기준을 쾌락에 두는 입장인 것이다. 그리고 이들이 말하는 쾌락은 감각적 쾌락은 물론이요 권력, 부(富), 명예 등을 포괄하는 개념이다. 그런데 이 쾌락주의는 꽃을 보면 즐겁고 누우면 편한 인간의 자연적 상태와 잘 부합되기 때문에 매우 오래되고 힘이 강한 입장이요, 대부분의 사람들은 이 쾌락주의적 행복관에 입각해서 살고 있다고 할 수 있다.

그러나 이 쾌락주의적 행복관은 태생적 결함을 드러낸다. 쾌락주의의 결함은 욕망이 맹목적이기 때문에 쾌락을 제한하기 어렵다는 데 있다. 적은 자극은 큰 자극을 요구하게 되고 큰 자극은 더 큰 자극을 요구하게 되듯이, 적은 쾌락은 큰 쾌락을 계속 요구하게 되어 결국엔 쾌락에 빠져들어 헤어나지 못하게 된다는 것이다. 그래서 성현들은 욕망을 줄여라, 욕망을 끊어라, 욕망의 사슬에서 벗어나라 하였으며, 욕망이 죄를 낳고 죄가 죽음을 낳는다고 했다.

행복에 대한 둘째 입장은 금욕주의다. 이것은 쾌락주의와는 정반대로 쾌락을 물리침으로써 진정한 행복을 구할 수 있다는 입장이다. 그리고 이 금욕주의자들의 행복에 대한 정의는 매우 철학적이다. 이들은 행복을 마음이 고요한 상태, 마음에 갈등이 없는 상태, 부동심의 상태라고 한다. 한마디로 마음이 평정할 때가 참으로 행복한 상태라는 것이다.

그런데 우리의 마음을 흔들고 마음에 갈등을 일으키는 것은 물욕과 명예욕 등으로 나타나는 욕망이라고 할 수 있다. 인간의 정욕과 그 대상인 쾌락이 사람의 마음을 흔든다는 것이다. 그래서 금욕주의자들은 진정한 행복에 이르기 위해서는 욕구의 사슬을 끊고 쾌락을 멀리하라고 한다.

우리는 이 금욕주의자의 대표로서 고대 그리스의 철인 디오게네스를 들곤 한다. 그는 우리의 소유물이 우리를 얽어매고 번거롭게 한다고 생각하여 그의 모든 재산을 다른 사람들에게 주어버리고 아테네 교외의 통 속에서 단순한 생활을 했으며, 알렉산더 대왕이 그를 찾아가서 원하는 것이 있으면 말하라고 했을 때 햇빛이나 가리지 말아달라고 한 일화는 유명하다.

한편, 이 금욕주의적 행복관에서는 성취를 욕망으로 나눈 값을 행복이라고 한다. 아무리 많이 이루어도 욕망이 크면 그 값은 적을 수밖에 없지만, 적게 이루어도 욕망이 없으면 그 값은 무한히 클 수 있다는 것이다. 쾌락주의자들이 성취를 키우는 데 역점을 둔다면 금욕주의자들은 욕구를 줄이는 데 역점을 둔다고 하겠다.

우리는 이 금욕주의와 맥을 같이 하는 사람으로 스피노자를 들 수 있다. 이 근대 네덜란드의 고독한 철인 스피노자에 의하면, 이 세상에는 우연적인 것은 존재하지 않고 모든 것은 필연적 이법에 의하여 지배된다고 한다. 비가 오는 것이나 나뭇잎 하나가 떨어지는 것이나 사람이 서로 만나는 것들도 우연적인 것이 아니고 인과적 연대에 의하여 생겨난 필연적 사건들이라고 한다. 이 사건들은 인간의 힘으로 어떻게 할 수 없는 것이라고 한다.

그럼에도 불구하고 그것을 피하려 하고 거역하려 할 때 좌절이나 번민, 갈등 같은 인간의 불행이 생겨난다는 것이다. 따라서 자연을 지배하는 필연적 이법을 받아들여 그것에 순응할 때 인간적 불행에서 벗어나 마음의 평정을 얻게 되며 참다운 행복에 이르게 된다는 것이다.

행복에 대한 셋째 입장은 행복을 자기 성취에서 찾는 것이다. 자기 능력을 발휘할 수 있는 생활에서 행복을 구하는 입장이라고 할 수 있다. 다른 말로 하면 행복을 쾌락에서 구하거나 그 쾌락을 물리치는 데서 구하는 것이 아니고, 인간의 활동에서 구하는 입장인 것이다. 그래서 이 입장에서는 자기 능력을 발휘할 수 있으면 그만큼 행복해질 수 있고, 능력을 발휘할 수 없는 상황이면 불행할 수밖에 없다는 것이다. 한마디로 이 입장에서는 가장 불행한 사람은 할 일이 없는 사람이라고 할 수 있다.

우리는 아리스토텔레스는 물론이요 니체에게서도 자기 실현에서 행복을 찾는 일면을 엿볼 수 있다. 니체에 의하면, 인간은 이 세상을 살아가는 동안에 여러 가지 고통에 직면하게 되는데, 그 같은 어려움에 좌절하거나 넘어지지 않고 그 고통과 어려움을 달게 받아들여 극복하는 초인이 되어야 한다고 강조한다. 니체의 초인은 어려움을 이겨낸 사람이요 자기를 실현한 사람이라고 할 수 있기 때문이다.

위에서 우리는 행복의 세 모습을 보았다. 그러나 이것들은 어느 하나만으로 행복에 이를 수 있을 것으로 보이지 않는다. 서로 얽혀야 하리라고 본다. 쾌락은 금욕에 의하여 제한되어야 하고, 자기 실현을 위한 일에도 어느 정도의 쾌락이 수반되어야 할 것이며, 금욕도 금욕만으로는 고통일 수밖에 없을 것이기 때문에 최소한의 쾌락은 용인해야 할 것이다. 행복의 세 모습은 이론적으로는 갈라 볼 수 있지만, 실천적으로는 이 셋이 늘 얽혀 있다고 보아야 할 것이다.

## 붉은 광장에서

　1989년 10월 중순, 이미 겨울로 빠져들고 있는 모스크바의 붉은 광장에서 내가 거기에 서 있음을 의아해하면서 어떤 상념에 젖어들고 있었다. 나는 내 일생에 철의 장막으로 가려진 나라, 동토로 알려진 소련에 가게 되리라고는 생각지 못했기 때문이다. 나에게 소련은 오랫동안 붉은 깃발과 붉은 광장으로 상징된 나라였기 때문에, 나는 모스크바대의 로그노프 총장을 만난 자리에서, "모스크바는 온통 붉고 소련인들의 얼굴도 붉은 줄 알았는데 어떻게 그렇지 않느냐"는 농담을 하고서 함께 웃은 기억이 난다.
　겉으로 보기에 모스크바는 다소 낡고 우중충해보이긴 했지만 유럽의 어느 오래된 도시와 크게 다를 바 없어보였다. 그러나 소련이 정치적으로 봄을 맞고 있지만, 오랫동안 침체되었던 나라요 경제적으로 어려움에 직면해 있는 나라임을 실감할 수 있었다.

 공항에서 도심으로 들어가는 변두리에는 고층 아파트들이 몇몇 들어서고 있긴 했지만, 시내에는 새로 지은 고층 건물이 별로 눈에 띄지 않았고, 밤거리는 사람의 왕래가 끊긴 채 어둠에 잠겨 있었다. 그리고 식당이나 가게 앞에 길게 늘어서 있는 사람들과, 물건과의 교환 가치를 상실하다시피 한 루블화가 소련의 경제적 어려움의 실상을 드러내고 있었다.

 소련은 세계 나라들 중에서 국토가 가장 넓고 지하 자원이 풍부한 나라로 알려져 있고, 인구도 2억 6000만 명을 넘으며, 제정 러시아 때는 유명한 작가와 음악가, 화가를 배출한 문화의 나라이기도 하다. 레닌그라드의 박물관 헤르미타지에 소장된 다양하고 풍부한 전시품에서, 그리고 그리스정교회의 그 화려하고 웅장한 모습에서 혁명 이전의 소련의 높은 문화적 수준을 실감할 수 있었다.

 우리가 익히 아는 대로 소련은 제2차 세계대전 이후 미국과 세계를 양분하여 초강대국으로 군림해왔으며, 그동안에 일어난 세계 각지의 분쟁마다 미국에 맞서 힘의 균형을 이루었다. 미국과의 군비 경쟁에서는 물론이고 우주 개발에서도 결코 뒤지지 않는 성과를 거두기도 하였다. 지난 45년간은 소련의 역사에서 가장 영향력을 크게 행사한 시기였다고 할 것이다.

 이러한 소련이 어떻게 그 한계를 인정하고 한국에까지 경제적 도움의 손길을 내밀게 되었는지. 물론 이것은 하루아침에 일어난 일이 아니다. 그동안 서서히 침체의 늪으로 빠져들고 있었다. 소련은 더 이상 버틸 수 없는 한계에 부딪혀 그동안의 이념적 독단에서 내렸던 철의 장막을 걷어올리고 있다.

이것은 고르바초프의 용기와 구국적 결단에 말미암은 것으로 높이 평가되지 않을 수 없다. 소련은 신사고(페레스트로이카)를 통해 기존의 이념이나 체제에서 벗어나려 하고 있으며, 개방(글라스노스트)을 통해 소수에게 독점되었던 정보를 개방함은 물론 세계에 문을 열면서 교류를 확대하고 있다.

소련이 오늘과 같은 어려운 국면에 처하게 된 데는 세계를 미국과 분할 지배하는 데 소요된 경제적 부담이나, 미국과의 군비 경쟁과 우주 경쟁에서 지나치게 경제력을 소실한 것 이외에도 다음 몇 가지 원인을 들 수 있다.

우선 소련은 선거라는 장치를 통해 주기적으로 평가를 받고 그 평가를 통해 변화해가는 민주 제도를 취하지 않고 일당 독재 체제를 너무 오랫동안 지속했기 때문이다. 일당 독재는 일시적으로는 어떤 성과를 거둘 수도 있지만, 오래가면 반대 세력에 의한 견제나 도전이 없어 결국엔 부패하거나 무기력해지기 마련이다.

다음으로 소련에서는 모든 생산 수단의 국가 소유로 산업이 국영화되었기 때문에 기업들 사이에는 경쟁도 없고 경쟁에서 살아남기 위한 노력도 없다. 자본주의 사회에서의 지나친 경쟁도 많은 부작용을 낳지만, 경쟁 없는 사회는 무기력해질 수밖에 없다. 거기서는 크게 노력할 필요도 없고 창의성을 발휘할 필요도 없기 때문이다. 이 밖에도 공산주의가 사유 재산을 억제한 것도 사회를 둔화시킨 주요 원인으로 보인다. 소유욕은 인간의 가장 기본적 욕구 중의 하나다. 소유욕을 지나치게 자극하면 경쟁이 심화되고 경쟁이 격차를 낳고 격차가 갈등을 낳기도 하지만, 소유욕을 억제하면 행동의 동인이 제거되기 때문에 최선을 다해 일할 의욕이 상실되어 사회가 둔화될 수밖에 없다.

또한 공산주의 사회가 이상으로 내세우는 평등 개념도 지적인 창의성을 둔화시키는 결과를 초래하였다. 인간이란 본래 게으른 존재이고 가능하면 편하게 지내려고 한다. 지적으로 뛰어난 사람은 저절로 그렇게 되는 것이 아니고, 그의 타고난 재질 이외에 남다른 노력과 인내의 결과인 것이다. 따라서 지식인에 대한 투자와 사회적 보상이 없는 사회는 지적인 창의성을 기대할 수 없게 되는 것이다. 모든 사람이 대등하게 취급되는 사회에서 누가 고통스러운 지적인 작업에 뛰어들려 할 것인가. 지적인 창조를 위해서는 그것에 상응하는 대가를 지불해야 하는 것이다.

나는 모스크바 중심에 위치한 붉은 광장에서 크렘린궁의 붉은 깃발을 바라보며, 소련을 공동화(空洞化)시킨 원인이 '인간의 잘못된 생각과 제도'가 아닌가 하는 상념에 젖어들었다.

## 교수의 빚

가친께선 나를 의사로 만들려고 하셨다고 한다. 당신이 일제시대에 겪었던 한계에 비추어 한국인으로서 바람타지 않고 궁핍하지 않게 살 수 있는 길은 의사가 되는 일이라고 생각하셨던 모양이다. 그러나 가친께선 내가 중학교에 입학하기도 전에 돌아가셨고, 그래서 나는 스스로의 선택으로 철학을 전공하게 되어 그 주변을 맴돌다 천행으로 교수라는 직업에 종사하게 되었다. 그래서 나는 때때로 생각하곤 한다. 내가 의사가 되었더라면, 그랬더라면 지금의 나보다는 훨씬 윤택한 생활을 하고 있을지도 모른다는…. 그러나 나는 교수로서의 나의 오늘을 후회해본 일은 없다.

나는 교수라는 직업에 다음의 몇 가지 특전이 주어져 있다는 것을 상기하면서, 나의 교수로서의 직업에 만족하면서 감사하고 있다.

우선 교수는 언제나 20대의 싱싱하고 젊은 학생들과 생활을 같이한다. 건강하고 꿈 많고 지적 욕구에 불타는 젊은이들과 함께 호흡하면서 산다는 것은 얼마나 행복한 일인가. 영국의 시인 워즈워드가 말했던가. "어린이는 어른의 아버지"라고 …. 세속에 물들지 않은 마음과 생각이 건전한 젊은이들이 타성화되고 세속화되려는 나를 일깨우는 거울이 되고 방패가 되고 있으니 이 또한 얼마나 복된 일인가.

교수는 교실에서 강의로 승부하는 직업이다. 강의를 통해 학생들이 눈빛을 반짝이면서 지적으로 깨달음에 젖어들고 있다는 것을 느끼는 일은 교수의 희열이 아닐 수 없다. 이러한 지적 희열을 위해 교수는 늘 책을 읽고 생각하고 지식의 조각들을 정리하는 일을 쉼 없이 하여야 한다. 학생들의 지적인 도전에 지적으로 응전하기 위해 교수는 늘 새로운 지식으로 무장해야 한다. 이러한 일을 통해 학생들의 지식의 지평을 넓히고 상상력을 키우는 일 또한 뜻있는 일이 아닐 수 없다.

교수는 여름과 겨울에 긴 방학을 갖는다. 이것은 교수에게 주어진 특별한 특전이 아닐 수 없다. 교수는 전공이라는 좁은 우물에 갇혀 있어 지적으로 편협할 수 있다. '학해(學海)'라는 말이 있다. 학문은 바다처럼 넓다는 뜻이다. 그런데 교수는 넓은 바다 속의 한 섬과 같은 전공에 매몰되어 좁게 살 수 있다. 방학 때는 그 섬에서 벗어나 인접 학문으로 지식의 지평을 넓힐 필요가 있다. 방학 때는 여행으로 견문을 넓힐 수도 있고, 박사 학위를 취득한 외국 대학으로 가서 은사와 친구들을 만나 새로운 학문도 접하고 언어도 다시 훈련시킬 수 있을 것이다. 교수는 방학이라는 특전을 자기 학문의 재충전을 위해 활용할 수 있다.

또한 교수는 대학 캠퍼스에서 생활하게 된다. 고색창연한 진리의 전당이라는 아름다운 건물들, 앉아서 사색할 수 있는 고목들로 울창한 숲, 생기 넘치는 젊은 학생들이 부산하게 움직이는 캠퍼스, 손만 뻗으면 언제나 닿을 수 있는 지식의 보고인 도서관, 이처럼 맑은 공기가 감도는 대학 캠퍼스에서 생활한다는 것은 남다른 축복이 아닐 수 없다.

교수는 세월이 흐르다 보면 감사하는 마음으로 있는, 빚진 심정으로 있는, 제자들에 둘러싸여 있는 자기를 발견하게 된다. 사회적으로 여유가 생긴 제자들은 그동안 연락드리지 못한 것이 죄송하다면서 점심에 초대하기도 하고, 동기생들의 모임에 오셔서 격려의 말씀을 해달라고도 하고, 길거리에서 반가운 얼굴로 인사하면서 "저 아무개입니다. 그동안 인사드리지 못했습니다"는 제자를 만나게도 된다. 주위에 감사한 마음으로 있는, 빚진 심정으로 있는 제자들이 있다는 것은 얼마나 행복한 삶인가.

그러나 교수는 사회에 큰 빚을 진 사람이기도 하다. 교수로 발탁되어 학생을 가르치게 되고, 일생을 연구와 교육에 전념할 수 있게 되고, 연구실을 갖게 되고, 비교적 안정된 생활을 할 수 있으며, 사회적 존경을 누리게 되는 것은 사회적 혜택이 아닐 수 없다. 따라서 교수는 정년 이후에도 꾸준히 학문에 정진하면서 지적으로 사회에 보답하여야 한다. 계속해서 책을 읽고 글을 쓰고 번역을 하고 강연을 하고 책을 저술하는 등 끊임없이 지적인 활동을 하면서 지적으로 사회에 보답할 의무가 있다. 사회가 한 사람의 교수를 만들어 내기 위해 투자한 데 대한 보답을 해야 하는 것이다. 교수는 수십 년에 걸친 교수 생활을 통해 축적된 지식을 여러 가지 형태로 사회에 환원해야 할 책무를 지니고 있다 할 것이다.

## 학생처장의 빛과 그늘

　학생처장이라는 자리가 대학의 직제에 언제부터 속하게 되었는지는 정확히 알 수 없지만, 대학이 학문을 가르치고 학생 생활 지도를 그 주요 기능으로 하는 한, 학생처장의 자리는 대학의 역사만큼 오래된 것인지도 모른다.
　우리가 학생처장의 직능을 넓게 말해 학생의 생활 지도라 할지라도 그 구체적인 내용은 시대에 따라 그 특색을 달리해왔음을 알고 있다. 그 역사를 오래 소급할 필요도 없이, 우리가 대학에 다니던 1950년대의 학생처장은 주로 교복을 입도록 하고 넥타이를 단속하고 담배를 못 피우게 하는 등의 일에 신경을 썼던 것으로 기억된다. 그러던 것이 1960년대에 접어들면서부터는 그 직능이 변질되어 어느덧 학생처장이 마치 데모 막는 자리인 것처럼 인식되기에 이르렀다. 그리고 학생처장의 자리가 이렇게 인식되면서부터 학생처장은 힘들고 외롭고 어려운 자리로 알려지게 되었으며, 교수들은 가능하면 이 자리를 피하려고 하였다. 부득이 맡게 되더라도 오래하지 않으려는 경향을 보이게 된 것 같다.

우리가 세상을 살아가는 동안 현재의 나를 설명하기 위해, "살다가 보니 그렇게 되었다"는 표현으로 호도하는 경우가 있다. 나는 어쩌다 학생처장직을 맡게 되었느냐는 질문을 받을 때마다 위의 말보다 더 적절한 답변이 없다고 행각한다.

대학 교수직에 뜻을 둔 사람은 누구나 한 사람의 학자로 대성하기를 염원한다. 자기 분야에서 두각을 나타내고 강의를 통해 학생들로부터 존경받는 교수가 되기를 기대한다. 그 누구도 학교 행정에 발을 들여 학문적으로 상처를 입고 강의가 위축되고 동료 교수들과 눈에 보이지 않는 거리감을 느끼면서, 학자도 행정가도 아닌 중간 지대에서 서성대기를 원하는 사람은 없을 것이다. 나도 물론 예외는 아니었다.

나는 생김새도 장대하게 생기지 못했고 성격도 조용한(?) 편이어서, 내가 학생처장의 직책을 감당하리라고는 나를 포함해서 주변의 어느 누구도 예상치 못했던 일이다. 간혹 찾아오는 졸업생들도 하나같이 "선생님이 어떻게 이 일을 맡게 되었습니까?"라고 말하는 것이 위의 사실을 증명해주고 있다.

이처럼 내가 나도 모르는 사이에 학교 행정에 발을 들여놓은 지 벌써 5년을 넘기고 있다. 전반 2년여는 교무처에서 일했고 지금은 학생처에서 일하고 있다. 어떤 이는 나에게 말하기를, "학생처장을 하다가 교무처장으로 옮겨 앉는 것이 순리인데 그 역으로 되었으니 강등된 것이 아니냐"고. 나도 이에 동감하고 있다.

　다른 분야에서와 마찬가지로 대학의 직책들도 각각 그 나름대로의 업무와 특색을 지니고 있기 때문에 우열을 가리기가 어렵지만, 대학에서는 누가 뭐래도 교무처가 가장 중심적인 업무를 수행하고 있음이 사실이다. 교무처의 일과 학생처의 일을 서로 비교하기란 힘든 일이지만, 대체로 교무처의 일이 비교적 사무적이고 시간을 두고 생각할 수 있는 정적인 성질의 업무라면, 학생처의 일은 학생들과 부딪히면서 상황을 **빠**르게 판단해서 대처해나가야 하는 동적인 업무라고 할 수 있다.

　나는 이 글의 제목을 '학생처장의 빛과 그늘'이라고 했다. 남들은 학생처장의 자리는 그늘지기만 하고 힘들고 괴로운 자리로만 알고 있는데, 그 학생처장의 자리에도 빛이 있고 즐거움이 있다는 말인가. 학생처에서는 이름 그대로 학생들을 많이 접하게 된다. 호국단 간부들과는 수시로 만나게 되고, 동아리 대표들과 만나 토론하는 일도 자주 있다. 장학금을 위해 오는 학생도 있고 아르바이트를 위해 오는 학생들도 있으며, 행사비 보조를 위해 찾아오는 학생들도 있다. 나는 이 학생들과의 대화를 통해 방법을 제시해주기도 하고, 문제를 해결해주기도 하며, 여건을 납득시키기도 한다. 그리고 이런 일을 통해 서로 이해하고 친숙해진다.

　그뿐이 아니다. 각종 행사 때는 테이프를 끊는 영광을 누리기도 하고 행사 팸플릿에 축사를 써주기도 하며 행사에 나가 인사말을 하기도 한다. 그리고 학기말에 학생 간부들과 마주 앉아 한 학기를 회고하면서 건배를 들 때면 그동안에 쌓인 피로가 일시에 풀리는 듯하다.

더구나 학생처장은 정초가 되면 세배받기에 바쁘다. 호국단 간부와 동아리 대표들, 『연세춘추』와 방송국 기자들 그리고 응원단 학생들로 줄을 잇는다. 물론 세배객 중에는 졸업한 학생 간부들도 있다. 그리고 때로는 이렇게 사귄 학생들의 결혼 주례를 맡게도 된다. 이러한 일들은 학생처장만이 누리는 기쁨이요 학생처장의 빛이 아닐 수 없다.

물론 학생처장에게는 빛만 있는 것이 아니고 그늘도 있다. 그 그늘이 빛을 흐리게 하고도 남을 만큼 짙기 때문에 학생처장의 자리를 어려운 자리라고 한다. 나에게는 그 그늘을 농도 있게 묘사할 능력이 없다. 다짐을 받고 허가해준 행사가 예기치 않은 사태로 변질될 때 나는 당황하게 된다. 창문을 깨고 유인물을 뿌리면서 사태를 주도하는 학생 중에 어제까지 나와 마주앉아 대화하던 학생이 있을 때 나는 허탈해진다. 그러나 나는 이 학생들을 미워하거나 야속하게 생각하지 않는다. 능력의 한계를 느끼거나 그 의식의 벽을 낮추기에는 시간이 좀더 흘러야겠다고 생각할 뿐이다. 더구나 학교를 떠난 학생들의 그 뒤가 한참 후에 신문에 보도될 때는 가슴 아프다.

나는 지난 2년여 동안 학생처장직을 수행하면서 다음과 같은 몇 가지 원칙을 염두에 두고 살아왔다.

첫째로, 교수와 학생을 대립 관계로 몰아넣어서는 안 된다는 것이다. 교수와 학생이 서로 적대시하는 상황을 만들어서는 안 되겠다는 것이다. 학생 지도는 궁극적으로는 교수의 손에 달린 것이다. 교수가 강의와 대화에서 하는 말들이 서서히 학생들의 의식에 침투되어 지도 효과를 거두게 되는 것이다. 그런데 교수와 학생이 서로 대립하게 되면 교육이 끝나게 되며 교육이 끝나면 지도도 함께 끝나기 때문이다. 나는 지난 2년 동안 대학의 상황이 그렇게 급하고 어려웠어도 결코 성급하게 굴지 않았으며, 학생이 교수를 불신하는 상황이 되지 않도록 하기 위해 노력해왔다.

둘째로, 나는 대화를 학생 지도의 주요 수단으로 활용하였다. 나는 학생처장의 권위로 학생의 요구를 누른 일도 없고 물리적인 힘을 행사한 일도 없다. 대화는 합리성을 기초로 하는 것이기 때문에 지성인임을 자처하는 대학생으로서는 거부할 수 없는 성질이다. 따라서 나는 장기적으로 보아 대화가 학생 지도의 가장 효과적인 방안이 될 것으로 믿었다.

대화는 마음의 문을 열게 한다. 대화는 마음과 마음을 연결하는 가교의 역할을 한다. 따라서 대화는 서로를 이해시키고 서로를 친숙하게 만들어준다. 또한 대화는 자기의 생각을 고집하자는 것이 아니고 자기 생각을 다른 사람의 생각과 비교하여 나쁜 점은 내버리고 좋은 점만 골라 더 나은 생각을 갖자는 것이므로, 대화는 사람의 생각을 수정하는 길이 되기도 한다. 이렇게 대화는 생각의 모를 깎기도 하고 자기 생각만 옳다는 독단에서 벗어날 수 있게 한다.

우리는 때때로 교수들 사이에서도 생각의 강도에 큰 차이가 있음을 감지하게 된다. 학장들의 생각과 학과장들의 생각 사이에 거리가 있고, 학과장들과 일반 교수들의 의식 사이에서도 상당한 거리가 있음을 발견하게 된다. 그런데 이러한 차이는 주로 언로의 소통이 부진한 데서 연유한다. 이 언로의 소통이 원활치 못하면 학교가 뭘 하고 있는지, 어떤 방향으로 나아가고 있는지를 교수와 학생들이 잘 모르게 되며, 여기에서 오해도 발생하고 소외감도 생기게 되며 일체감에 금이 갈 수도 있다. 우리가 이러한 불편한 상황을 만들지 않기 위해서는 자주 만나 대화해야 한다. 이렇게 볼 때 대화는 학생 지도에서 뿐 아니라 한 집단을 원활히 끌고 나가는 데도 매우 긴요하고 효과적인 방법이 아닐 수 없다.

나는 이 대화라는 무기를 들고 학생 지도에 임하였다. 시간이 나는 대로 호국단실에 가서 학생들과 대화를 나누었다. 대화래야 반드시 거창한 주제를 내걸고 갑론을박하는 것이 아니다. 서로의 신변잡담에서 시작하여 세상 돌아가는 이야기 그리고 학생들의 생각이나 계획하고 있는 행사로 화제가 옮아가게 된다. 동아리방 순방 지도도 열심히 하였다. 동아리방을 돌아다니면서 학생들과 이야기를 나눈다. 처음에는 경계하는 눈치였으나 순방 횟수가 늘어나면서 점차 서로 가까워지고 그러는 사이에 왜 좀더 자주 오시지 않느냐는 말이 나오게 된다. 동아리 대표자들과는 한 학기에 수차례에 걸쳐 공식 회합을 갖기도 하고 수련회에 따라가 밤늦게까지 토론하기도 한다. 이렇게 영향력 있는 학생들과의 대화를 통해 그들의 생각에 변화가 생기거나 생각의 모가 깎이게 되면 다른 학생들에게 미치는 파급 효과는 매우 크다.

나는 동아리 지도교수님들에게도 동아리 학생들에게 관심을 갖고 동아리방에 자주 찾아가서 대화를 통해 인간적으로 친숙하게 대해달라고 당부하곤 한다. 나는 대화가 학생

지도에서 사용할 수 있는 유일한 그러면서도 가장 효과적인 수단이라고 믿고 있기 때문이다.

셋째로, 나는 학생 지도를 교육적 시각에서 다루어왔다. 대학은 교육 기관이요 교수는 교육자라는 생각을 기초로 하여 학생 지도에 임하였다. 대학은 교육 기관이기 때문에 생각이 미숙한 학생을 받아들여 그 생각을 성숙시켜 사회로 내보내는 곳이다. 대학생은 언제나 젊고 혈기 왕성하지만 생각과 행동은 성숙하지 못하다. 생각과 행동이 성숙해질 만하면 졸업하게 되고 다시 고등학교를 갓 졸업한 젊은이들이 대학에 들어오게 된다. 따라서 대학은 언제나 이상적인 눈과 충동적인 행동과 젊음의 열기가 넘실거리게 된다.

대학의 교육 기능은 어린애를 키우는 것에 비유될 수도 있다. 자라나는 아이들은 시행착오를 하기 마련이다. 불장난도 하고 물가에 나가 놀기도 한다. 위험한 장난을 하다가 다치기도 하면서 자라나게 된다. 아이들에게는 불장난이나 물가에 나가는 일도 모두 지나고 보면 쓸데없는 일이니 그런 짓은 하지 말라고 무조건 막아버리면, 그 아이는 창의력도 모험심도 위기를 극복하는 인내심도 없는 애어른이 되고 말 것이다.

대학생들도 성장 과정에 있고 교육 과정에 있다. 그들은 이런 생각도 해보고 저런 행동도 해보기 마련이다. 이러한 과정을 통해 그들은 성숙해가는 것이다. 시행착오는 창의성의 표현이요 발전의 징표다. 물론 학생들의 행동 중에는 교육의 차원을 넘어서는 것들도 있다. 그러나 대학은 그들까지도 시간을 두고 끈기를 가지고 교화해야 할 책무를 지니고 있다. 대학은 시간이 걸리고 어려움이 있어도 그 교육적 아량과 교육적 사명을 저버려서는 안 된다. 그것을 저버릴 때 대학은 그 스스로의 존재를 부인하는 결과가 되기 때문이다.

그러나 학생들이 교육적 설득에도 불구하고 교육의 한계를 넘어서는 행동을 자행하고, 사회가 대학의 교육적 시각을 포용하지 못할 때, 학생처장은 그 빛보다는 그늘에 가려지기 마련이다. 그러나 나는 앞으로도 교육적 차원에서 대화라는 합리적 수단을 통한 지도 방침을 묵묵히 견지해나갈 것이다.

## 구기동 계곡을 거닐면서

내가 이곳 구기동으로 이사온 지도 11년을 넘기고 있다. 10년을 넘겼으니 이제 나도 구기동 사람이라고 할 수 있을는지. 1998년 8월에 내가 지금의 빌라를 둘러보러 왔을 때도 장마 끝이라 구기동 계곡에는 맑은 물이 힘차게 흐르고 있었다. 물이 흐르는 계곡 옆에서 살 수 있다니 꿈같은 일이 아닐 수 없었다. 나는 물 흐르는 계곡에 혹하여 이곳으로 이사 오게 되었다고 할 수 있다.

나는 물이 흐르는 계곡을 따라 물소리를 들으면서 일주일에 서너 번 산책을 한다. 산책하는 이유는 크게 세 가지다. 첫째는 건강을 위해서다. 오락가락하는 무릎의 약한 통증이 산책하면 사라지고 게으름을 피우면 찾아오기 때문에, 무릎을 지키기 위해 기를 쓰고 산책에 나서게 된다.

둘째는 구기동에 사는 이유를 확인하기 위해서다. 삼각산 초입에 살면서, 목동 2단지 아파트를 팔고 이곳으로 와서 재산상 엄청난 손실을 보았으면서 산책도 하지 않는다면 이곳에 사는 이유가 없을 것 같아 오늘은 그만둘까 하다가도 나서게 되는 것이다.

셋째는 생각을 가다듬기 위해서다. 물론 대부분의 경우 아무 생각 없이 산책한다. 자유롭게 생각에 생각을 맡겨두는 것이다. 그러나 사람이 생각에서 벗어날 수는 없는지 이 생각 저 생각을 하게 된다. 떠오르는 대로 이 생각 저 생각에 잠기기도 한다. 아침의 맑은 공기를 마시면서, 물소리를 들으면서, 계곡을 따라 걸으며 생각에 잠기는 일은 그 자체가 행복한 일이 아닐 수 없다.

산책하면서 어떤 글을 구상할 때도 있다. 산책이 끝날 즈음에는 생각에 순서가 잡혀지면서 글의 줄거리가 정리되기도 한다. 그리고 다음날 산책에서 다시 그 구상을 되씹어보면 글의 줄거리가 제법 확실하게 잡히게도 된다.

산책하면서 며칠 안에 있을 강연 내용을 머릿속에서 굴리거나 입으로 중얼대면서 예행 연습을 하는 일은 매우 효과적이다. 나는 특강이 있기 전에는 산책길에서 그 내용을 되뇌면서 정리하곤 하는데, 그렇게 하고나면 특강 줄거리가 머릿속에서 확실하게 잡히게 되고, 특강도 좋은 반응을 얻게 된다.

구기동 산책길에서도 세상이 많이 변했음을 실감하게 된다. 여성들의 바깥 활동이 활발해졌음을 확인할 수 있다. 등산객들 중 남자보다 여자의 수가 더 많고, 여성들이 두세 사람씩 등산길에 오르는 일은 허다하며, 이른 아침부터 한적한 등산로를 혼자 오르는 여인들도 있다. 옛날에 등산은 남성들만의 일로 치부되었고, 남자를 대동하지 않은 여자들끼리의 등산은 금기시되고 있었다. 더구나 이른 아침 한적한 시간에 여자 혼자 산에 오르는 일은 사람도 두렵고 짐승도 무서워 못하는 일로 여겼다. 등산도 남녀가 평등해졌으니 세상이 많이 변한 것이다.

나는 산을 오르내릴 때는 밑만 쳐다보고 간다. 발을 잘 못 디뎌 넘어지면 큰일이기 때문이다. 그러나 나는 내 옆을 스쳐가는 사람이 남자인지 여자인지 식별할 수 있다. 지나가는 사람이 향내를 풍기면 여성이기 때문이다. 나는 여성들이 외출할 때는 비록 집 앞을 나설 때도 화장을 하는 수고를 마다하지 않는 것을 매우 고맙게 생각한다. 남성들에게 아름다운 향내를 풍겨주기 때문이다. 산책길에서 여인의 아름다운 뒷모습을 보게 되는 것은 자연의 아름다움과는 색조를 달리하는 묘한 아름다움이 아닐 수 없다. 여인의 아름다운 뒷모습을 보는 것이 나를 산책길로 유인하는 또 다른 요인은 아닐는지.

구기동 계곡은 주말이면 인파가 꼬리에 꼬리를 물고 오르내린다. 주말이면 구기동 계곡은 시장처럼 활기를 띠게 된다. 계절에 따라 밤, 땅콩, 잣, 감, 사과, 오렌지 등 온갖 장사꾼들이 사람 따라 들어오기 때문이다. 그러나 그것들 중에서도 1년 내내 등산객의 입맛을 당기는 것은 '모래로 구운 단밤'이다. 나는 주말이면 때때로 손자(동균) 손녀(서연)의 손을 잡고 산책하다 단밤 한 봉지씩을 손에 쥐어준 뒤, 밤을 까서 동균과 서연의 입에 넣어주는 일이 얼마나 행복한지 모른다. 군밤 아주머니가 손자와 손녀를 알아보고서 "정말 많이 컸구나" 하면 나는 "많이 컸지요. 이젠 말도 잘하고, 내가 이 애들을 따라갈 수가 없어요" 하며 말을 주고받기도 한다. 그럴 때마다 나는 속으로 생각한다. 이 애들이 나와 구기동 계곡을 거닐면서 군밤을 사먹은 일을 기억할 수 있을지. 그것을 기억할 수 있으려면 그리고 훗날 그것을 화제에 올릴 수 있으려면 이 애들이 중학생이 될 때까지는 살아야겠는데 하면서 장수에 대한 나의 욕구를 손자들로 핑계 삼기도 한다.

1998년에 내가 이곳 구기동으로 이사를 왔을 때만 해도 길가에는 빈터도 있었고 허물어져 가는 헌집들도 있었는데, 그 빈터에는 깔끔한 현대식 건물이 들어섰고 헌집들도 말끔한 새집들로 바뀌고 말았다. 이제 구기동 계곡은 빈틈이 없을 만큼 잘 가꾸어졌다고 할 수 있다. 그러나 그 집들은 대부분 식당이나 등산용품 가게로 바뀌었는데, 식당도 등산용품 가게도 너무 많아 장사가 잘되는 것 같지 않아 안쓰럽다. 두세 개만 있으면 족할 등산용품 가게가 열 개나 넘게 있고, 식당도 등산로 초입에는 수를 헤아릴 수 없는데다 계곡을 따라가면서, 또 계곡 막바지에 열개가 넘게 있으니 장사가 될 턱이 없어보인다. 더구나 월요일에서 금요일에 이르는 주중에는 인적이 끊겨 한적하기까지 하니 문을 닫고 있는 거나 진배없을 지경이다. 주중에는 계곡을 오르내리는 사람의 수보다도 가게를 지키고 있는 사람의 수가 많은 것 같다. 사정이 딱하지 않을 수 없다. 나를 아는 가게 주인들은 나와 눈을 마주치기 민망해하는 표정들이다. 나는 인적 끊긴 계곡 주변의 가게를 보면서 고달픈 세상살이의 단면을 보는 것 같아 나의 삶을 돌아보게 된다.

　구기동 매표소(지금은 표를 팔지 않지만)에서 승가사와 대남문으로 갈라지는 삼거리 사이에 지난 10년 동안에 다리가 다섯 개가 놓여졌다. 10년 전만 해도 계곡에 다리가 없어 바위들을 징검다리로 하여 계곡을 건널 수밖에 없었고, 비가 와서 계곡에 물이 불면 등산로가 폐쇄되기도 하였다. 그러나 지금은 다리가 놓여 비를 걱정하지 않아도 되었다. 구기매표소를 지나 얼마쯤 올라가면 20평 남짓한 큰 바위가 누워 있고 그 바위를 지나면서 '박세교'가 나온다. 박세교를 지나가면 '버들치교'가 나온다. 다리 위에는 '버들치서식지'라는 팻말이 있고 그 팻말에 금붕어로 키우지 않으려면 '물고기에 먹이를 주지 맙시다'라는 글이 쓰여 있다. 다리 아래의 작은 웅덩이에서 헤엄치고 있는 버들치들이 눈에 띄기도 한다. 버들치교를 지나 돌계단을 열 개쯤 오르면 8평 남짓한 큰 바위가 있는데, 나는 이 바위에서 맨손체조를 하곤 한다. 이 바위는 '적송교'로 이어지는데, 그 주변의 붉은 소나무들 때문에 적송교라고 이름을 붙인 모양이지만, 나는 이 다리를 '나무구름다리'라 부르고 있다. 나무구름다리를 내리면서 바로 '귀룡교'로 연결되고, 여기서 다소 가파른 길을 500보 정도 올라가면 '우정교'가 나오고, 우정교를 지나면 소나무 한 그루가 서 있고 샘터의 흔적이 있다. 여기서 다소 가파른 '깔딱바위고개'를 넘으면 승가사와 대남문으로 갈라지는 삼거리 쉼터가 나온다. 이 다섯 개의 다리들이 지난 10년 사이에 계곡에 새로 들어선 것이라고 할 수 있다. 그리고 그

다리들의 번듯한 모양새가 산업화된 우리 사회의 성장을 반영하듯 하고 있다.

나는 지난 10년 사이에 나의 체력이 많이 약해졌음을 느끼고 있다. 10년이면 강산도 변한다고 했으니 왜 그렇지 않겠는가. 나를 오랜만에 보는 사람들마다, "전혀 변하지 않았습니다, 그대로입니다, 세월을 비껴가는 비결이라도 있습니까? 건강 관리를 위해 특별히 하는 운동이라도 있습니까?"라고 하지만, 산책 목표 지점이 두 단계나 아래로 내려왔으니 나의 체력이 감소하였음을 웅변으로 말하고 있다 할 것이다. 10년 전 산책을 시작했을 때는 승가사와 대남문으로 갈라지는 삼거리(제3쉼터)에서 승가사 방향으로 가다가 45도 각도로 승가사 쪽으로 방향을 틀기 직전의 제4쉼터까지 가서 거기서 맨손체조로 몸을 풀고 산을 내려왔다. 그런데 2~3년 후부터는 여기까지 왔다가 학교로 출근하기에는 부담스럽다는 핑계를 대면서 산책의 목표 지점을 삼거리로 내렸으며, 다시 2~3년 후에는 삼거리로 올라가기 위해서는 제법 위태로운 '깔딱바위고개'를 넘어야 하는데 그것이 위험하다는 핑계로 다시 목표 지점을 그 아래의 우정교 건너의 소나무로 옮기고 말았다. 이곳을 산책의 목표 지점으로 잡은 지도 4~5년이 지났다. 나는 이 지점에서 더 아래로는 내려가지 않으려고 안간힘을 쓰고 있지만, 언제까지 버틸 수 있을지는 알 수 없는 일이다. 목표 지점을 줄이면 그만큼 나의 삶의 길이가 짧아지게 될지 모른다는 생각으로 앞으로 당분간은 그 지점을 지키려 한다. 그러나 그 지점을 지킨다고 해서 나의 삶의 길이가 그렇게 지속될 수 있는 것이 아니라는 것을 모르지 않으면서 …. 산책하는 일이 건강하게 사는 것과는 연관될 수 있을지 모르지만, 그것이 결코 생명을 연장하는 일이 아님을 알면서도 말이다.

# 제4장
# 철학적 단상들

# 철학이란 무엇인가

## 철학은 'philo sophia'다

나는 대학에서 철학을 40년 넘게 강의하였다. 그러나 그동안 한 번도 '철학이란 이런 것이다'라고 한마디로 말해본 적이 없다. 내 강의를 한 학기 듣고 나면 철학이 무엇인지 짐작하게 될 것이라고 얼버무렸을 뿐이다.

나이가 들고, 대학에서 명예교수로 되기도 하고, 연령상 소위 원로급(?)에 속하게 되고 보니, '철학이 뭡니까?' '철학을 하게 된 동기는 무엇입니까?' 하는 질문을 더욱 자주 받게 된다. 따라서 이제는 철학이 뭐냐는 질문을 우물쩍 피해 갈 수도 없게 되었다. 그리고 이제는 한 번 정리할 때도 된 것 같아서 용기를 내어 '철학이란 무엇인가'라는 질문에 답해보기로 한다.

모든 학문은 그것을 처음 소개할 때는 어원적으로 접근한다. 그래서 철학을 소개하려는 이 마당에서도 철학이란 말을 어원적으로 접근하는 길을 택하기로 한다. 철학이란 말은 그리스어로 'philosophia'다. 여기서 'philo'는 '사랑한다', '좋아한다'는 말이고, 'sophia'는 '지혜'나 '지식'을 뜻한다. 따라서 철학은 '지혜를 사랑하는 것', '알기를 좋아하는 것'이라고 할 수 있다. 한마디로 철학은 '애지(愛智)의 학(學)'이다. 철학은 지혜를 사랑하고, 알기를 좋아하는 데서 시작된 학문이다.

여기서 철학이 알기를 좋아하는 '애지의 학'이라는 점에서는 다른 모든 학문들과 맥을 같이하고 공통된다고 할 수 있다. 다른 모든 학문들도 알기를 좋아하는 데서 시작되었기 때문이다. 이 사실은 모든 학문들이 철학이란 이름으로 출발해서 철학 속에서 발전해오다가 점차로 분화되어 철학에서 독립해나간 역사적 사실과 연관된다고 할 것이다. 따라서 애초의 '애지의 학'으로서의 철학은 이를 '철학'으로 번역하기보다는 '학문'으로 옮기는 것이 옳았을지도 모른다.

요약하면 철학은 애지의 학이요, 애지의 학으로서의 철학은 다른 모든 학문들과 성격을 같이한다고 할 것이다.

그러면 애지의 학으로서의 철학은 다른 학문들과 동일한가. 철학이 알기를 좋아하는 데서 출발한 학문이란 점에서는 다른 학문들과 다르지 않다. 그러나 다른 학문들은 앎의 대상이 하나로 정해져 있지만, 철학에서의 앎의 대상은 하나로 정해져 있지 않다. 예를 들어 경제학은 경제를 다루는 학문이라고 할 수 있다. 경제 현상이 변하고 경제를 보는 관점이 다르고 경제를 다루는 방법이 다를지라도 경제학은 경제를 대상으로 하는 학문이다. 이것은 문학이나 정치학이나 법학에서도 마찬가지라고 할 수 있다.

그러나 철학은 철학을 다루는 학문이 아니다. 철학은 어떤 대상이 아니다. 철학 현상이라는 것이 있는 것도 아니다. 따라서 철학은 철학을 다루는 학문도 아니고 철학 현상을 다루는 학문도 아니다. 철학은 그때그때 인간의 가장 주요 관심사를 다루는 학문이라고 할 수 있다. 그렇기 때문에 철학에서 다루는 대상은 때에 따라 달라질 수 있는 것이다. 초기 그리스 철인들은 자연을 관심의 대상으로 하였다. 자연을 이루고 있는 가장 근원적 존재(arche)가 무엇인가를 다루었다. 아테네 시대의 철학자들은 사랑과 정의, 우정, 영혼, 국가, 교육 등 인간의 문제들을 다루었으며, 중세 철학자들은 초월자인 신의 문제를 다루는 등 시대에 따라 철학은 관심 대상을 달리하고 있다.

철학이란 애지의 학이다. 이 점에서 철학은 다른 학문들과 성격을 같이한다. 그러나 다른 학문들이 특정한 대상을 다루는 데 반하여 철학은 그때그때 인간의 가장 주요 관심사를 다룬다는 점에서 다른 학문들과 구별된다고 할 것이다.

## 신화적 사고에서 합리적 사고로

철학은 신화적(mythos) 사고에서 합리적(logos) 사고로 전환하는 데서 시작되었다고 한다. 신화적 사고에서 벗어나 합리적이고 이성적이며 과학적으로 사고하는 데서 철학이 출발했다는 것이다. 신화적 사고란 인간 이상의 힘을 지닌 어떤 초월적 존재를 상정하여, 그것으로 현상을 설명하고 문제를 해결하며 소원을 이루려는 사고 방식을 말한다. 예를 들어 미신, 샤머니즘, 종교의 기복적(祈福的) 측면 등은 신화적 사고의 한 형태라고 할 수 있다. 인간은 오랫동안 이 신화적 사고에 지배되어 있었다.

　서양 철학에서는 신화적 사고에서 벗어나 합리적으로 사고한 최초의 행태를 기원전 6세기 그리스의 철인 탈레스에서 찾는다. 탈레스는 '세계를 이루고 있는 가장 근원적 존재(arche)는 무엇인가'라는 질문을 던지고 '그것은 물'이라고 답하고 있다. 이러한 질문과 회답은 신화적 사고에 지배되어 있던 당시로는 상상할 수 없는 질문이요 답변이 아닐 수 없다. 우리가 그를 '철학의 아버지'라 부르는 이유가 여기에 있다. 이것은 초월적 존재를 상정하지 않은 합리적 질문과 답변이기 때문이다.

　철학의 시작을 'logos'(합리적 사고)에서 찾은 것은 철학이 인간을 합리적이고 이성적이며 과학적 존재로 만들려는 학문임을 말한다. 인간의 이성적이고 합리적인 존재로 만들려는 철학의 명맥은 그 후 철학의 중심 흐름으로 되어 줄기차게 뻗어나가고 있다. 플라톤은 지혜를 추구하는 이성적 인간이 통치자 계급으로 되어야 한다고 하였고, 아리스토텔레스는 인간은 타고나면서 알기를 원하는데, 그가 어떤 것을 알기를 원하느냐에 따라 세 가지 종류의 인간으로 갈라진다고 한다. 경험적 현상에 호기심을 갖는 경험적 인간, 유용한 지식을 추구하는 기술적 인간, 지식 그 자체를 추구하고 사물의 원리와 원인을 알고자 하는 지혜의 인간으로 나누고 있다.

근대의 이성적 인간관을 확립한 데카르트는 "나는 생각한다 고로 존재한다"는 유명한 말을 통해 인간은 이성적 존재이고, 인간을 인간되게 하는 것이 이성임을 천명하였다. 그리고 파스칼도 인간은 한 방울의 물에 의해서도 죽을 수 있는 연약한 존재이지만, 그러나 인간은 '생각하는 갈대'라고 하였다. 근대의 이성 철학은 헤겔에 의하여 그 절정에 이르게 된다. 헤겔은 법률과 제도, 이념, 문화 등이 모두 인간의 이성에 의하여 만들어진 이성의 산물이라고 한다. 이것들은 모두 이성이 밖으로 드러난 것이라는 뜻에서 이성의 외화(外化)라고 하였다. 이와 같이 헤겔에게는 모든 것이 이성의 산물이요 이성의 외화이기 때문에 "이성적인 것은 현실적이고 현실적인 것은 이성적"이라고 했던 것이다.

인간을 이성적 존재로 보고서 인간을 이성화하려는 철학은 따라서 인간주의를 지향한다. 철학은 신을 중심에 두는 theism이 아니고 인간을 중심에 두는 humanism이다.

그러면 철학에 의하여 신화적 사고는 극복되었는가. 신화적 사고가 힘을 잃고 그 영역이 크게 좁혀지긴 했지만 아직 소멸되지 않고 있다. 우리는 아직도 인간 삶의 구석구석에서 신화적 사고를 접하게 된다. 창궐하고 있는 점술가들, 기복적 신앙에 역점을 두는 종교들, 안전과 안녕을 위해 지내고 있는 고사(告祀) 등이 이를 말하고 있다. 철학이 시작된 지 2600년이 지나고, 뉴턴에 의하여 근대 과학이 확립(1687

년)된 지 300년이 지난 오늘날까지 신화적 사고에서 벗어나지 못하고 있는 이유는 무엇인가. 그것은 이성의 한계, 이성이 모든 문제를 해결하지 못하기 때문이요, 불완전한 인간이 불안에서 벗어나지 못하고 '불안'을 한계 상황으로 안고 있기 때문일 것이다. 포스트모더니즘이 근대 이성주의와 과학주의의 한계를 지적하고 있는 것도 이와 맥을 같이한다 할 것이다.

물론 이성으로 모든 문제를 끝내 해결할 수 없을지도 모른다. 그러나 인간은 이성적 존재로 서야 하고, 이성을 신뢰하고 이성을 확대해나가야 할 것이다. 철학은 인간을 이성적 존재로 만들어나가는 학문인 것이다.

### 말을 바르게 하는 학문

기원전 4세기의 아테네, 소크라테스와 같은 시기에 그리스의 여러 도시국가들에는 청년들에게 학문을 가르치는 소피스트라는 학자들이 있었다. 소크라테스는 이들이 청년들에게 덕(德)을 가르치지 않고 세상을 살아가는 기술을 가르친다고 해서, 그리고 글을 가르치면서 돈을 받는다고 해서 이들을 '궤변론자'라고 비하하였다. 'sophist'는 글자 그대로는 지자(知者)나 식자(識者)다. 그럼에도 소크라테스에 의하여 비하되어 오늘까지도 이들은 지자로 불리기보다는 궤변론자로 불리고 있다.

그러나 소피스트들은 학술사적으로는 매우 중요한 역할을 했다고 할 수 있다. 소피스트들은 '기초 교양 교육(enkyklios paideia)'이라는 말을 만들어내고, 그 기초 교양 학문으로 문법, 웅변술, 수사학, 변증론 같은 교과목들을 마련하였다. 소피스트들에 의하여 처음으로 교육 내용이 마련된 것이다. 기원전 146년 로마가 그리스를 정복한 그리스 말기에는 위의 과목들에 산수, 기하, 음악, 천문학 등이 추가되어 이 학문들이 '자유학예(artes liberales)'라는 이름으로 통용되고 있었다. 로마의 키케로(기원전 106~기원전 43)는 위의 자유학예를 '인문학(studia humanitas)'이라 이름 붙였고, 로마의 보에티우스(480~524)는 위의 학문들을 문법, 수사학, 변증론, 산수, 기하, 음악, 천문학으로 정리하여 '일곱자유학예(seven liberal arts)'라 이름 붙인 뒤, 이들 중 문법, 수사학, 변증론의 셋을 '화법에 관한 학예', 산수, 기하, 음악, 천문학의 넷을 '실재에 관한 학예'라고 하였다.

위에서와 같이 철학은 초기부터 문법, 수사학, 변증론 같은 말하기에 관한 학문이 큰 자리를 차지하고 있었다. 말을 바르고 정확하고 설득력 있고 아름답게 그리고 남의 마음에 상처를 주지 않고 말하는 것이 매우 중요한 일로 되었다는 것이다. 우리는 소크라테스가 광장이나 길모퉁이나 시장가에서 청년들과 대화하는 모습을 보게 되고, 플라톤의 책들이 모두 대화의 형식으로 되어 있음을 알고 있다. 대화를 즐겨하고 대화를 통해 문제를 해결하는 전통이 이때부터 형성되었음을 보게 된다. 우리는 대화를 중심으로 하는 철학 교육이 서구 문화의 핵심을 이루고 있음을 알고 있다.

서구에서는 근대까지 지금의 중고등학교를 '문법학교(grammar school)'라고 하였다. 교육의 중심에 말을 바르게 하는 것을 두었음을 뜻하는 것이다. 다른 나라에서도 그랬지만 특히 영국에서는 대학 교육의 목적을 신사를 만드는 데 두었는데, 신사가 되기 위해서는 교양 있고 예의바르고 용기 있고 말을 정확하게 할 수 있어야 했다. 여기서도 우리는 말을 바르게 하는 것이 신사의 요건 중 하나임을 보게 된다.

한 걸음 나아가서 우리가 말하는 것, 곧 대화를 하는 것은 단순히 말을 주고받는 데 그치는 것이 아니고, 말을 통해 생각을 진전시켜야 하고 어떤 합의에 도달할 수 있어야 한다. 대화를 통해 생각을 진전시켜 더 나은 합의에 도달하는 방법이 바로 변증법인 것이다. 대화를 시작하기 전에는 누구나 자기의 생각이 옳다고 생각한다. 그러나 대화를 한참 하다보면 서로 자기 생각 속에 바른 것도 있고 바르지 못한 것도 있다는 것을 깨닫게 되어, 서로 그 잘못된 생각을 버리고 바른 생각을 모아 합의에 이르게 된다. 이것이 바로 바른 생각으로 나아가는 정반합이라는 변증법적 과정인 것이다. 대화가 호양의 정신을 바탕으로 정반합의 변증법적 과정을 거쳐 더 나은 생각에 이르게 될 때 그 대화는 성숙하고 생산적인 대화로 될 수 있다. 철학은 말의 학문이요 말을 바르게 하는 학문인 것이다.

## 사람을 사람되게 하는 학문

철학이라는 건축물은 형이상학과 인식론을 주축으로 하고, 이를 논리학과 윤리학, 미학이 세 발로 바치고 있는 형국이다. 윤리학은 철학에서 중요한 위치를 점유하고 있다.

조선시대 천자문을 떼고 난 후 처음으로 읽는 책이『동몽선습(同蒙先習)』인데, 이 책은 '사람이 천상천하에서 가장 존귀한 존재인데, 그 이유는 인간이 윤리적이기 때문'이라는 말로 시작되고 있다.[@??249, 273쪽과 반복] 근대 독일의 철학자 칸트는 그의『실천이성비판』에서 "생각하면 할수록 나를 놀라게 하는 것이 둘 있으니 하나는 밤하늘에 반짝이는 별들이고, 다른 하나는 나의 마음에서 울려나오는 양심의 소리"라고 하였다. 우주에 질서가 있다는 사실과 인간이 윤리적 존재라는 것은 놀라운 일이 아닐 수 없다는 것이다.

소크라테스는 철학을 죽음에 대한 학문, 죽음을 두려움 없이 의연하게 맞이할 수 있도록 준비하는 학문이라고 하였다. 죽음을 의연하게 맞이하기 위해서는 욕망에서 자유로워야 하고, 욕망의 사슬에서 벗어나 영혼을 깨끗하게 정화해야 한다고 하였다.

소크라테스와 거의 같은 시기에 디오게네스(기원전 412~기원전 325)라는 무소유의 철학을 실천하는 철인이 있었다. 그는 그의 모든 소유를 다른 사람에게 나눠주고서 아테네 교외의 통 속에서 살고 있었다. 어느 날 알렉산더 대왕이 디오게네스를 찾아와서 원하는 것이 무엇인지 말하라고 하자, 지금 햇볕을 쪼이고 있으니 가리지 말아달라고 했다는 얘기는 오늘날까지도 유명한 일화로 사람들의 입에 회자되고 있다.

윤리학을 학문적으로 체계화한 최초의 인물은 아리스토텔레스다. 아리스토텔레스는 그의『니코마쿠스윤리학』에서 목적이 인간을 움직이게 하는데, 인간 행위의 궁극적 목적은 행복에 있다고 하였다. 그리고 행복은 쾌락이나 금욕이 아닌 '중용적 행위'에서 얻어진다고 하였다. 중용적 행위란 인간 행위를 지배하는 두 힘인 이성과 정열의 어느 한쪽으로 기울지 않고 이 둘을 조화시키는 데서 가능하다는 것이다. 그리하여 사람이 모든 상황에서 중용으로 행동할 수 있는 원숙한 인격자로 될 때 그는 행복한 삶을 누릴 수 있게 된다는 것이다.

규범적 윤리학은 칸트에 의하여 그 절정에 이르게 되는데, 칸트는 그의 『실천이성비판』에서 인간 행위의 규범으로서 다음 둘을 내세우고 있다. 하나는 준칙이 법칙이 될 수 있도록 행동하라는 것이다. 개인의 행동 원칙인 준칙이 모든 사람의 행동 원칙인 법칙이 될 수 있도록 행동해야 한다는 것이다. 내가 어떤 행동을 할 때는 모든 사람이 그렇게 행동해도 되겠는지 고려해서 행동해야 한다는 것이다. 다른 하나는 인간을 수단으로 삼지 말고 목적으로 하는 행위를 하라는 것이다. 나의 행동이 다른 사람을 수단으로 삼고 있는지 목적으로 하고 있는지 깊이 고려해서 다른 사람을 목적으로 하는 행위만 해야 한다는 것이다. 우리는 칸트의 이 규범에서 인간 존중의 정신이 담겨 있음을 알게 된다.

그러면 인간에게 윤리는 어떤 의미를 갖는가. 왜 인간은 윤리적이어야 하는가. 첫째로 윤리는 인간에게 특유한 것이다. 다른 동물에게서는 윤리다운 윤리를 찾아볼 수 없다. 윤리는 인간을 다른 동물들과 구별해주는 것이다. 따라서 윤리는 인간을 사람답게 하는 것이라고 할 수 있다. 둘째로 윤리는 인간을 귀한 존재로 만들어준다. 인간이 존중되어야 할 이유가 인간의 윤리성에 있다는 것이다. 인간을 사회의 중심에 놓기 위해, 인간을 사회의 중심적 존재로 만들기 위해 인간은 윤리적이어야 하고 윤리적 존재로 되어야 하는 것이다. 셋째로 윤리는 사회를 하나의 공동체로 만들기 위해, 사회를 인간이 함께 살아가는 삶의 터전으로 삼기 위해 인간이 스스로 만들어낸 것이요 인간이 요청한 것이라고 할 수 있다.

철학에서 윤리학은 때로는 학문으로서 때로는 실천적 처세훈으로서 줄기차게 그 명맥을 유지하여 발휘하고 있다. 철학은 사람을 사람답게 하는 학문인 것이다.

## 공정한 사회 만드는 학문

윤리학은 크게 세 가지 형태로 나눈다. 하나는 인간의 행위를 인도하는 규범을 다루는 윤리학이다. 이것은 도덕 철학에 가까운 것이다. 두 번째는 메타윤리학(meta-ethics)이다. 이것은 윤리적 개념을 분석하여 그 성격을 규명하는 것이다. 메타윤리학에서는 사실과 가치를 구별하고, 윤리적 개념에는 사실적 의미는 없고 평가적 의미만 있다고 한다. 그리고 윤리적 개념이 평가적 의미를 지니기 때문에 윤리학은 사실을 다루는 과학으로 될 수 없다고 한다.

세 번째는 사회윤리학(social ethics)인데, 이것은 사회 철학의 주요 주제이기도 하다. 사회윤리학에서는 그 관심을 인간에서 사회로 돌려 사회를 공정한(fair) 사회로 만들려고 한다. 사회의 법과 제도, 관습 등은 그 사회의 이익을 분배하는 방식이기 때문에 사회를 지배하고 있는 법과 제도, 관습 등이 공정해야만 그 안에 있는 구성원들이 공평한 대우를 받게 되는 공정한 사회로 될 수 있다는 것이다.

기원전 4세기의 그리스 철학에서부터 철학자들은 사회와, 사회를 공정하게 하는 일에 깊은 관심을 기울였다. 플라톤은 어떤 나라가 이상적 국가인가를 다룬 그의 책 『국가』에 '정의란 무엇인가'라는 부제를 부쳤다. 정의가 실현된 나라가 이상적 국가라는 것이다. 플라톤에 의하면 사람은 능력과 재능에서 서로 다르다. 그리고 정의란 자기 재능에 충실할 때, 자기에게 주어진 몫을 다하는 데서 생겨나는 것이라고 한다. 플라톤의 불찰은 사람들의 재능과 능력, 계급을 고정시킨 데 있다 할 것이다.

아리스토텔레스는 '인간을 사회적 동물'로 규정하고서 인간은 개인으로서보다는 사회 안에서 좋은 삶을 영위할 수 있다고 한다. 인간의 좋은 삶이 가정이나 촌락에서보다는 국가에서 가능하기 때문에 국가가 개인이나 가족에 우선한다는 것이다. 아리스토텔레스에게는 국가가 좋은 삶을 영위하고 행복을 추구하려는 인간의 목적에 기여한다는 것이다. 아리스토텔레스는 인간을 가장 행복하게 할 수 있는 정치 체제로서는 플라톤과 마찬가지로 군주제라 하였고 가장 나쁜 정치 체제는 민주제라고 하였다. 그러나 현실에서는 욕망의 사슬에서 벗어난 덕스럽고 지혜로운 군주를 구하기 어렵기 때문에 법치적 귀족제가 그 대안일 수 있다고 하였다.

서구에 국민국가들이 형성되기 시작한 근대에 들어서면서 국가 발생 이론으로 '사회계약론'이 대두하게 된다. 토마스 홉스는, 만인에 대한 만인의 투쟁 상태인 자연 상태에서 벗어나서 안전과 평화를 추구하기 위해 이성의 명령에 따라 개인들이 각자 자기의 자연권을 양도하는 계약을 통해 국가를 형성하게 된다고 한다. 그리고 홉스는 그 계약을 지키는 것이 정의라고 하였다.

존 로크에게서 자연 상태는 홉스에서와 같은 전쟁 상태는 아니다. 로크에게는 이성에 따라 함께 살아가는 상태가 자연 상태다. 그러나 이 자연 상태에서는 모든 사람이 양심에 따라 법을 준수한다고 할 수 없고, 모두가 다른 사람의 권리를 존중한다고 할 수 없기 때문에, 사람들은 그들의 생명과 자유, 자산의 보존을 위해 국가를 형성하게 된다는 것이다. 그러나 국가를 구성하게 되면 자연 상태에서 누리던 완전한 자유를 제한해야 하므로 국가는 사람들의 동의에 의해서만 가능하게 된다는 것이다. 사람들이 그들의 생명, 자유, 자산을 안전하게 누리기 위해 그들의 자연권을 양도하여 다수의 의지에 따른다는 데 동의하는 '원초적 계약'에 의해 국가가 성립한다는 것이다.

카를 마르크스의 이상은 평등한 사회에 있었고, 그 평등한 사회는 계급 없는 사회에서만 가능하다고 하였다. 마르크스에 의하면, 불평등의 원인이 생산 수단의 사유화에 있기 때문에 생산 수단을 공유화하게 되면 불평등 원인이 제거될 수 있다는 것이다. 계급 없는 사회가 되면 착취하는 사람도 착취당하는 사람도 없는 윤리적 사회로 되고, 그 사회는 능력에 따라 일하고 필요에 따라 사용하는 사회로 된다는 것이다.

존 롤스는 그의 역저 『정의의 이론』(1971)에서 분배적 정의를 역설하고 있다. 자본주의 사회가 안고 있는 문제들, 사회가 가진 자와 못 가진 자로 나눠지는 것, 두 계층 사이의 격차와 그 격차에 의한 갈등, 심화되는 양극화 현상 등을 해결하기 위해서는 분배가 정의롭게 이루어져야 한다는 것이다. 그러나 롤스는 사회는 활성화되어야 한다는 전제에서, 그 격차는 능력 있는 자가 그의 능력을 발휘할 만해야 하고, 그 격차가 사회적 갈등을 심화시키지 않을 정도라야 한다는 것이다.

인간 사회에는 불공정한, 부정의한, 불합리한 법과 제도, 관행들이 있었다. 세습적 군주제, 노예 제도, 귀족과 평민의 신분제, 여성에 대한 정치적 제한, 신분에 의한 투표제, 가부장적 호주제, 양성 평등에 어긋난 여러 관행들 등. 역사는 이러한 불공정한 제도와 관행들이 사회사상가와 사회윤리학자들에 의하여 제거되는 과정을 거쳐왔음을 보여주고 있다. 사회윤리학은 사회에 담긴 불공정한 법과 제도, 관습들을 제거하여 사회를 공정하고 정의롭고 합리적인 사회로 만들기 위한 노력을 경주하고 있다. 철학은 사회를 공정한 사회로 만드는 학문인 것이다.

# 소크라테스 최후의 삼부작
### —『변명』, 『크리톤』, 『파이돈』

　소크라테스는 철학자의 대명사로 불린다. 철학자라면 소크라테스를 떠올리는 이유가 여기에 있다. 소크라테스를 유명하게 만든 것은 그의 죽음에 대한 태도다. 그는 죽음을 담담하고 의연하게, 아니 오히려 기꺼이 맞이하고 있다. 죽음 앞에서의 초인적인 태도 때문에 우리는 소크라테스를 세계 4대 성인의 한 사람으로 추앙하고 있는지도 모른다.
　소크라테스의 최후를 다룬 작품으로는『변명』과『크리톤』, 『파이돈』을 들 수 있다. 우리는 이를 플라톤의 삼부작이라고 한다. 플라톤은 소크라테스의 충실한 제자다. 플라톤은 36권의 작품을 썼는데, 그 책들의 대부분에서 소크라테스를 주인공으로 하여, 소크라테스의 입을 통해 자기 사상을 피력하고 있다.
　이제 소크라테스의 최후를 묘사한 플라톤의 삼부작을 약

술해보기로 한다.『변명』은 소크라테스가 그의 반대자들로부터 고소당한 법정에서 그에 대한 죄목들이 사실과 다르다는 것을 변호하는 책이다. 소크라테스는 일생을 아테네의 도덕적 구원을 위해 노력한 사람이다. 소크라테스는 매일 길모퉁이나 장터 같은 사람들이 모이는 곳으로 나아가, "너 자신을 알라"를 역설했다. 편견이나 그릇된 생각을 버리고 참된 생각, 진실한 마음을 가지라는 것이다. 그래서 그의 주위에는 젊은이들이 많이 모여들었다. 이를 두고 일부 소심한 정치인들이 소크라테스가 젊은이들을 규합하여 정치 세력화하지 않나 하는 의구심을 갖게 되었다. 그들은 소크라테스를 다음 두 죄목으로 고소한다. 하나는 나라의 신을 믿지 않고 자기의 신을 믿는다는 것이고, 다른 하나는 아테네의 청년들을 부패시킨다는 것이다.

첫째 죄목에 대해서는 이를 반쯤 시인하고 있다. 소크라테스는 나라의 신을 믿는 대신에 '다이몬'이라는 개인적 신을 믿고 있었기 때문이다. 그러나 소크라테스는 그가 '다이몬'을 믿는 일이 전혀 나라에 해를 끼치지 않는다고 항변하고 있다. 그러나 두 번째 죄목에 대해서는 사실과 전혀 다르다고 변호한다. 아테네의 청년들을 도덕적으로 구원하는 일을 위해 일생을 바쳐온 자기에게 청년들을 부패시킨다니 말이 되지 않는다면서 정연하게 변명해나간다. 그러나 재판 결과는 소크라테스에게 사형이 선고된다. 소크라테스는 그 판결을 의연히 받아들이면서,『변명』을 다음과 같은 유명한 말로 끝맺고 있다. "이제 우리는 헤어질 때가 되었다. 여러분은 삶의 길로, 나는 죽음의 길로. 그러나 이 두 길 중에서 어느 길이 좋을지는 아무도 모른다. 하느님밖에는."

『크리톤』은 소크라테스가 감옥에 있을 때 '크리톤'이라는 제자가 찾아와 감옥을 탈출하기를 권고하는 책이다. 크리톤은 소크라테스의 제자들 중에서 가장 나이도 많고 부유한 사람이어서 평소에 스승의 살림을 돌봐준 것으로 보인다. 스승이 죄 없이 사형되는 것을 안타까이 생각한 크리톤이 감옥으로 찾아와 소크라테스에게 탈출하기를 간청한다. 간수들은 요즘 말로 매수해놓았고, 밖에는 마차를 대기해놓았으며, 아테네 정부도 많은 청년들로부터 추앙받고 있는 인물인 소크라테스를 사형에 처하기보다는 스스로 다른 나라로 도망하기를 은근히 바라고 있다는 것이다. 그러나 이에 대해 소크라테스는 내가 이 나이(69세)에 아테네를 떠나 다른 나라로 도망하는 일은 남의 웃음거리가 될 뿐이라면서, "나라의 법은 지켜져야 하고, 악법도 법이다"라는 유명한 말을 남기고 있다.

『파이돈』은 소크라테스 최후의 날을 묘사한 책이다. 소크라테스가 독배를 마시고 이 세상을 떠나게 되는 날, 아침 일찍이 제자들이 감옥으로 소크라테스를 찾아간다. 그러나 그들은 소크라테스가 슬픔에 잠겨 있을 것으로 예상했던 것과는 달리, 의외로 밝은 표정인 것에 적이 놀란다. 그래서 제자 중 한 사람이 "선생님, 오늘은 선생님이 저희들과 헤어져 저 세상으로 가는 날인데 슬프지 않습니까?"라고 묻는다. 이에 대해 소크라테스는 "물론 자네들과 헤어지는 일은 매우 슬픈 일일세. 그러나 죽음이란 영혼과 육체의 분리요, 영혼이 감옥과 같은 육체를 떠나 자기의 고향으로 돌아가는 일인데 어찌 기쁘지 않겠느냐"고 한다. 그러자 다시 그 제자가 "그럼, 선생님은 영혼의 불멸을 믿으십니까?"라고 한다. 소크라테스가 "물론 나는 영혼의 불멸을 믿지"라고 답함으로써, 영혼불멸의 문제를 놓고 제자들과 온종일 진지하고 깊이 있게 논의한다. 철학자 소크라테스다운 최후가 아닐 수 없다.

영혼불멸의 문제가 거의 끝날 무렵, 이미 황혼이 깃들면서 땅거미가 지기 시작한다. 그때 간수가 독약(헴록)을 갖고 들어오고, 소크라테스는 그것을 담담한 표정으로 받아 마신 뒤 침대에 누워 고요히 최후를 맞이한다. 크리톤이 "선생님 저희에게 남길 말이 없습니까?"라고 묻자, 소크라테스는 조용히 입을 열어, "크리톤이여, 내가 에스크레피우스 신에게 닭 한 마리를 빚졌으니, 네가 그것을 갚아주겠느냐?"고 한다. 이것이 소크라테스가 남긴 최후의 말이다.

그러면 소크라테스가 남긴 최후의 말에 담긴 뜻은 무엇인가. 에스크레피우스 신은 의술의 신이다. 그래서 고대 그리스 사람들은 병을 앓고나면 그 감사의 표시로 닭 한 마리를 에스크레피우스 신에게 바쳤다고 한다. 소크라테스는 죽음을 육체라는 감옥에서 풀려나는 일이요, 육체라는 병고에서 벗어나는 일로 보았기 때문에, 자기를 삶이라는 병고에서 구원해준 에스크레피우스 신에게 닭 한 마리를 바치고 싶었을 것이다. 우리는 여기서도 철인 소크라테스가 죽음을 얼마나 초연하게 맞이하고 있는가를 엿보게 되는 것이다.

# 플라톤의 『심포지엄』

　플라톤은 36권의 작품을 남겼다. 36권의 작품 중 어느 것을 플라톤의 주저로 보느냐엔 논의의 여지가 있지만, 『심포지엄』이 주저 중의 하나라는 데 이의를 제기할 사람은 없을 것이다. 이로써 우리는 『심포지엄』의 무게를 짐작할 수 있다.
　나는 이 책을 학생들에게 추천할 때마다 이 책이 철학 책이라기보다는 지식인의 교양 서적임을 역설한다. 특히 젊은 이들이 사랑을 속삭일 때 이 책을 읽어야만 그 대화가 깊을 수 있고 향기로울 수 있다는 점을 강조한다. 또한 나는 철학 개론을 가르칠 때는 언제나 이 책의 내용을 요약해서 제출하도록 하는 것을 잊지 않는다.
　『심포지엄』은 사랑을 주제로 한 책이다. 에로스 신을 찬미하고 에로스의 성격을 밝힌 책이다. 어느 날 저녁 시인 아가톤의 집에 일곱 사람이 모인다. 이들 중에는 의사도 시인도 철학자도 있다. 물론 대화의 주인공은 철인 소크라테스다. 그들의 앞에는 향기로운 술과 맛있는 음식이 푸짐하게 차려져 있다. 이들은 술을 마시고 음식을 들면서 밤새도록 에로스를 주제로 대화를 나눈다. 오늘날 우리가 사용하는 '심포지엄'이란 용어는 이 책 이름에서 연유한 것이다. 옛날 그리스 시대의 심포지엄에서는 술과 음식이 있었고 시간 제한도 없는 따뜻하고 인간적인 것이었다. 그러나 오늘의 심포지엄은 얼마나 차갑고 메마른 것인가.

우리는 사랑이란 말에 크게 두 가지 뜻이 담겨 있음을 안다. 하나는 신적 사랑을 나타내는 아가페이고 다른 하나는 인간적 사랑을 나타내는 에로스다. 아가페는 주는 사랑이고 베푸는 사랑이며 흘러넘치는 사랑이다. 인간을 죄에서 구원하기 위해 그의 외아들을 희생시킨 신의 인간에 대한 사랑을 아가페라고 한다. 이에 대하여 에로스는 가지려는 사랑, 소유하려는 사랑, 부족한 것을 충족시키려는 사랑이다. 남녀 간의 감성적 사랑이나 인간들 사이의 조건적 사랑은 에로스에 속한다. 아가페가 헤브라이즘적 사랑이라면 에로스는 헬레니즘적 사랑이라고 할 수 있다. 플라톤의 『심포지엄』에서는 헬레니즘적 사랑이요 인간적 사랑인 에로스를 다루고 있는 것이다.

그러면 플라톤에게 에로스는 무엇인가. 그것은 한마디로 소유욕이고 완전에의 욕구다. 소유를 통해 완전해지려는 욕구라고 할 수 있다. 『심포지엄』의 등장인물 중 한 사람인 아리스토파네스에 의하면, 본래의 인간은 현재의 인간 둘을 합쳐놓은 상태였다고 한다. 그래서 인간은 힘도 세고 걸음도 빠르고 기품도 도도하여 때때로 신의 세계에 도전했다고 한다. 인간의 도전에 위협을 느낀 신이 인간을 반으로 갈라 놓고 그의 쪼개진 반쪽을 찾아 헤매도록 했다는 것이다. 따라서 아리스토파네스에 의하면 사랑이란 분신과의 합일을 통해 완전해지려는 '완전에의 욕구'라고 한다.

다른 등장인물인 소크라테스에 의하면 에로스는 포로스라는 풍부의 신과 페니아라는 빈곤의 신 사이에서 태어났다고 한다. 에로스는 그의 출생이 이러하기 때문에 풍부하지도 않고 빈곤하지도 않으며, 완전하지도 않고 불완전하지도 않은 중간적 존재라고 한다. 이렇게 중간적 존재이기 때문에 에로스는 늘 빈곤하고 불완전한 상태에서 풍부하고 완전한 상태로 되기를 열망하는 '완전에의 욕구'라고 한다. 에로스는 완전에의 열망이요 이상에의 열정이라고 하겠다.

## 도덕국가론

국가는 우리 삶의 터전이다. 우리의 생명과 재산, 안전을 지켜주고, 우리의 경제 활동, 정치 활동, 사회 활동, 문화 활동을 가능하게 하는 기반이기도 하다. 국가가 없으면 이 모든 일들이 불가능하기 때문에 우리는 국가를 소중히 가꾸고 지키고 키워야 한다. 민족은 식민 시대의 개념이다. 나라가 없어서, 이것이 나의 나라라고 말할 수도 없고, 나는 어느 나라의 사람이라고 말할 수 없을 때 민족이란 말로 그것을 대신했을 뿐이다.

국가는 어떻게 생겨나는가. 이에는 크게 두 가지 견해가 있다. 자연발생설과 계약설이다. 자연발생설의 대표적 인물은 플라톤이다. 플라톤에 의하면 인간은 각자가 다른 재간을 타고난다. **따라서** 한 사람이 농사도 짓고 집도 짓고 옷도 만들기보다는, 그 사람의 재능에 **따라** 어떤 사람은 농사짓고 어떤 사람은 건축하고 어떤 사람은 방직하면 그것이 더 생산적이고, 그 결과를 서로 나누면 더 효율적으로 된다는 것이다. 여기서 분업이 나오게 되고, 각자 자기 일에 충실한 것이 중요하게 된다. 그런데 플라톤에 의하면 분업은 크게 셋으로 나누어진다. 생산하는 일과 수호하는 일과 통치하는 일이 그것이다. 사람은 자기 재능에 따라 어떤 사람은 생산에, 어떤 사람은 수호하는 일에 그리고 어떤 사람은 통치하는 일에 참여하게 되면서, 국가가 자연스럽게 생겨나게 되었다는 것이다.

여기서 플라톤은 어떤 나라가 좋은 나라인가에 대해서 다음과 같이 말하고 있다. 좋은 나라란 통합된 나라, 분열되지 않은 나라, 하나로 뭉친 나라라고 한다. 플라톤은 국가가 지향해야 할 요체를 통합(unity)이라고 한다. 국민들은 그냥 두어도 분열되기 마련이기 때문에 온갖 노력을 기울여 분열되지 않도록 해야 한다는 것이다. 따라서 국가의 지도자가 나서서 분열을 조장하는 일은 절대 금물이 아닐 수 없다. 그러면 국민들이 분열되지 않고 통합되도록 하려면 어떻게 해야 하는가. 각자 자기 일에 충실하도록 해야 한다. 각자가 자기 일에 충실한 데서 정의가 나오게 되고, 정의가 실현된 나라가 이상국가로 된다는 것이다.

국가계약설의 대표적 인물은 토마스 홉스다. 그에 의하면 국가는 자연 상태의 공포에서 벗어나기 위해 계약에 의해 만들어진다는 것이다. 여기서 자연 상태란 "만인에 대한 만인의 투쟁의 상태"이고, 정글의 법칙이 지배하는 상태이고, 언제 누가 누구에 의하여 위해될지 모르는 불안한 상태이고, 무법천지의 상태다. 이러한 '자연 상태'에서 벗어나기 위해 개인들이 그들의 권한을 한 사람에게 양도하여 생겨난 것이 국가라고 한다. 계약설에 의하면 인간이 제한된 자유라도 자유를 누리기 위해 국가를 형성하고, 그 국가는 사회에 질서를 유지해야 하고 개인의 생명과 안전을 지켜야 한다. 만약 그 국가가 개인의 자유를 억압하거나 생명과 안전을 지키지 못하면 그 국가는 계약 위반으로 존립 근거를 잃게 되는 것이다.

이제 어떤 나라가 바람직한 국가인가. 다시 말하면 어떤 국가가 도덕 국가인가를 논의하기로 한다. 우리는 이상국가를 구현하려는 방안에 크게 두 유형이 있음을 안다. 하나는 자유를 실현하여 이상국가를 만들려는 것이고, 다른 하나는 평등을 구현하여 이상국가를 만들려는 것이라고 할 수 있다.

우리가 아는 바와 같이 프랑스혁명은 자유를 위한 투쟁이었다. 그리고 그 당시에는 자유가 가장 위험한 사상이고 가장 진보적 개념이었다. 전제군주에 의하여 억압된 자유를 회복하고 전제 군주의 일인 지배에서 벗어나려는 것이 프랑스혁명의 목표였다. 프랑스혁명의 결과 전제군주제가 붕괴되고, 모든 권력이 국민으로부터 나오는 민주공화국으로 된 것이다.

또한 프랑스혁명에 의하여 쟁취된 자유는 정치적으로는 민주공화국을 낳게 되고, 경제적으로는 자본주의를 낳게 된다. 자본주의는 자유를 바탕으로 한 경제 이론이다. 개인의 자유로운 이윤 추구가 "눈에 보이지 않는 손"이라는 시장 원리에 의하여 조정되는 경제 이론이라고 할 수 있다. 그런데 자본주의는 자유라는 경쟁 개념을 바탕으로 하고 있기 때문에, 거기서는 능력에 따라 가진 자와 못 가진 자로 갈라지게 되고, 그것이 격차를 낳게 된다. 이렇게 볼 때 격차는 자본주의의 생명인 동시에 모순이라고 해야 할 것이다. 격차 없는 자본주의를 생각할 수 없고 동시에 그 격차가 바로 자본주의를 위협하고 있기 때문이다.

1917년에 레닌에 의하여 주도된 러시아혁명은, 격차를 자본주의의 모순으로만 보고, 격차를 줄이기 위해 평등을 내세우면서 통제 경제를 바탕으로 한 공산 국가를 수립하였다. 그러나 공산주의는 1991년에 74년간의 실험 끝에 실패로 그 깃발을 내리고 말았다. 자유는 경쟁 개념이다. 따라서 자유를 바탕으로 하는 자본주의는 능력을 발휘하게 하고 생산성을 높이고 사회를 활성화한다. 그리고 자본주의는 격차라는 자기 모순을 극복하기 위해 의료 보험 제도, 연금 제도, 실업 수당, 고용 보험 등의 복지 정책들로 보완에 보완을 거듭하여 오늘까지 건재하고 있다. 이에 반하여 평등을 이념으로 한 공산주의는 인간이 이익이 생기지 않으면 능력을 발휘하지 않는 존재라는 사실을 망각하고, 능력에 상응한 인센티브가 없으면 인간은 능력을 발휘하지 않는 존재라는 사실을 외면한 채 평등을 내세운 끝에, 사람들이 능력을 발휘하지 않아 생산성이 저하되고 사회가 둔화되어 사회가 전체적으로 빈곤으로 빠져들게 되었던 것이다.

1971년에 출간된 『정의의 이론』에서 존 롤스는 어떻게 분배하는 것이 가장 정의로운 분배인가를 다루고 있다. 거기서 그는 격차 있게 분배하는 것이 정의로운 분배라고 한다.

격차가 없으면 사회가 움직이지 않는다는 것이다. 능력 있는 사람을 움직이게 하려면, 능력 있는 사람에게는 많이 분배하고 능력 없는 사람에게는 적게 분배해야 한다는 것이다. 그러나 격차는, 능력 있는 사람의 능력을 발휘할 수 있게 할 정도의 격차이되, 그 격차가 사회적 갈등을 심화시킬 정도의 것이어서는 안 된다는 것이다. 격차는 줄이되 격차는 있어야 하고 있을 수밖에 없다는 것이다.

본인은 도덕 국가의 요건으로 다음 둘을 제시하고자 한다. 첫째로, 도덕 국가는 그 나라의 법규, 제도, 관행 등이 정의롭고 합리적이고 공정해야 한다. 사회의 법규, 제도, 관행 등은 그 사회의 이익을 분배하는 방식이기 때문에, 그것이 공정하지 않거나 합리적인 것이 아니면 사회의 이익이 어느 한쪽으로 기울 수 있기 때문이다. 따라서 우리나라를 도덕 국가로 되게 하려면 끊임없이 우리 사회를 지배하고 있는 법규, 제도, 관행 등이 정의롭고 합리적인 것인가를 검토하면서 수정·보완해나가야 하는 것이다. 남자에게 유리하고 여자에게 불리한 법규는 없는지, 서울 사람에게는 해당되고 지방 사람에게는 해당되지 않는 제도는 없는지, 있는 사람에게는 적용되고 없는 사람에게는 적용되지 않는 관행은 없는지 살펴야 한다. 이와 같이 사회의 법규나 제도, 관행이 공정하고 합리적이고 정의로운 사회를 도덕 국가라고 해야 할 것이다.

둘째로, 도덕 국가란 사람이 중심인 나라, 사람이 존중되는 나라, 사람이 수단이 아니고 목적으로 대우받는 나라다. 사회란 본래 인간이 중심이 되는 사회였다. 윤리와 도덕도 사회를 인간적 사회로 만들기 위한 것이고, 과학 기술도 인간의 삶을 편리하게 하기 위한 수단으로 발달한 것이다. 그러나 인간 중심의 사회를 가장 심하게 흔들어놓은 것이 바로 과학 기술이다. 과학 기술의 산물인 기계가 노동에서 인간을 대체하게 되면서 노동이란 무대에서 기계가 중심에 들어서고 인간이 주변으로 밀려나게 되었으며, 과학 기술이 만들어내는 제품들이 인간의 삶을 편리하게 하면서 인간은 그것들을 구입하기 위해 물질주의로 흐르게 되었고, 물질을 위한 경쟁이 점차 사회를 인간 중심이 아닌 물질 중심으로 만들고 있다. 그러나 우리는 언제나 인간이 주이고 물질이 종임을 잊어서는 안 될 것이요, 사회가 인간 중심의 사회로 되도록 노력해야 할 것이다.

여기서 세계화와 도덕 국가가 양립할 수 있는가라는 의문이 생길 수 있다. 세계화는 이제 피할 수 없는 세계적 추세다. 세계화를 등지고 고립해서는 삶을 제대로 영위할 수 없게 되어 있다. 우선 세계화는 개방성이다. 서로 문을 열자는 것이다. 개방 사회를 지향하자는 것이다. 다음으로 세계화는 교류성이다. 나의 좋은 것을 주고 남의 좋은 것을 받자는 것이다. 서로 주고받으면서, 교류하면서 살자는 것이다. 우리는 개방성과 교류성을 특징으로 하는 세계화에 적극적으로 대응해야 한다. 그렇게 하기 위해서는 우리가 하나로 되어 힘을 모아야 한다. 우리가 힘을 모울 수 있기 위해서는 우리의 법규와 제도, 관행이 공정하여 한 사람도 제도적으로 소외되는 사람이 없어야 할 것이고, 우리가 힘을 발휘할 수 있기 위해서는 사람이 중심이 되는 사회로 되어야 하는 것이다. 세계화에 대응할 수 있는 힘은 인간이 중심이 되는 공정한 사회에서만 나올 수 있기 때문에 도덕 국가로 되는 것이 바로 세계화에 대응하는 길이라 할 것이다.

## 계급 없는 사회의 허상

계급 없는 사회는 가능한가. 예부터 많은 사상가들이 계급 없는 사회를 이상적인 사회로 생각하여 계급 없는 사회의 꿈을 그려왔다. 계급 없는 사회의 이념은 평등이고, 그 평등을 구현하기 위해 사유 재산을 허용하지 않고 있다. 과연 사유 재산을 허용하지 않는, 계급 없는 사회는 가능할 것인지.

고대 그리스의 철인 플라톤은 그의 『국가』에서 이상국가를 그리고 있다. 플라톤의 이상국가에는 통치자 계급과 수호자 계급, 생산자 계급이 있긴 하지만, 통치자 계급과 수호자 계급에 가정과 사유 재산을 허용하지 않았다는 점에서 이상국가를 내세우는 다른 사상가들과 맥을 같이 하고 있다. 기독교가 지향하는 사회도 평등을 이념으로 하는 계급 없는 사회다. 기독교가 하나님 아래서의 만인의 평등을 내세우고, 가톨릭 신부들에게 가정과 사유 재산이 허용되지 않는 것이 그것이다. 과학자 프란시스 베이컨이 그린 과학적 이상국가와 인문학자 토마스 모어가 그린 문학적 이상국가도 평등을 이념으로 하는 계급 없는 사회였다. 그러나 이들 사상가들의 이상국가는 그들의 머릿속에서 또는 종이 위에서 이론적으로 개진되었을 뿐 현실적 국가로 구현되지는 못하였다.

    철학자 카를 마르크스가 그린 철학적 이상국가는 소련에서 레닌에 의하여 공산주의 국가로 구현되었으나, 1991년 소련이 공산주의를 공식적으로 포기함으로써 74년(1917~1991) 만에 실패로 막을 내리고 말았다. 여기서 한마디 곁들이고 싶은 것은, 레닌의 볼셰비키 혁명군이 평등을 내세우며 총과 피로써 제정 러시아의 황제 니콜라이 2세를 몰아내고서 크렘린궁을 차지한 후, 그 레닌 일당은 크렘린궁의 이름을 크렘린관(館)이나 크렘린대(臺. 청와대처럼)로 변경하지 않고 그대로 크렘린궁으로 사용하였다. 겉으로 평등을 내세웠지만 속으로는 황제가 되고 싶었던 것이다. 북한의 김일성도 예외가 아니다. 평등을 내세우며 노동자, 농민의 나라를 세운다고 한 김일성도 그가 집무하고 거주하는 집을 주석관이나 주석대라고 하지 않고 주석궁이라 이름 붙이고 있다. 왕으로 살고 싶은 것이다. 그 위에 거대한 동상을 세우고 인민들로 하여금 경배하게 하고 있으니 이 얼마나 평등과 거리가 먼 일인가.

    그러면 왜 사유 재산을 허용하지 않는 계급 없는 사회는 사상가의 머릿속에서만 가능할 뿐 구체적 현실에서는 구현

될 수 없는가. 한마디로 그것은 인간의 본성, 인간의 본질적 특성에 부합되지 않기 때문이다. 영국의 철학자 토마스 홉스가 말한 바와 같이 인간에게는 두 가지 기본적 욕구가 있다. 하나는 자기 보존의 욕구이고 다른 하나는 자기 확대의 욕구다. 자기를 보존하고 자기를 확대하려는 것이 인간의 기본 욕구라는 것이다. 이 기본적 욕구 때문에 사람은 일하는 데 따른 소득이나 이익이나 보상이 없으면 열심히 일하지 않게 된다는 것이다. 사유 재산을 허용하지 않는 사회에서는 열심히 일해도 거기에 따른 이익이 주어지지 않기 때문에 능력을 발휘하지 않게 되고, 따라서 생산성이 저하되고 사회가 비활성화되어 결국 빈곤한 사회로 전락하게 된다는 것이다. 이에 반하여 자본주의 사회는 일에 따른 보상이 주어지기 때문에 능력을 발휘하게 되고 생산성이 오르게 되어 사회가 활성화된다는 것이다. 오늘날 중국이나 베트남이 사회주의 체제에 자본주의 경제를 접목시킴으로써 그 사회가 경제적으로 다시 활성화되고 있는 데서도, 사유 재산을 허용하지 않는 계급 없는 사회가 허상임이 드러나고 있다.

여기서 우리는 '분배적 정의'를 역설한 하버드대의 철학 교수 존 롤스에 귀 기울여볼 필요가 있다. 1971년에 출판된 『정의의 이론』에서 롤스는 분배의 중요성을 강조하고 있다. 당시 우리나라는 **빵**이 없어 가난에 허덕이고 있었기 때문에 **빵**을 어떻게 나눌 것인가로 고민하고 있는 미국 사회가 부럽기도 하고 이해되지도 않았는데, 1980년대 중반을 넘어서면서 다행히도 우리나라도 분배 문제에 관심을 갖게 되었다. 롤스는 분배가 정의에서 중요한 몫을 하게 되는 이유로,

분배를 잘못하면 격차가 생기게 되고, 그 격차가 사회적 갈등의 요인이 되기 때문이라고 한다. 이렇게 경제에서 분배의 문제가 중요한 과제로 될 수 있기 때문에 '분배적 정의'라는 개념이 성립될 수 있다는 것이다. 그러면 어떻게 분배하는 것이 정의로운 분배인가. 롤스도 절대 균등적 분배는 안 된다고 한다. 열심히 일하는 사람과 열심히 일하지 않는 사람을 가리지 않고 균등하게 분배해서는 안 된다는 것이다. 그렇게 해서는 능력 있는 사람이 능력을 발휘하지 않기 때문에 사회가 둔화될 수밖에 없다는 것이다. 사회를 활성화하기 위해서는 차등적 분배가 불가피하다는 것이다. 능력 있는 사람에게는 많이, 능력 없는 사람에게는 적게 줄 수밖에 없다는 것이다. 한마디로 능력 있는 사람에게 능력을 발휘할 의욕을 일으킬 만큼의 차등을 두되, 그 차등이 사회적 갈등을 일으킬 정도로 심화되어서는 안 된다는 것이다. 롤스는 사회의 활성화가 매우 중요하다고 한다. 따라서 사회의 활성화를 위해 차등적 분배를 하되 그 차등이 사회적 갈등을 심화시킬 정도여서는 안 된다는 것이다. 이렇게 볼 때 롤스가 그리고 있는 사회도 사유 재산이 허용되는 사회요 차등적 분배의 사회인 것이다. 균등적 분배의 사회는 무기력한 사회로 전락할 수밖에 없기 때문이다.

조직과 제도를 운용해야 하는 국가에서 과연 계급 없는 사회는 가능한가. 74년간에 걸쳐서 공산주의를 실험한 구소련(USSR)은 계급 없는 사회였던가. 크렘린궁에 거주하거나 그곳에 드나드는 사람들과 일반 시민 사이에 차등이 없었는가. 공산당원과 백성들 사이에는, 그리고 국가 관료들과 국민들 사이에는 차별이 없었는가. 붉은 군대의 장교와 사병 사이에 격차는 없었는가. 1989년 10월에 연세대 총장으로 있을 때 모스크바대와의 학술 교류 협정을 위해 소련에 갔었다. 구소련 체제가 붕괴되기 전야와 다름없는 시기였다. 나는 그곳에서 기이한 현상을 목도하였다. 식당 앞이나 백화점 앞에는 사람들이 길게 줄을 서 있다가 밥이 없다거나 식품이 떨어졌다면 다른 식당이나 백화점으로 말없이 옮겨 가는 것이었다. 줄을 서서 기다리는 일에 이골이 나 있는 듯 하였다. 모스크바대 총장실에서 학술 교류 협정을 체결하고 우리 일행이 어떤 식당에 갔을 때도 그 식당 앞에는 많은 사람들이 줄을 서 있었다. 그러나 그들은 우리 일행이 그 식당 안으로 거침없이 들어가도 한마디 항의도 없이 보고만 있었다. 높은 사람들은 당연히 그렇게 하는 것으로 받아들이고 있는 것으로 보였다. 구소련은 결코 계급 없는 사회가 아니었다. 오히려 더 엄격한 계급 사회인 것 같았다. 계급 없는 사회는 사상가들이 머릿속에서 그릴 수 있는 허상일 뿐 결코 현실화될 수 있는 실상이 아님을 실감케 하였다.

# 과학 기술과 윤리

 인류 문명사에서 과학 기술만큼 큰 변화를 일으킨 것은 없다. 뉴턴에 의하여 정립된 근대 과학은 1750년대에 기술화되면서 산업혁명을 일으키게 된다. 산업혁명은 '혁명'이란 용어가 처음 사용되었을 정도로 정말 혁명적인 사건이었다. 우리는 산업혁명을 기점으로 그 이전을 농경 사회라 하고 그 이후를 산업 사회라고 하는데, 산업혁명은 사회를 농경 사회에서 산업 사회로 바꿀 만큼 혁명적인 사건이었다. 그리고 이 일을 가능하게 한 것이 과학 기술임에 생각이 미칠 때 과학 기술이 얼마나 큰 변화를 일으켰는가를 이해할 수 있다.
 우리는 산업혁명 이전의 사회를 농경 사회라 하는데 그 사회는 무려 5000년 가량 이어졌다. 농경 사회는 나무로 불을 떼고 베틀로 배를 짜고 손으로 제봉하고, 인간이 기구

(instrument)가 아닌 도구(tool)를 갖고 근육의 힘으로 일한 사회다. 그래서 농경 사회를 거의 변화가 없었던 정적인 사회라고 한다. 나는 1947년 2월에 초등학교 6학년생으로 경주로 수학여행을 떠났다. 그때의 경주는 보리밭 여기저기에 첨성대와 안압지, 황룡사지 등이 흩어져 있어 2000년 전의 경주와 별로 다를 바 없는 것으로 짐작되었다. 농경 사회는 어제가 오늘 같고 오늘이 내일 같은, 변화 없는 사회였다. 이러한 농경 사회에 변화의 충격을 준 것이 과학 기술이요, 과학 기술의 충격에 의하여 탄생한 것이 산업 사회라고 할 수 있다.

산업 사회는 농경 사회와는 전혀 다른, 변화가 소용돌이 치는 사회다. 소량 생산의 가내 공업이 대량 생산의 공장 공업으로 바뀌었고, 석탄과 석유와 전기가 에너지로 나서게 되었으며, 도구 아닌 기구가 등장하여 인간 대신에 기계가 노동을 주도하게 되었다. 공장 공업으로 생산 양태가 바뀌고 생산량이 폭발적으로 증가하게 되었다. 베틀이 방직 공장으로, 방앗간이 정미소로 바뀌면서 생산량이 종전보다 수백 수천 배 증가하게 된 것이다. 과학 기술은 산업뿐 아니고 사회 전반에 변화를 불러왔다. 기차와 기선이 등장하고, 도시에는 고층 건물들이 마천루를 이루게 되고, 고속도로가 거미줄처럼 놓이게 되었으며, 댐이 만들어지고 강과 바다에는 길고 거창한 교각이 놓이게 되었다. 또한 의학이 발달하여 사람들을 전염병과 질병에서 해방시켰고, 사람들은 공장에서 생산된 새로운 제품들에 의하여 생활이 풍요롭고 편리하게 되었다. 과학 기술이 만들어내는 이러한 성공적 성과 때문에 1880년대에 이르러서는 20세기(1900년대)가 되면 우리 사회가 과학적 이상 사회로 될 것이라는 신념과 기대에 넘치게 되었다. 이때까지만 해도 과학 기술의 성과에 고무되어 과학 기술에 대하여 부정적 시각을 갖는 사람은 거의 없었다.

그러나 20세기에 들어서면서 과학 기술은 사람들의 기대와는 달리 그 어두운 면을 드러내기 시작하였다. 인간을 과학적 이상사회로 인도하기보다는 전대미문의 참담한 전쟁의 수렁으로 몰아넣었고, 과학 기술에 의하여 기계화되고 자동화된 생산 구조는 인간을 노동 현장에서 몰아내거나 노동에서 소외시켰다. 정치적으로는 러시아 스탈린의 공산주의, 이탈리아 무소리니의 파시즘, 독일 히틀러의 나치즘 등이 그 이전의 어떤 왕정 시대보다 더욱 철저하고 폭압적인 독재 정치로 국민들의 자유를 박탈했던 것이다.

1914년에서 1918년에 이르는 4년에 걸친 제1차 세계대전에서는 과학 기술에 의하여 종래의 총이나 대포 외에 '제펠린(Zeppelin)'이란 비행선, 독가스, 탱크, 잠수함 등의 새로운 무기가 나타나 전쟁 양상을 과학전으로 바꾸었으며, 전쟁이 전후방이 없는 총력전(total war)으로 변모했다. 이 전쟁에 의하여 희생된 전투병과 민간인이 1140만 명을 넘었다고 하니, 전쟁의 규모와 참상을 짐작할 수 있을 것이다.

1939년에서 1945년에 걸쳐 6년 동안 벌어진 제2차 세계대전은 무기들이 과학 기술에 의하여 더욱 개량된 데다 항공모함과 구축함, 비행기의 폭탄 투하가 추가되었고, 전쟁에 개입된 나라의 수도 많아졌으며, 전쟁이 구미 대륙에 한정되지 않고 중국과 일본 등 아시아 대륙까지 미쳐 전쟁에 의한 희생자가 5800만 명에 이를 정도로 전쟁의 양상이 엄청나게 확대되었다. 그뿐 아니라 끝내는 미국이 일본의 히로시마와 나가사키에 원자탄을 투하하기에 이르렀다. 1945년 8월 6일에 히로시마에 투하된 원자탄에 의해서는 7만여 명이, 8월 9일에 나가사키에 투하된 원자탄에 의해서는 3만 5000여 명이 희생되었으며, 그 후 소위 원자병 후유증으로 희생된 사람을 합치면 수십만 명에 이르는 것으로 전해지고 있다.

한편, 과학 기술의 발달은 산업에도 여러 가지 부작용을 드러내게 된다. 기계화되고 자동화된 생산 구조는 생산량의 증대와 노동자의 퇴출이라는 역현상을 가져오게 되고, 생산된 제품을 구매해줄 소비자인 노동자의 감퇴로 생산과 소비에 불균형이 일어나게 되었다. 1929년에 미국에서 발생하여 전 세계로 확대된 대경제 공황이 바로 이 생산과 소비의 불균형에 의하여 촉발된 것이라고 분석하는 경제학자들도 있다.

그뿐 아니라 기계화되고 일관 작업화된 생산 현장은 노동자를 퇴출시켰고, 인간을 노동이란 무대 중심에서 주변으로 밀어내었으며, 일관 작업에 종사하는 노동자도 생산에 참여하지 못함은 물론이요, 하루 종일 기계처럼 같은 일을 반복해야 했다. 게다가 생산물의 일부분에만 참여하기 때문에 그 생산물을 내가 만든 것이라고 주장할 수도 없어, 노동에서 어떤 보람을 느낄 수도 없게 됨으로써 노동자는 밥벌이를 위해 노동을 파는 하나의 임금 노동자로 전락하게 되었다. 한마디로 과학 기술은 인간을 노동에서 퇴출시키고, 기계의 일부분으로 전락시켰으며, 노동에서 아무런 보람도 느끼지 못하게 하는 등 인간을 노동에서 소외시켰던 것이다.

　1945년에 제2차 세계대전이 끝나면서 세계는 미국과 소련 양극을 중심으로 하는 냉전 체제에 들어서게 되고, 미국과 소련은 다시 군비 경쟁에 뛰어들게 된다. 그 군비 경쟁의 일환으로 1957년 10월에 소련이 인공위성 스푸트니크(Sputnik)를 지구 궤도에 진입시켜 우주 시대를 열게 되자, 미국도 1962년에 아폴로(Apollo) 계획을 세워 1969년 7월에 유인우주선 아폴로 11호를 달에 착륙시키게 된다. 그리고 미국과 소련은 핵무기를 멀리 보낼 수 있는 대륙간 탄도미사일 개발 경쟁에 돌입하기도 하였다. 한편, 미국과 소련, 영국, 프랑스, 중국의 5개국은 핵개발 경쟁에 뛰어들어 지구의 바다와 육지 이곳저곳에서 핵실험을 감행하였다. 그러나 핵 확산을 더 이상 방치할 수 없다는 인식에서 1967년에 핵확산금지조약(NPT)을 체결한 뒤 세계 거의 모든 나라들로 하여금 이 조약에 가입하게 하였다. 그러나 당시 이미 핵을 보유하고 있는 5개국만은 앞으로 계속 핵을 줄여나간다는 조건으로 예외로 하기로 하였다. 물론 이것은 강자의 논리이긴 하지만 부득이한 처방이었다 할 것이다. 그러나 핵 문제는 거기서 끝나지 않고, 영국으로부터 오랫동안 식민지로서 고통을 당했던 인도가 다시 과거를 되풀이하지 않기 위해, 그리고 대국으로 발돋움하기 위해 핵개발을 하였고, 인도가 핵을 가진 이상 우리도 갖지 않을 수 없다면서 파키스탄이 핵을 갖게 되었다. 그러자 바다 속의 섬처럼 아랍 국가들에게 둘러싸여 있는 이스라엘이 생존을 위해 핵을 개발하였고, 리비아의 카다피는 미국의 강력한 위협에 의하여 핵 개발을 중단하였으며, 현재 이란이 핵 개발을 하겠노라며 세계를 위협하고 있다. 이 와중에 북한이 핵보유국으로 인정받기 위해 온갖 수단을 동원하고 있으나, 북한이 핵을 보유할 경우 한국이 핵 개발에 나서지 않을 수 없을 것이요, 일본과 호주도 핵개발에 나설 것이기 때문에 이를 저지하기 위한 노력이 유엔을 통해 세계적으로 진행되고 있다. 세계는 언제 핵전쟁으로 인하여 세계 최후의 날을 맞이할지 모르는 지뢰밭을 아슬아슬하게 걷고 있다고 할 것이다.

이처럼 과학 기술에 대한 부정적 진단에 대하여 과학자들은 말할 것이다. 첫째, 과학 기술이 인간의 삶을 개선하고 풍부하게 하고 편리하게 하는 데 얼마나 많이 기여했느냐, 그리고 이제 인간은 과학 기술을 떠나 살 수 없게 되어 있지 않나. 둘째, 과학은 가치 중립적인 것이다. 기술을 선하게 쓰느냐 악하게 쓰느냐는 인간의 문제이지 과학 기술의 문제는 아니다. 셋째, 과학 기술이 일으킨 부작용은 과학 기술이 해결해낼 수 있다.

첫째 문제에서 물론 우리는 과학 기술의 성과를 폄하하려는 것은 아니다. 과학 기술이 우리의 삶을 풍요롭게 하고 편리하게 한 것을 모르는 바 아니다. 그리고 이제 인간의 삶은 과학 기술을 떠나서는 영위될 수 없게 되어 있다는 사실도 시인하지 않을 수 없다. 한마디로 과학 기술이 농경 사회를 산업 사회로 바꾼 것을 높이 평가하지 않을 수 없다. 그러나 이제는 과학 기술을 반성 없이 맹목적으로 수용해야 할 때가 아니고, 이를 윤리적으로 평가하여 선별할 때가 되었다는 것이다.

두 번째 문제에서도 물론 과학 기술 그 자체는 가치 중립적인 것이다. 그것을 선하게 쓰느냐 악하게 쓰느냐가 인간의 문제임도 사실이다. 그러나 인간은 어떤 것을 선하게만 쓸 수 있는 존재가 아니고 그것을 악하게도 쓸 수 있는 존재다. 따라서 그것이 없었으면 악하게 쓸 일도 없었을 것이라고 생각할 수 있다. 여기서 우리는 어떤 것을 어떻게 써야만 선한 것이고 악한 것인가에 대한 윤리적 판단이 필요하며, 그것을 악하게 쓰지 못하도록 함께 힘을 모으는 일이 필요하게 되었다.

세 번째 문제에서도 과학 기술이 일으킨 부작용을 과학 기술이 해결할 수 있다는 데 대해서 반은 긍정할 수 있지만 반은 부정할 수밖에 없다. 과학 기술에 의한 해결책은 어떤 대안을 제시할 뿐 원상회복이 되지 못하기 때문이다. 오염된 물 대신에 정수기를 내놓을 뿐 물을 원상의 자연수대로 깨끗하게 만들지 못한다는 것이다. 그리고 과학 기술은 그 부작용을 원상으로 회복하지 못하고 부분적으로 남기고, 또 다른 부작용을 원상으로 회복하지 못하고 부분적으로 남기면서 계속 나아간 결과, 우리에게는 부작용들이 쌓이고 쌓여 인간의 삶을 악화시키고 있다는 것이다.

그러면 지금까지 인류는 왜 과학 기술에 대한 윤리적 평가에 소극적이었던가. 윤리적 평가를 해야 한다면서도 왜 유보적이었던가. 그것은 과학 기술이 힘이었기 때문이요 지배력이었기 때문이다. 과학 기술이 앞선 나라가 경제에 앞서고, 무기 개발과 우주 개발에 앞서고, 국제 관계에서도 지배력을 갖게 되었기 때문이다. 특히 1800년에서 1945년까지의 150년 동안에 서구가 세계를 석권한 것은 다른 무엇보다도 과학 기술 분야에서 앞섰기 때문이다. 과학 기술의 힘으로 그렇게 했기 때문에 아무도 과학 기술의 진로를 막아서서 이에 윤리적 판단과 평가를 하려고 하지 못했던 것이다. 과학 기술의 발목을 잡는 일은 나라를 후진시키는 일이요 나라를 망하게 하는 일로 암묵리에 간주되어 왔기 때문이다. 이러한 이유로 과학 기술은 근대 과학이 정립된 이후 아무런 제제도 없이 앞으로만 나아가게 되었던 것이다. 그 결과 오늘날 인류는 마실 수 없는 물, 숨 쉴 수 없는 공기, 북극의 얼음이 녹아내리고 자외선에 노출되는 등 기후 변화라는 엄청난 환경적 재앙에 직면해 있다.

따라서 이제는 과학 기술에 대한 윤리적 평가를 해야 할 때가 된 것이다. 그러나 이것을 어떤 나라는 하고 어떤 나라는 하지 않으면, 하는 나라만 과학 기술 후진으로 다른 나라의 지배를 받게 되는 운명에 처해질 수 있으므로 모든 나라들이 나서서 함께 윤리적 목소리를 내도록 해야 한다. 여기서 나는 세계 각 나라의 인사들로 구성된 '세계과학기술평가윤리위원회'의 구성을 제안하고자 한다. 유엔의 한 특별 위원회로 하는 방안도 검토될 수 있을 것이다. 이 세계과학기술평가윤리위원회에서 인류의 앞날을 위해 과학 기술에 대해 엄정한 윤리적 평가를 하는 날이 하루속히 오게 되기를 기대한다.

## 소비는 미덕인가

　우리는 오랫동안 절약이 미덕인 시대를 살아왔다. 가난하고 물자가 부족했던 시대에는 절약해야 했고, 절약이 미덕일 수밖에 없었다. '근검 절약', 부지런히 일하고 물자를 아끼면서 검소하게 사는 일은 모든 생활인의 덕목이 아닐 수 없었다. 그런데 언제부터인가 소비 심리 위축이니 소비 진작 정책이니 하면서 소비가 주요한 개념으로 등장하고, 소비가 덕목의 목록에서 절약을 밀어내고 그 중심 자리를 차지하는 듯하니, 그렇게 되어도 되는 것인지.
　소비가 미덕으로 미화되기 시작한 것은 산업혁명 이후의 일이라고 할 수 있다. 생산이 기계화되면서 생산량이 급속도로 증가하게 되어, 소비가 공급에 미치지 못하게 되면서부터다. 이렇게 볼 때 소비라는 유령이 우리의 주변을 맴돌아 자리를 잡기 시작한 지도 오래된 일이라고 하겠다.

주지하는 바와 같이, 산업혁명은 과학의 산물이다. 뉴턴에 의하여 정립된 근대 과학이 기술화하여 1770년대에 제임스 와트의 증기기관으로 나타나면서 생산 체계에 엄청난 변화가 일어나게 된다. 생산의 에너지원이 사람(과 동물)의 근육의 힘에서 기계의 힘으로 바뀌게 된 것이다. 생산의 에너지가 기계의 힘으로 바뀌면서 생산량이 기하급수적으로 증대하게 된다. 그래서 우리는 1770년대 이전의 5000년을 농경 사회라 하고 그 이후를 산업 사회라고 한다. 농경 사회가 근육의 힘에 의존하고 생산이 부진한 땅 중심의 정적인 사회라면, 산업 사회는 기계에 의하여 생산이 급속도로 증대된 도시(공장) 중심의 동적인 사회라고 할 수 있다.

여기서 생산이 기계화된 산업 사회에서는 노동 무대의 중심에 기계가 들어서게 되고, 인간은 그 주변으로 밀려나게 된다. 또한 노동자들은 일관 작업이라는 큰 기계의 한 부분으로 전락되고, 노동자들은 대체 가능한 존재로 되어 저임금 노동자로 격하하게 된다. 소비의 주체들이 가난하게 되는 것이다. 이에 반하여 생산은 기하급수적으로 증대되고, 노동 임금의 감소로 물가도 크게 오르게 되었다. 많은 물건을 싼 값에 공급하게 된 것이다. 그러나 소비의 대중을 이루는 노동자의 빈곤으로 물건이 팔리지 않게 되어 상품은 창고에 쌓이게 되고 공장은 돌아가지 않는 불황에 직면하게 된다. 이 경제적 불황을 타개하기 위한 방편으로 대두된 것이 소비를 진작하기 위한 판매 광고 전략이라고 할 수 있다. 홍보를 통해 판매를 촉진해보려는 것이다. 이때부터 소비가 경제에서 주요 개념으로 떠오르게 되었으며, 경영에서도 소비가 생산에 못지않게 주된 관심사로 등장하게 된 것이다.

소비를 위해서는 먼저 절약의 덕목을 파괴할 필요가 있었다. 절약이 소비의 발목을 잡고 있어 사람들이 절약의 굴레에서 벗어나려 하지 않았기 때문이다. 그래서 그것을 대신할 덕목으로 소비를 내세우게 된 것이다. 이제 소비를 돋보이게 할 필요가 있었다. 소비자들을 절약의 벽을 뛰어넘게 할 필요가 있었던 것이다. 이때 나온 표어들이 바로 '소비는 미덕이다', '손님이 왕이다', '당신의 소비가 공장을 돌아가게 하고 일자리를 창출한다', '내일을 위한 저축보다 오늘을 위한 소비를' 등이다. 그리고 소비를 진작시키기 위한 구체적 전략으로, 소비자들로 하여금 자기가 갖고 있는 상품에 불만을 갖게 하고, 만족하지 못하게 하는 것이다. 자기 것이 낡은 것이요 저급의 값싼 것이며 유행에 뒤진 것으로 느끼게 하면서, 새로운 것으로 고급의 비싼 것이나 유행에 앞선 것으로 바꾸도록 소비 심리를 자극하는 것이다. 또한 광고 내용도 그 상품이 얼마나 성능이 좋고 내구성이 있는가와 같은 기술적 정보보다는, 이 상품은 신분이 높은 사람들이 사용하는 것이라면서 은근히 신분 상승을 자극하는 내용으로 하였다. 그리고 구체적인 판매 촉진 전략으로는 상품을 구입하면 그 상품의 샘플을 공짜로 준다든가, 때때로 가격을 인하하여 세일을 한다든지, 프리미엄으로 별도 물건을 끼워주는 것 등을 들 수 있으며, 그 중에서도 가장 효과적인 것으로는 할부 판매 방식이라고 할 수 있다. 외상으로, 카드로 물건을 구입하게 하는 것이다. 외상이면 소도 잡아먹는다는 소비 심리를 이용한 것이다.

이러한 일련의 과정을 거쳐 소비가 미덕으로 자리잡게 되고, 절약은 경제 순환에 방해되는 것으로 비치게 되었다. 그러나 여기서 과연 소비가 미덕으로 될 수 있을 것인가. 소비가 미덕으로 되면 인간 사회는 중대한 국면에 이르게 될 것이다. 소비가 미덕으로 되면 인간은 욕망의 지배를 받게 될 것이요 물질의 노예로 전락할 것이기 때문이다. 산업이 고도로 발전된 현대 사회에서는 인간의 욕구를 자극하거나 소비를 충동할 상품들이 끊임없이 쏟아지고 있다. 시장을 장식하고 있는, 인간의 연약한 욕구를 자극하는 온갖 상품들을 보라. 화려한 옷과 장신구를 위시하여 자동차와 텔레비전, 냉장고, 세탁기, 청소기, 냉방기 등이 하루가 다르게 그 모양과 색상, 디자인, 성능을 바꾸어가면서 출시되고 있지 않은가. 그리고 그것들이 우리 생활을 편리하게 하고 즐겁게 하는 것임도 분명하다. 현대 사회는 과거의 농경 사회 때보다도 훨씬 돈의 쓰임새와 위력이 다양하고 강력해져 있다. 따라서 다른 어느 때보다도 인간들을 돈을 향해 질주하게 만들고 있으며, 드디어는 물질주의와 황금주의에 빠지게 만들고 있는 것이다.

그러나 인간이 물질을 향해 질주하고 황금을 위해 경쟁하는 사회는 더불어 살거나 서로 협조하면서 살아야 하는 공동체로서의 기능을 결코 수행할 수 없다. 그러한 사회는 강자독식, 승자독식의 밀림의 법칙이 난무하는 사회이기 때문에 정신적 가치는 발붙일 곳이 없게 될 것이요, 그러한 사회는 통합의 구심점을 잃은 채 갈등으로 분열되고 말 것이다. 이것은 결코 바람직한 사회일 수 없고, 인간이 건설하려는 사회일 수 없다. 따라서 소비는 결코 미덕으로 될 수 없는 것이다. 소비가 미덕이라는 말은 생산 과잉을 처리하기 위한 방안으로 경제학자들이 만들어낸 경제적 용어에 지나지 않는 것이요, 소비는 언제나 부정적 의미만 갖는 것이 아니라 생산과 소비라는 경제 순환을 위해 필요할 수도 있다는 의미에 불과한 것으로 보아야 한다. 따라서 소비는 결코 모든 사람에게 언제나 권장되어야 할 윤리적 덕목일 수는 없는 것이다.

  소비와 절약은 하나가 다른 하나를 배제하는 배타적인 것이라기보다는 함께 있어야 하는 것이요, 오히려 절약이 지나친 소비를 조절하고 제어하는 억지력으로서, 그리고 더욱 기본적 덕목으로서 언제나 있어야 할 덕목이 아니겠는지.

## 인간은 왜 윤리적이어야 하나

　윤리는 인간에 특유한 것이다. 다른 동물에서는 찾을 수 없고 인간에게서만 찾아볼 수 있는 것이 윤리다. 윤리는 인간과 동물을 구별하는 징표가 되기도 한다. 윤리적 규범은 인간이 그것에 따라 행위하기 위해 스스로 정한 행위의 원리요 기준이다. 이 행위의 원리인 규범은 인간의 행위를 규제하고 제한하기 때문에 불편한 것이기도 하다. 그럼에도 불구하고 인간이 그러한 규범을 정해놓고 그것에 따라 행위하기로 한 것은, 인간이 사람답게 살기 위해서요 다른 동물들과 구별되는 삶을 영위하기 위해서다.
　다음으로 윤리는 인간을 존중하기 위한 것이다. 윤리는 인간을 귀한 존재로 만들고, 인간을 사회의 중심에 놓기 위한 것이다. 우리는 윤리가 그 기저에 인간 존중과 인간 사랑을 두고 있는 데서 이 사실을 확인하게 된다. 우리는 윤리를 인간들이 서로 존중하고 귀한 존재로 대우하기 위해 마련한 것이라고 할 것이다. 그러나 이를 거꾸로 말하면 인간이 귀한 존재의 위상을 견지하기 위해서는 윤리적 삶을 살아야 하는 것이다. 『동몽선습』의 첫머리에서도 '위에는 하늘이 있고 아래는 땅이 있다. 하늘과 땅 사이의 만물 중에서 가장 고귀한 존재는 인간이다. 그 까닭은 인간이 윤리적 존재이기 때문'이라고 하였다.

그 다음으로 윤리는 인간 사회를 하나의 공동체로 만들기 위한 것이다. 인간이 함께 더불어 살기 위해 스스로 요청한 것이 윤리다. 인간의 더불어 살기는 영국의 철학자 홉스가 말하는 '자연 상태'에서는 불가능하게 된다. '만인에 대한 만인의 투쟁의 상태'에서는 더불어 사는 공동체는 성립될 수 없다. 우리가 사회를 공동체로 만들기 위해서는 사람을 인격체로 대우하고 배려하면서 문제를 대화로 해결하고 협력하며 살아야 한다. 한마디로 공동체는 인간의 삶이 윤리적일 때 가능하게 된다고 할 것이다.

윤리는 변하는 것인가 변하지 않는 것인가는 하나의 뜨거운 윤리적 논쟁점이다. 윤리적 절대주의에서는 윤리적 규범은 변하지 않는 것이라 하고, 윤리적 상대주의에서는 윤리도 변하는 것이라고 한다. 그러나 윤리도 변하는 것으로 보아야 할 것이다. 물론 윤리적 규범들 중에는 변할 수 없는 것이 있다. 약속을 지켜야 한다, 부모에 효도해야 한다, 약자를 보호하자, 인간을 존중하자 등의 규범은 변할 수 없는 것으로 보인다. 그러나 그것은 어디까지나 형식상으로만 그러할 뿐, 그 규범들에 대한 인간의 태도나 그 규범들이 지니는 강도는 시대에 따라 변한다 할 것이다. 더구나 시대를 배경으로 한 규범들, 예를 들어 군신유의(君臣有義)는 절대 왕정을 배경으로 한 것이고, 부부유별(夫婦有別)은 가부장제와 남존여비를 배경으로 한 것이며, 장유유서(長幼有序)는 어른이 공경의 대상이고 어린이가 인격적 대우를 받지 못하던 시대의 산물이라 할 수 있다. 따라서 이러한 규범들은 변할 수밖에 없고 변하고 있다 할 것이다.

우리 사회는 1945년에서 오늘에 이르는 60여 년 동안에 엄청난 윤리적 변화를 겪고 있다. 윤리가 추락되어 부재하다는 목소리가 높기도 하다. 우리는 그 원인으로 다음 세 개의 사회적 변동을 들 수 있다. 첫째는 6·25사변이다. 6·25는 피난길에 흩어지고 전장에서 목숨을 잃는 등 300만 명의 사상자를 낸 동족상잔의 처참한 전란이었다. 그 전쟁 통에 젊은이는 죽음에 내몰리고 백성들은 가난에 내팽개쳐졌다. 그것은 생명이 위협받고 가난에 허덕이는 극한 상황이었다. 부산 국제시장의 생존을 위한 아우성 속에서는 윤리가 목소리를 낼 여지를 찾을 수 없었다.

둘째는 산업화다. 1965년에 '우리도 한 번 잘 살아보자'는 기치를 내걸고 시작된 산업화는 불과 25년 만인 1990년에 들어서면서 '한강의 기적'을 이루며 성공을 거두게 된다. 가난에서 벗어나게 되고 오늘의 경제적 번영의 토대를 닦게 되었다. 그러나 이 산업화도 우리의 사고와 행위에 엄청난 변화를 일으키게 된다. 농경 사회가 산업 사회로 바뀌게 되고, 대가족이 해체되어 핵가족으로 분해된다. 산업화가 조장한 경쟁력은 상대를 경쟁자로 적으로 간주하게 되고, 산업화에 수반된 물질적 풍요는 물질지상주의를 낳게 되어, 결과적으로 인간을 물질을 향한 경쟁에 몰아넣게 되었다. 물질을 향한 치열한 경쟁에서 윤리는 설자리를 잃게 되고 부담스러운 존재로 외면당하게 되었던 것이다.

셋째는 민주화다. 우리의 민주화 과정은 어둡고 치열하고 격렬한 것이었다. 특히 1980년 5월에 많은 젊은이들이 피를 흘리게 된 광주민주화항쟁을 계기로 민주화는 격렬의 극으로 치달으면서 모든 기존의 것을 거부하고 부정하고 파괴하는 것으로 나아갔다. 드디어 1987년 7월의 국민민주항쟁으로 민주화를 쟁취하게 된다. 이 격렬한 사회 변동에 수반된 인간의 사고와 행위의 변화가 윤리에 엄청난 충격과 상처를 주었다 할 것이다.

불과 60년이라는 짧은 기간에 우리 사회가 겪은 충격적 사건과 거기에 수반된 격심한 사회 변동이 윤리를 추락시키고 위축시켜 오늘 우리 사회에는 윤리의 위상을 찾기 어렵게 되었다. 이제 어떻게 할 것인가. 그러나 윤리는 있어야 하고 세워져야 한다. 사람이 사람답게 살기 위해 그리고 사람이 귀한 존재로 대우되기 위해서도 윤리는 있어야 한다. 인간 사회를 인간 사회답게 하기 위해 윤리는 절대적 요청이기 때문이다. 윤리를 세우기 위해서는 다음의 세 가지 방안이 강화되어야 할 것이다.

첫째로, 윤리 교육은 지속되어야 한다. 윤리 교육은 인성 교육이다. 그것은 꾸준히 몸에 배도록 지속되어야 한다. 윤리 교육은 가정에서 시작되어야 한다. 가정에서 윤리 교육을 하지 않고 자녀들이 윤리적으로 행동하기를 기대하거나 자녀들로부터 윤리적 대우를 받으려는 것은 나무에서 물고기를 구하려는 일과 다름없다. 윤리 교육은 초·중·고등학교에서도 계속되어야 하고 대학에서 학생을 선발할 때나 회사에서 직원을 채용할 때도 윤리가 비중 있게 평가되어야 한다. 그래야만 가정에서의 윤리 교육이 힘을 받을 수 있을 것이다.

둘째로, 윤리 기준을 환경, 의료, 정보 통신, 영화, 출판물, 공연 등에 엄하게 적용해야 한다. 지금까지는 많은 경우 과학 기술 발전을 일차적인 것으로 고려하고 윤리를 이차적인 것으로 간주해왔다. 윤리가 과학 발전의 발목을 잡아서는 안 된다는 생각에서였다. 그 결과 윤리는 언제나 뒷북치는 격이 되었고, 날이 갈수록 윤리의 입지는 줄어들고 사회는 윤리 부재의 상황으로 치닫게 되었다. 이제는 윤리가 목소리를 내야 하고 윤리적 기준이 일차적으로 고려되어야 한다. 윤리의 끈에서 풀린 과학 기술은 인간 사회를 파괴하는 흉기로 변질될 수 있기 때문이다.

셋째로, 우리 사회가 문제를 순리로 접근하고 합리적으로 해결하는 성숙한 사회로 되어야 한다. 우리 사회에 육법(六法) 이외에 떼법이 있다는 말을 자주 듣는다. 문제를 대화나 법으로 풀려 하지 않고 힘이나 폭력으로 해결하려 한다는 것이다. 이것은 산업화와 민주화를 이루고서 이제 선진화하려는 우리로서는 부끄러운 일이요 커다란 장애물이 아닐 수 없다. 이제 우리 사회도 말이 통하는 사회, 대화가 문제 해결의 열쇠가 되는 사회, 법이 지배하는 사회로 되어야 한다. 우리 사회가 이러한 성숙한 사회로 될 때 윤리가 뿌리내리고 힘을 발휘하고 빛을 발하게 될 것이다.

나는 2001년 2월에 세종문화회관에서 성숙한 사회가꾸기 모임이 많은 분들의 관심과 기대를 안고 출범했을 때 지도위원으로 참여하여 2003년에는 공동대표 그리고 금년에는 상임공동대표로 일하게 되었다. 그동안 나의 부진한 참여에 비하면 과분하고 면구스러운 직책이다. 앞으로 열심히 하라는 격려의 뜻으로 알고 최선을 다할 생각이다.

성숙한 사회가꾸기모임은 가야 할 길이 멀고 담아야 할 내용이 너무 많은 것 같다. 그러나 그것이 우리가 이루어야 할 사회이고 우리가 꾸준히 힘을 모아나가면 언젠가 이루어질 수 있는 사회라고 믿는다. 세상일이란 계산대로가 아니고 하다보면 어느덧 그 자리에 서 있는 우리를 발견하게 되기도 한다. 초심으로 돌아가서 다시 한 번 뜻과 힘을 함께하여 주기를 간청하는 바다.

## 우리는 어디에 서 있는가

 2010년이다. 2010년은 우리의 역사를 되돌아보게 하는 해이기도 하다. 경술국치 100년이 되고, 6·25동란 60년이 되며, 4·19혁명 50주년이 되고, 광주민주항쟁 30주년이 되는 해이기 때문이다.
 1910년의 경술국치는 우리에게 씻을 수 없는 수모와 상처를 입힌 사건이다. 1차 아편전쟁(1838~1840)에서 청나라가 영국에 대패하여 잠자는 호랑이가 아니고 잠자는 돼지로 드러나게 되었고, 영국과 프랑스가 합세한 2차 아편전쟁(1856~1860)에서 이화원이 불타는 등 북경이 불바다로 되는 꼴을 보고서도 어찌 천하의 대세를 읽지 못했는지.
 미국의 페리 제독이 이끄는 흑선(黑船)의 위협에 눌려 12개의 굴욕적 조항에 조인하면서 미국에 문호를 개방한 일본의 덕천막부(德川幕府)는 이로 인해 쇠퇴의 길을 걷다가

1868년에 왕정이 복고되면서 단행한 명치유신으로 정치 체제의 근대화, 부국강병 등으로 서구화로 치닫고 있었음을 어찌 간파하지 못하였는지.

　1863년에 고종이 왕위에 오르면서 왕권을 대리 행사하게 된 대원군은 척화비(斥和碑)를 세우는 등 폐쇄 정책을 폈고, 개혁을 위한 일련의 몸부림인 갑신정변(1884), 동학혁명(1894), 갑오경장(1894) 등이 모두 실패로 돌아감으로써 망국의 길로 돌아서게 되었으니 안타까운 일이 아닐 수 없다.

　1950년의 6·25동란은 비극적 민족상잔의 전쟁이고, 국토를 황폐화하고 경제를 파탄한 전쟁이며, 수백만 명의 생명을 앗아가고 고아를 만들고 이산가족을 남긴 참혹한 전쟁이며, 이로 인한 불신과 불안으로 인해 오늘까지도 통일을 저해하고 있다 할 것이다. 북한은 이 전쟁에 대한 사죄도 반성도 없이 지금도 핵무기로 우리를 위협하고 있으니, 이에 더한 기구한 운명이 있을 수 있을 것인지.

　1960년의 4·19에서 시작된 민주화를 위한 치열한 투쟁과 1960년대 중반에 착수한 산업화를 위한 땀과 눈물의 투신은 서로 상응할 수 없는 상극적 흐름으로 보였으나, 이 두 흐름이 1990년대에 극적으로 동시에 성취되어 한국은 민주화와 산업화를 동시에 이룩하였다. 곧, 산업화와 민주화라는 두 마리 토끼를 한꺼번에 잡은 기적을 이루었다. 이것은 글자 그대로 '기적'이라 하지 않을 수 없다.

　2008년 10월 대한민국 건국 60주년 기념 사업의 일환으로 신라호텔에서 개최된 세계 지도자 포럼에 참석한 세계의 지도자(세계 주요 국가의 전현직 대통령, 수상, 장관)들은 한

결같이 한국이 지난 60년 동안에 이룩한 산업화와 민주화 그리고 경제 발전은 기적이 아닐 수 없다고 입을 모았다. 6·25로 황폐화되고 국민 일인당 소득이 50달러에도 미치지 못한 한국은 다시 일어설 수 없을 것으로 생각했는데, 그러한 나라가 불과 60년 만에 이룩한 오늘의 발전은 기적이란 말 이외에 달리 표현할 길이 없다고 하였다.

필자도 한국이 이룩한 경제 성장, 세계 15위의 경제 대국이라는 오늘의 현실을 기적으로 여기고 있다. 가난했던 1930년대에 태어나서, 미국과 일본의 태평양전쟁으로 피폐한 시대를 지나고, 6·25동란이라는 최악의 시대를 겪으면서 가난에 젖은 1960년대를 살아온 세대로서는 오늘 우리가 누리고 있는 경제적 번영을 기적이라고 하지 않을 수 있다. 잠을 깨면 살아져버리는 꿈이 아닌가 여길 때도 있다. 필자는 오늘 한국이 누리고 있는 경제적 성취가 앞으로 얼마나 지속될 것인지, 이것이 우리의 현실로 정착될 것인지 불안하기만 하다. 필자는 이것이 1930년대에 태어나서 어려운 시대를 거치면서 가난이 몸에 밴 구세대의 기우에 지나지 않기를 바라는 마음 간절하다.

그러나 필자의 이러한 기우가 우리 사회가 안고 있는 다음 몇 가지 요인에 기인하고 있음을 지적해두고자 한다.

첫 번째는 우리를 둘러싸고 있는 주변국들이 우리가 상대하기에는 힘겨운 강대국들이라는 것이다. 미국은 말할 것도 없이 여전히 세계 최강의 나라가 아닌가. 일본도 결코 만만한 나라가 아니다. 20세기 초에 아시아를 석권한 나라요, 세계 주요 5개국 정상회의 때부터 아시아에서는 유일하게 참여한 나라며, 지금도 미국 다음가는 세계 경제 2대 강국이 아닌가. 중국은 지금 세계 주요 2개국으로 부상하고 있으며, 역사적으로 중국 문화권의 중심국이 아니었던가. 중국의 부상이 정치 경제적으로 우리나라에 어떤 영향을 미치게 될지 매우 불안하기만 하다. 러시아는 멀리 있는 나라가 아니고 우리와 국경을 접하고 있는 나라며, 냉전 시대에는 미국과 세계를 양분한 강대국이 아니었던가. 러시아는 그 땅에 묻혀 있는 엄청난 지하자원으로 재기를 노리고 있는 강국이다. 이러한 4대 강국에 둘러싸인 지정학적 조건이 우리의 앞날을 불안케 하고 있다. 지정학적 영역을 넘어서게 하는 세계화가 우리의 불안을 줄이게 할 수 있을 것인지.

두 번째는 교육이 밝은 앞날을 기약하기에 매우 미흡하다는 것이다. 1980년대까지는 석사 학위는 국내에서 하고 박사 학위를 위해서만 외국으로 갔다. 그러나 1990년대 이후 박사 학위를 위해서가 아니고 석사 학위를 위해서도 외국으로 나가고, 심지어는 초·중·고등학생들 사이에 조기 유학 바람이 불고 있어 '기러기 아빠'라는 신조어가 생겨나 사회 문제가 된 지도 이미 오래되었다. 한국의 교육을 믿지 못하겠다는 것이다. 한국에서 소위 명문 대학을 졸업해도 취직도 안 되고 영어도 제대로 할 수 없다는 것이다.

중등 교육에서 공교육이 무너져 교육의 주도권이 사교육으로 넘어간 지도 오래 되었다. 학교에서는 잠자고 학원에서 공부하게 되었다는 것이다. 이로 인하여 학부모들은 이중의 교육비 부담으로 허리를 펴지 못하고 있다. 여기서 잠시 산업화를 이룩한 주역이 누구였는가를 되돌아보기로 한다. 평준화 정책이 시행되기 전인 1975년까지만 해도 공교육은 살아 있었고, 그때는 전국에 15개 남짓한 소위 명문 고등학교가 있어, 이들이 명문 대학에서 교육받아 기업에 입사하여 땀 흘려 일하였으며, 소위 007가방을 들고 세계 시장을 누벼 이룩한 것이 산업화 아니던가. 이들이 바로 산업화의 주역이었던 것이다.

우리가 선진국에 진입하여 그 위상을 유지하기 위해서는 교육이 바로서야 한다. 우리 교육이 우리 학생들을 교육시킬 수 있어야 한다. 교육이 독립해야 한다는 것이다. 교육이 다른 나라에 의존해서는 선진화를 유지할 수 없다. 우리의 앞날에 대한 불안을 해소하기 위해서는 교육이 바로서야 하는데, 비틀거리고 있는 교육이 우리의 불안을 가중시키고 있다 할 것이다.

세 번째는 우리의 젊은 세대들에게 믿음이 가지 않는다는 것이다. 이들에게 '어려움을 견디고 일을 이루어내겠다는 굳은 의지'가 부족해보인다는 것이다. 산업화를 이룩한 우리 세대에게는 어려운 시대를 살고 가난의 설움을 견디면서 생겨난 헝그리 정신이 산업화의 추동력이었다 할 것이다. 창업보다 수성이 어렵다는 말이 있다. 창업은 헝그리 정신에 충일한 능력 있는 사람에 의하여 이루어진다. 이에 반하여 수성은 부잣집 아들로, 가난을 모르고 어려움을 겪지 않은 창업자의 아들에게 주어진 과제이기 때문에 힘들 수밖에 없다.

우리의 젊은 세대들에게 헝그리 정신이 있어보이지 않는다. 이들은 1970년대 이후 우리나라가 가난에서 벗어나기 시작했을 때 태어났기 때문에 어려운 역사를 경험하거나 가난의 슬픔을 겪지도 않았기 때문이다. 이들은 모든 어려움을 부모가 안으면서 공부만 하라고 떠받쳐진 온실 속의 화초 같은 세대이기도 하다. 이들에게 헝그리 정신이 있을 수 없고, 헝그리 정신이 없는 이들이 과연 우리가 이룩한 창업을 수성할 수 있을지 걱정스럽지 않을 수 없다.

우리는 번영된 오늘이 꿈이나 기적이 아니고 지속 가능한 현실이기를 기대한다. 한반도를 둘러싼 4대 강국의 위협도, 교육의 부실도, 헝그리 정신이 부족해보이는 젊은 세대에 대한 우려도 하나의 기우이기를 바란다. 우리의 후세들이 불안한 요인들을 해소하면서 성공적으로 수성하면서 전진하게 되기를 염원한다. 그리고 그 과업들을 순조롭게 성취할 수 있도록 구세대인 우리도 남은 힘을 다할 것이다.

# 우리말로 학문하기

## 문명의 핵 : 언어와 종교

'우리말로 학문하기'라는 논제에는 두 가지 뜻이 담겨 있는 것으로 보인다. 하나는 오늘 우리가 아직도 우리말로 제대로 학문하고 있지 않다는 뜻이고, 다른 하나는 현재 우리말이 다른 말에 의하여 위협당하고 있다는 것이다. 이것은 둘 다 당연히 바로잡아야 할 과제가 아닐 수 없다.

문명의 핵은 언어와 종교다. 어떤 문명을 규정할 때 언어와 종교로 설명하는 것이 이를 말한다. 우리가 중국 문명을 말할 때는 유교와 한문으로, 인도 문명은 힌두교와 힌두어로, 이슬람 문명은 이슬람교와 아랍어로 설명하는 것이 이를 입증하고 있다. 20세기 초반 한때 서구 문명이 세계를 석권하듯 하고 있을 때 '보편 문명'이란 용어가 대두하였다.

보편 문명이란 가장 이상적인 문명, 다른 문명들이 그 문명을 지향해야 할 문명을 말하는데, 서구 문명을 보편 문명으로 해야 한다는 것이었다. 그러나 그 의도가 성사되지 못한 이유가 언어와 종교 때문이었다. 당시 서구 문명의 종교라고 할 수 있는 기독교를 믿는 신자가 세계 인구의 29.9%(2000년 추정)에 불과했고, 서구 문명의 언어라고 할 수 있는 영어를 제대로 사용하는 사람이 세계 인구의 9.8%(가장 높을 때인 1958년 추정)에 불과했기 때문에 결코 서구 문명이 보편 문명으로 될 수 없었다고 한다.

 종교와 언어가 문명의 핵이기 때문에 어떤 종교와 언어에 다른 종교나 다른 언어가 많이 가미되면 그 문명은 정체성에 상처를 입게 되고, 그 문명권에 있는 민족의 정체성도 불투명하게 된다. 그리고 각 문명들이 그들의 종교와 언어를 지키려고 하기 때문에 어떤 종교가 세력을 확장하는 일은 결코 쉬운 일이 아니다. 로마시대 이후 기독교가 그 세력을 가장 크게 확장한 것은 16~17세기에 서구 세력이 북미와 남미, 아프리카로 침투할 때였다. 당시 그 지역에는 체계화된 종교다운 종교가 없었기 때문이다. 20세기 후반에 기독교가 가장 크게 세력을 확장한 곳은 한국이다. 일본에는 기독교가 거의 세력을 넓히지 못한 데 비하여 한국에서는 인구의 20% 이상이 기독교를 믿는다고 하니 놀라운 일이 아닐 수 없다.

## 세계어는 가능한가

 우리는 역사에서 지배적 강국이 있었고, 그 강국의 언어가 세계어 구실을 하였음을 알고 있다. 그리고 그 세계어의 습득은 생존을 위한 수단이자 식자 계급에 진입하기 위한 수단으로 필요한 것이었다. 그러나 강국의 흥망에 따라 세계어도 운명을 같이하였으니, 소위 세계어란 것도 영구한 것이 아니고 일시적인 것에 불과한 것이었음을 보여준다.

그리스 문명이 지중해 세계에서 빛을 발하고 있을 때는 그리스어가 세계어였고 주변 나라들은 그리스어 습득에 열을 올렸다. 초기 로마의 황제들도 그리스어 배우기에 열을 올렸고 그리스어 쓰기를 즐겨하였는데, 그것은 그가 야만인이 아니고 문명인임을 자임하기 위해서였다고 할 것이다.

로마가 서구 세계의 중심 국가로 등장하면서 로마어가 세계어 구실을 하게 된다. 로마어는 라틴어라 불리게 되고, 이것이 서구 여러 나라의 바탕 말이 되어 그 말들을 하나의 유사 언어군으로 얽어매는 역할을 하게 된다. 라틴어는 서구에 근대 국민국가들이 형성되어 자국어를 사용하게 될 때까지 세계어의 구실을 하게 된다. 그러나 서구의 국가들은 자기 나라 말로 말하고 학문하게 되면서도 그리스와 로마의 문화와 학문을 자기 것으로 만들기 위해 그 고전 문헌들을 자기 나라 말로 창조적으로 옮기는 지혜를 발휘하였다. 우리는 라틴어 다음에는 스페인어와 불어, 영어가 세계어 역할을 하고 있음을 알고 있다.

그러나 우리는 식민주의 시대에 강국들이 식민지의 언어를 말살하고 그들의 언어를 사용하게 하였으나, 식민지에서 벗어나 독립하게 되면서 바로 그들 고유의 언어를 되찾는 데서나, 구소련에서도 소련에 합병된 나라들과 그 위성국들이 러시아말을 사용하였으나 소련이 붕괴된 후에는 그 굴레에서 벗어난 나라들이 그들 고유의 언어를 되찾은 데서도 언어의 세계화가 얼마나 어려운 일인가를 알 수 있게 된다. 그리고 국민의 80% 이상이 영어로 대화가 가능한 네덜란드, 스웨덴, 덴마크 등에서 영어를 공용어로 하자는 말이 나오고 있지만, 그것이 실현되지 않고 있음에 유의할 필요가 있다. 현재 세계무역기구(WTO)에서는 영어, 프랑스어, 중국어, 스페인어를 세계어로 정하고 있으며, 그 중에서도 영어가 가장 위세를 크게 발휘하고 있는 것이 현실이다. 이것은 미국이 세계에서 가장 강한 나라이자 영향력이 가장 크기 때문이다. 그러나 앞으로 중국이 세계에서 가장 강한 나라로 될 때는 중국어가 세계어로 될 것인지. 세계어란 국가의 성쇠에 따라 춤추는 일시적 현상에 불과한 것이라고 말할 수 있을는지.

### 영어 숙달의 어려움

하나의 외국어를 제대로 익히기는 결코 쉬운 일이 아니다. 특히 인도 유로피언 어족에 속하는 영어를, 그 어족에 속하지 않은 한국어를 사용하는 우리가 숙달하는 일은 어려운 일이 아닐 수 없다. iBT 영어 시험에서 영어에 사교육비 15조 원(삼성경제연구소 추정)을 쏟아붓고 있는 한국이 147개국 중 111위를 차지하고, 세계 2위의 경제 대국이라는 일본이 137위에 멈춘 것이 이를 여실히 보여준다고 하겠다. 이렇게 영어 숙달이 어려운 일임에도 불구하고 오늘 우리 사회를 뜨겁게 하고 있는 영어 열풍의 원인은 무엇인가. 그 원인으로 다음 두 가지를 들고자 한다.

첫째는 1945년 이후 우리 사회에서 소위 출세한 사람들의 대부분이 영어를 잘하는 사람들이라는 사실이다. 1950년대 그 어려운 시기에 부유한 집 자녀들이나 간혹은 좋은 장학금을 받은 학생이 고등학교만 졸업하고 유학하고 돌아와 그 영어를 바탕으로 주요 외국 대사들이나 주변 사람들과 테니스를 치는 등으로 친분을 쌓으면서, 그 정보력으로 정부 요직에 발탁되어 출세하는 사례를 많이 보아왔기 때문이다.

둘째는 우리 사회에서 영어가 차지하는 비중이 너무 크기 때문이다. 소위 명문 대학에 입학하기 위해서는 물론이요, 대기업에 입사하기 위해서도 영어 능력의 비중이 크기 때문이다. 입사한 후에도 영어가 부족하면 찬밥 신세이고, 영어 능력이 뛰어나면 여러 가지 프로젝트에 참여하여 실력을 발휘할 기회를 갖게 되어 승진 기회가 많아지기 때문이다.

세계화가 확대일로에 있는 오늘, 세계 시장을 무대로 하여 먹고살아야 하는 한국으로서는 어쩌면 불가피한 일인지도 모른다. 요즈음 조기 유학 바람이 초등학교에서부터 거세게 불고 있는데, 조기 유학의 사유도 크게 보면 두 가지다. 하나는 더 좋은 교육을 받기 위해서이고, 다른 하나는 미국의 주립 대학을 나오더라도 영어 하나는 숙달하게 될 것이고, 그것이면 한국에서 살아가는 데 크게 도움이 된다는 것이다. 영어가 생존의 도구로 필수적이라는 것이다.

그러나 영어에 숙달하는 일은 결코 쉬운 일이 아니다. 우선 원어민 수준의 영어를 구사하기 위해서는 12세를 전후하여, 곧 초등학교를 졸업하면서 바로 유학해야 한다는 것이다. 이에 대한 사례로 미국 국무장관을 지낸 키신저 형제의 이야기가 자주 입에 오르내린다. 15세에 독일에서 미국으로 이민을 간 키신저는 끝내 독일어 악센트를 버리지 못했는데, 두 살 아래의 동생은 완전히 원어민 영어를 구사한다는 것이다. 미국에서 네댓 년 공부해서 박사 학위를 취득하고 돌아온 한국 유학생의 경우에도, 독신으로 가서 미국 학생과 룸메이트하며 지낸 사람은 영어를 제대로 구사하게 되는데, 결혼하여 가족과 함께 유학한 사람은 끝내 영어를 제대로 구사할 수 없게 된다는 것이다. 그리고 박사 학위를 받고 돌아온 사람도 그 후 영어를 사용할 기회가 거의 없는 환경에서 몇 년 지내다보면 혀가 굳어져 영어를 말할 수 없게 된다고 한다. 언어는 습관이다. 반복적으로 계속 말하지 않으면 서툴러지거나 잊어버리게 되는 것이 언어인 것이다.

요즈음 이명박 정부인수위원회가 영어 교육에 대한 획기적 방안을 제시하여 논란의 대상이 되고 있다. 2010부터 고교의 영어 수업을 영어로 하고, 수능 영어 시험을 한국형 토플로 대체하겠다는 것이다. 그 속뜻을 이해하지 못하는 바는 아니지만 이것에도 두 가지 문제점이 지적될 수 있다. 하나는 그 실효성이다. 그 수많은 고등학교 학생들의 영어 수업을 모두 영어로 하려 한다니, 그 교사들을 어떻게 구할지, 그에 따른 비용을 어떻게 감당할지 걱정스럽지 않을 수 없다. 그리고 비록 학교에서 영어 수업을 그렇게 받는다 할지라도 학교 바깥의 환경이 이를 뒷받침하고 있지 않아, 다시 말하면 학교 밖에서는 거의 영어를 말할 기회를 갖지 못하기 때문에 그 실효성에 의문이 가지 않을 수 없다는 것이다. 우리 사회가 영어 교육을 시작한 지도 1945년을 기점으로 60년이 지났다. 중·고등학교에서 영어 수업 시간을 늘리고, 대학에서 듣기와 말하기를 위한 영어 교육을 실시한 지도 오래되었다. 그러나 영어 교육은 학교 교육만으로는 부족하다. 부족하다기보다는 불가능하다. 영어 교육은 본인 스스로 영어 방송을 듣고, 카세트를 귀에 끼고, 학원에서 영어 회화를 배우는 등 필사적으로 노력하지 않는 한, 영어에 숙달될 수 없다는 사실을 지난 60년의 학교 영어 교육이 말해주고 있다. 이러한 영어 교육의 한계를 넘어서기 위해 인수위원회에서 획기적인 영어 교육 방안을 제시하게 된 것으로 보이지만, 여전히 사회 환경이 이를 뒷받침해주지 않기 때문에 그 실효성이 의문시되지 않을 수 없다.

한편, 영어 교육에 이렇게 몰입할 경우 그것이 한국의 정체성에 어떤 부정적 영향을 미칠 것인지를 깊이 성찰해야 한다. 그렇지 않아도 지금 우리 사회에는 영어가 무분별하게 범람하고 있다. 거리의 간판들은 거의 엘칸토, 스타벅스, 카메오 등 외래어로 표기되어 있을 뿐 아니라 회사 이름들도 **KB, CJ, GS, KT&G** 등으로 되고 있으며, 심지어 대통령의 이름들마저도 **YS, DJ, MB**로 불리고 있으니, 다른 나라에서도 이런 일이 있는지 걱정스럽다. 게다가 앞으로는 중학교 학생까지 영어 몰입 교육을 해야 한다고 나설 것이니, 과연 한국이 어디로 가고 있으며 어떻게 될 것인지 걱정이 앞서지 않을 수 없다.

영어에 숙달하는 일은 매우 어려운 일이다. 시간도 많이 걸리고 돈도 많이 들기도 하지만 그 성과는 매우 의문시된다. 그럼에도 불구하고 영어 몰입 교육을 과연 모든 학생을 대상으로 해야 하는지 의문이다. 영어는 영어를 필수적으로 필요로 하는 사람만 해야 하는 것이 아닌지. 영어가 공용어로 되어 있다시피 한 인도에서도, 남북으로 인도를 여행할 때도 영어보다는 힌두어가 더 잘 통한다고 하는데. 우리가 지난날 영어에 기울인 시간과 돈, 노력을 생각하면 아쉬울 때가 많다. 그 시간과 열정을, 영어라는 도구보다는 다른 지적 탐구에 바쳤더라면 더욱 생산적이 아니었을는지, 지식도 안목도 인품도 성숙되지 않았을까 하는 생각을 하게 된다. 이렇게 볼 때 영어는 영어를 필수적으로 필요로 하는 사람들, 예컨대 항공사 관광 안내인이나 스튜어디스, 무역종사자, 통역사, 번역사, 영어 교사, 외교관 등이나 몰입적으로 하고 그 밖의 사람들은 그 사람들을 활용하면 될 것이다. 요즈음에는 어느 국제회의도 동시통역으로 진행하기 때문에 별다른 불편 없이 회의에 참여할 수 있다.

    2005년 6월에 일본 동경대학에 들렀을 때 그 대학 부총장과의 대화에서, 한국의 어떤 명문 대학이 영어 강의를 현재 30% 수준에서 앞으로 50%로 올리겠다고 열을 올리고 있는데 동경대학은 어떠하냐고 물었던 적이 있었다. 그러자 그 부총장은 자신도 들어서 알고 있다면서도 웃을 뿐 답하지 않으면서도, 동경대학은 그 비중이 매우 낮다고만 하였다. 그리고 일본 대학의 경우 교수들의 국내외 박사 학위 비례를 물었더니, 일본 박사가 95%, 외국 박사가 5% 정도 된다고 하였다.

## 우리말로 학문하기

　우리는 불행히도 우리말로 학문하지 못하였다. 한자에 의존한 우리의 학문하기는 오랫동안 계속되었다. 1945년까지 계속되었다 해도 과언이 아니다. 세종께서 '나라말이 중국과 달라 문자가 서로 통하지 않아' 백성들을 위해 훈민정음을 창제하였으나(1446년) 이것이 문사의 글이 아닌 안방글에 불과한 것으로, 진서가 아닌 언문으로 낮춰져 널리 쓰이지 못했기 때문이다. 훈민정음이 그 긴 잠에서 깨어나 문법적으로 다듬어지기 시작한 것은 1900년대에 들어 주시경(1876~1914)에 의해서다.

　주시경은 『국문문법』(1905), 『국문연구』(1909), 『국어문법』(1910) 등의 저술을 통해 한글('한글'이란 말은 1913년경 주시경에 의하여 처음 사용된 것으로 전해짐)을 문법적으로 체계화한다. 주시경이 학교와 조선어강습원 등에서 길러낸 제자들이 최현배, 신명균, 김두봉 등 550명에 이른다고 한다. 이들이 후주시경학파를 이루게 되고, 이들을 중심으로 1921년 '조선어연구회'가 결성된다. 이어 1931년에는 '조선어학회'로 개명하여 1933년에 '한글맞춤법통일안'을 마련한다. 1942년에는 『조선어사전』의 일부를 완성하여 출판사에 넘겨 인쇄하던 중 일경이 조선어학회를 독립 운동을 꾀하는 불온한 민족주의 단체로 낙인찍어 이 단체를 해산하고 1942년 10월에는 이중화, 장지영, 최현배 등 33인을 구속 송치하는 등의 '조선어학회사건'으로 말미암아 그 큰 뜻을 이루지 못하게 된다. 조선어학회는 1949년에 '한글학회'로 이름을 바꾸어 오늘에 이르고 있다. 그러나 주시경과 그의 후학들에 의하여 전개된 한글 연구는 한글을 문법적으로 체계화하는 일이었고 한글을 널리 보급하기 위한 한글 운동이었지, 한글로 학문하기까지 나가지는 못했다 할 것이다.

중국과 일본, 한국 등 동양의 세 나라가 서구 학문을 받아들이게 된 것은 개항을 통해서였다. 그리고 세 나라의 개항은 강압적이고 치욕적으로 이루어졌다. 중국은 영국이 의도적으로 유도한 아편전쟁(1838~1840)에서 치명적으로 패전한 뒤 영국에 의하여 개항되었고, 일본은 1853년에 페리 제독의 위압에 눌려, 아편전쟁의 전철을 밟지 않기 위해 미국에 의하여 굴욕적으로 개항되었으며, 한국은 1876년에 일본이 유인한 운양호 사건에 의하여 일본에 의하여 치욕적으로 개항하게 된다. 한국은 운양호 사건으로 맺은 병자수호조약을 단초로, 일본이 청일전쟁(1895)과 러일전쟁(1904~1905)에서 아시아 주도권을 잡게 되자 1905년의 을사늑약으로 일본의 지배를 받게 된다. 따라서 우리의 서구 학문 접촉은 일본을 통해 간접적으로 이루어질 수밖에 없었다. 불행히도 우리의 현대적 의미의 학문하기는 이러한 배경으로 이때부터 시작되었다고 할 수 있다.

## 맺 음

1900년에서 1945년에 이르는 45년간은 우리말로 학문하기의 암흑기였다고 할 수 있다. 일본 교육을 받았고, 우리말로 학문할 여건이 아니었으며, 서구 학문을 일본을 통해 간접적으로 받아들일 수밖에 없었기 때문이다. 서구 학문을 수용하는 초창기가 우리가 우리말로 직접 할 수 없었던 암흑기였다는 것은 불행한 일이 아닐 수 없다.

1945년에서 1975년에 이르는 30년간은 우리가 정신없이 맹목적으로 구미의 학문을 수용한 시기였다고 할 수 있다. 이때는 일본이 옮긴 용어를 그대로 사용할 수밖에 없는, 우리에겐 아직 그것의 잘잘못을 따질 안목이 없었다고 할 수 있다. 더구나 이때 대학의 학과는 거의 모두 구미의 것이었다. 이공계 학과는 말할 것도 없고 인문학 계통 학과들도 서양 학문으로 편중되어 있었다. 국어국문학과를 제외하고는 심지어 사학과에서 동양사나 한국사를 전공하는 학생이나 철학과에서 동양 철학이나 한국 철학을 전공하는 학생은 극소수에 불과하였다. 그리고 당시 대학의 교과 과정은 미국 어느 대학의 교과 과정을 그대로 복사한 듯한 것이었다. 그러나 이때 이미 하나의 문제로 제기되고 있던 것이 있었으니, 그것은 사회 전반과 학문 분야에 만연되어 있는 일본의 잔재를 어떻게 청산하느냐 하는 것이었다. 앞으로도 우리말로 학문하기에서 가장 큰 과제는 우리의 학문에 아직도 깊고 넓게 박혀 있는 일본의 잔재를 어떻게 씻어내느냐의 일이라고 할 것이다.

1975년에서 2000년에 이르는 25년간은 주체 의식에 눈뜨기 시작한 시기라고 할 수 있다. 산업화가 어느 정도 궤도에 올라 배고픔에서 벗어나기 시작하면서 자기를 되돌아보게 된 시기라고 하겠다. 이때는 지난 30년간의 지적 축적에 의하여 안목도 생기고, 지금까지의 학문하는 자세를 반성하게도 되고, 다른 나라의 학문을 뒤따라가는 일에 회의를 느끼게도 되어, 우리의 학문을 해야겠다는 자각, 다시 말하면 학문의 독립성에 눈뜨게 되었다고 할 수 있다. 그리고 2000년 이후에는 몇몇 학자들이 구체적으로 우리말로 학문하기에 착수하여 그 본보기의 성과를 나타내고 있기도 하다. 오늘의 이 학술 행사가 열세 번째에 이르고 있는 것으로도 '우리말로 학문하기'의 연조가 오래되었음을 보여주고 있다.

여기서 우리는 다음 세 가지에 마음을 써야한다고 본다. 첫 번째는 한자로 쓰여 있는 우리의 고전, 고문서, 서책 등을 우리의 소중한 문화적 학술적 유산이요 자산으로 삼아야 한다는 것이다. 그리고 그 광맥에서 학술적 문화적 보석들을 캐어내려고 해야 한다는 것이다. 그리고 한자로 된 그 자료들을 한글로 옮길 때는 한자를 한글로 문자적으로 옮기는 것이 아니고 뜻에 따라 옮겨야 할 것이나, 한글화의 욕심에 가려 비행기를 날틀로, 대학교를 큰 글방으로 옮기는 어리석음을 저질러서는 안 될 것이다.

두 번째는 외국 서적을 옮길 때도 물론 글자를 글자로 직역해서는 안 될 것이요, 일본 번역이나 중국 번역에 맴돌아서도 안 될 것이다. 그 책을 충분히 이해하고 소화하여 문장 하나하나를 우리말과 사고로, 느낌으로, 논리로 풀어 옮기는 창작적 노력을 기울여야 할 것이다. 번역이 제2의 창작이라는 말이 실감나게 해야 할 것이다.

세 번째는 우리말로 학문하기가 '언어적 단계'에 머물러서는 안 되고 학문의 수준으로 올라가야 한다는 것이다. 남의 이론을 이해하고 해석하는 단계에서 벗어나 우리의 이론과 학설, 사상을 세워 펴나가는 수준이 되어야 한다는 것이다. 우리말로 학문하기가 궁극적으로는 우리의 학문을 세계에 내놓는 일에 맞닿아야 할 것이다.

## 인문학으로서의 철학의 위상

12세기에 서구에서 대학이 생겨난다. 이탈리아의 셀레르노는 의학교로, 최초의 대학으로 알려진 볼로냐는 법학교로, 그리고 1세기쯤 뒤에 파리대학이 생겨났는데, 파리대학은 신학교로 시작했다가 점차 신학부, 의학부, 법학부, 철학부의 체제를 이루게 되는데, 이것이 서구 대학의 원형으로 되었다. 이 대학의 모형이 영국의 옥스퍼드, 캠브리지, 독일의 하이델베르크, 벨기에의 루벵으로 옮겨졌고, 미국의 대학들도 이 모형에 따라 이루어졌다. 예를 들어 하버드, 에머리 등도 신학대학원, 법학대학원, 의학대학원과 하버드칼리지, 에머리칼리지의 구성으로 출발했으며, 그 칼리지가 철학부 역할을 했다.

그러면 12세기에 생겨난 대학의 철학부에서는 무엇을 가르쳤는가. 그것이 바로 키케로(기원전 106~기원전 43)에 의하여 인문학(studia humanitas)이라고 명명된 것인데, 나중에 보에티우스(480~524)와 카시오도로스(477~567)에 의해 일곱자유학예(seven liberal arts)로 정리된다. 일곱자유학예는 문법, 수사학, 변증론, 산수, 기하, 음악, 천문학이 포함되는데, 이들 중 문법과 변증론, 수사학의 셋(Trivium. 3학)을 '화법에 관한 학예', 산수와 기하, 음악, 천문학의 넷(Quardrivium. 4과)을 '실재에 관한 학예'라고 하였다.

우리는 소피스트를 비교적 평가절하하고 있다고 할 수 있다. 우리는 이들을 1) 자연 철학에서 인간 철학으로 넘어오는 가교 역할을 한 사람 2) 돈을 받고 지식을 판 사람 3) 덕을 가르치지 않고 기술(techne)을 가르친 사람 4) 아테네의 청년들을 부패시킨 사람 5) 소크라테스에 의해 궤변론자로 폄하된 사람으로 알고 있다. 그러나 이들이 학문 발전에 기여한 공로는 매우 크다. 소피스트들과 아테네 철학자들에 의하여 paidea(교육 훈련 도야)라는 개념이 생겨나게 되고, 그 교과 과정으로 문법, 논리학, 웅변술, 수사학, 변증법 등이 생겨나게 된다. 그리고 이들에 의하여 enkyklios paidea라는 개념이 생겨나는데, 우리는 이를 '기초 교양 교육'으로 번역할 수 있으며, 위의 과목들이 그 교육 과정에 포함되었다. 그리고 기원전 146년경 로마가 그리스를 정복할 무렵에는 위의 학문들에 산수, 기하, 음악, 천문학 등이 추가되어 자유학예(artes liberales)라고 불리게 되었는데, 이것을 키케로가 '인문학(studia humanitas)'이라고 불렀던 것이다.

이처럼 12세기에 생겨난 대학의 철학부에서 가르친 과목들은 일곱자유학예라는 인문학이었다. 이 학문은 지식인이

나 교양인이 갖추어야 할 교양 학문인 동시에 신학, 의학, 법학의 기초 학문으로 작용하였다. 그러나 세월이 흐르면서 점차 대학은 학문하는 곳이라는 인식이 고조되면서 대학의 중심이 철학부로 되었다. 이러한 전통은 근대 과학이 확립되어 그것이 기술화하여 산업혁명을 일으키게 된 1770년대까지 계속되었다. 그리고 이러한 대학의 전통, 곧 철학부와 의학부, 법학부, 신학부의 구성은 경영학, 행정학, 언론학, 간호학 등의 응용 학문들이 생겨나기 시작한 1940년대 중반까지 지속되었다고 할 수 있다.

이러한 응용 학문들이 생겨났을 때 미국의 대학들은 현명하게도 인문, 사회, 자연의 기초 학문들은 학부에 그대로 두고 응용 학문들은 대학원에 두도록 했던 것이다. 다시 말하면, 학부에서 기초 학문을 이수한 후에 직업으로서의 응용 학문을 대학원에서 이수하게 함으로써 기초 학문도 살리고 응용 학문도 단단한 기초 학문 위에 세우도록 했던 것이다.

그러나 한국의 경우 학부에 기초 학문과 응용 학문을 병치시킴으로써 우수한 두뇌들이 의학과 법학 등 응용 학문으로 가게 되어 기초 학문의 약화를 초래하게 되었다.

1965년에서 1990년에 이르는 산업화 과정에서는 사회의 각 분야가 확대일로에 있었기 때문에 기초 학문 전공자도 취업이 용이하였지만, 1990년대에 들어서면서 성장이 멈추게 되고 인력 공급이 과잉 상태를 이루게 되면서 인문, 사회, 자연의 기초 학문들은 학생들에 의하여 외면되기 시작하였다. 또한 대학에서 학부제를 시행하여 학과 선택을 자유롭게 하면서 인문학은 설 자리를 잃게 되었다.

이 현상을 타개하는 길은, 교육 제도로는 기초 학문과 응용 학문을 학부와 대학원으로 분리하는 일이 중요하다. 현재 진행 중인 전문대학원 제도가 이를 위한 것이라고 할 수 있다. 현재는 의학, 법학, 경영, 치의학, 전문학원만 추진하고 있지만, 여기에 그치지 않고 행정, 보건, 간호, 언론 등으로 넓혀 모든 응용 학문을 대학원으로 옮기고, 학부에는 기초 학문만 두도록 해야 할 것이다. 나아가서 기초 학문과 응용 학문을 학부와 대학원으로 분리하는 일은 철저히 해야 할 것이다. 전문대학원이 생기고도 그 학문을 학부에 두는 일은 어느 대학에도 없어야 할 것이다.

이렇게 되면 기초 학문들은 학부에서 강의하되 전공을 위한 것이 아니고 직업으로서의 전공 학문을 위한 기초 교양 수준으로 강의해야 할 것이요, 기초 학문을 전공하고자 하는 학생은 문리대학원(Graduate School of Arts and Sciences)에서 교육받아야 할 것이다.

우리는 기초 학문과 응용 학문을 학부와 대학원으로 분리할 수 있도록, 그것도 빠른 시일에 실현될 수 있도록 목소리를 내야 할 것이다.

# 제5장
# 교육 바로세우기를 위해

# 교육, 왜 중요한가

1995년 7월에 몽골 정부의 초청으로 몽골을 방문한 적이 있다. 그 당시만 해도 모두 "몽골에 가느냐?"면서 신기하고 부러운 눈빛을 보였으니, 몽골에 가본 사람이 많지 않을 때였다.

몽골은 가난했다. 수백 년 전의 원시가 그대로 숨 쉬고 있는 느낌이었다. 교외로 나가면 아직도 '유르트'라는 둥근 천막(?) 속에 살면서 양치기와 말치기로 생계를 이어가고 있었다. 21세기를 눈앞에 둔 이 시점에, 세계화니 무역 전쟁이니 하면서 경쟁하고 있는 이 판국에, 아직도 수백 년 전의 그 원시적 삶을 영위하고 있다니 믿어지지 않았다.

몽골에는 가난해야 할 이유가 없었다. 땅은 우리나라의 여덟 배나 되는데 인구는 230만 명에 불과하며 부존 자원은 세계에서 가장 풍부하다고 한다. 땅은 넓고 인구는 적고 부존 자원은 풍부하니, 강국이 되고 부국이 될 요건을 모두 갖추고 있는 셈이다. 그런데도 몽골은 가난했다. 그 이유가 무엇인가. 나는 교육의 부재에서 그 이유를 찾을 수 있었다. 교육에 대한 관심도 적고 열기도 없었다.

몽골을 떠나기 직전 공항 귀빈실에서 몽골 교육부차관에게 다음과 같은 요지의 말을 남겼다. 몽골의 물은 맑고 공기는 깨끗하고 인심은 순후하다. 이것은 매우 소중한 자산이다. 그러나 당신네 나라는 너무 가난하다. 이 가난에서 벗어나기 위해 몽골도 산업화를 서둘러야 한다. 산업화를 이루기 위해서는 교육받은 인재가 있어야 하고, 이를 위해서는 교육열을 올려야 한다. 교육열을 올리기 위해서는 교육에 꿀을 붙여야 한다. 이때 교육부차관은 "교육의 꿀이라니요?" 하고 나를 쳐다보았다. 나는 말을 이었다. '교육의 꿀'이란 교육받은 사람에게 많은 혜택을 주는 것을 말한다. 교육받은 사람에게 지위도 주고 권력도 주고 돈도 주고 명예도 주라는 뜻이다. 그렇게 하면 교육에 붙어 있는 꿀을 따먹기 위해 많은 사람들이 교육에 관심을 갖게 되고, 그 관심이 교육열로 변질하게 될 것이다. 나의 말이 여기에 이르자 교육부차관은 머리를 크게 끄덕이면서 동감했다. 나는 이어서 이렇게 말했다. 한국에는 교육에 붙어 있는 꿀이 너무 많아 지나친 교육열 때문에 교육 문제 해결에 어려움이 많다. 교육에 붙어 있는 꿀을 줄이면서 교육 문제를 해결하려는 안목이 필요하다. 몽골에서는 교육의 꿀을 늘릴 필요가 있고, 한국에서는 교육의 꿀을 줄일 필요가 있다.

그리고 다음 말을 덧붙이기를 잊지 않았다. 몽골에서 산업화를 하더라도 몽골의 그 순후한 인심을 해치지 않고, 몽골의 그 맑은 물과 깨끗한 공기가 더럽혀지지 않을 한도까지만 산업화해야 할 것이다. 그러나 일단 산업화가 발진되면 그 자체의 메커니즘 때문에 그리고 인간의 끝없는 욕구 때문에 그 한계를 지키는 일이 쉽지 않을 것이므로, 늘 그 한계를 의식하고 산업화를 추진해야 할 것이라고 했다. 몽골이 앞으로 교육에 꿀을 어떻게 붙여 산업화를 추진할지 두고 볼 일이다.

나는 1995년에 몽골뿐 아니고 중국과 프랑스를 방문할 기회를 가졌다. 그런데 세 나라는 공통으로 교육 개혁을 추진하고 있었다. 우리나라에서도 교육 개혁을 단행하고 있던 터라 세 나라 교육부장관에게 같은 질문을 던졌다. "왜 교육 개혁을 나느냐?"고. 이들에게서 공통된 회답을 얻었다. 교육이 중요하기 때문이라는 것이다. 이에 덧붙여 중국과 몽골의 교육부장관은 사회가 변했기 때문에 바뀐 사회에 걸맞는 교육 제도를 마련하기 위해 교육 개혁을 추진한다고 했다. 사회가 바뀌면 사람을 바꿔야 하고, 사람을 바꾸기 위해서는 교육 제도를 바꾸어야 한다는 것이다. 프랑스의 교육부장관은 사회가 변하면 대학이 그 변화를 선도해야 하는데, 대학이 오히려 보수적이어서 정부가 대학 중심으로 교육 개혁을 추진하고 있다고 했다.

그러면 교육은 왜 중요한가. 한마디로 교육받은 이가 이끌고 교육받지 못한 이가 이끌리기 때문이다. 이것은 동서고금에 공통된 현상이다. 앞으로도 이 현상에는 별다른 변화가 없을 것이다. 교육은 지배 원리인 것이다. 이러한 연유로 옛날에는 귀족에게만 교육 기회를 부여하고 상노에게는 교육 기회를 주지 않았으며, 남자만 교육시키고 여자는 교육시키지 않았다. 그동안 남자가 여자를 지배(?)하는 데에는 교육이 큰 몫을 했을 것이다. 요즈음 여권이 크게 신장되었는데 그것은 여권운동가들의 노력에 의해서라기보다는 남녀에게 균등하게 교육 기회가 부여되었기 때문일 것이다.

교육이 귀족 계급의 전유물에서 대중화되고 보편화되는 데는 길고 험난한 세월이 흘렀다. 자유가 한 사람에서 여러 사람으로 그리고 모든 사람으로 확대되는 데 걸린 과정만큼 많은 사연과 오랜 시간이 걸린 것이다. 국력이 교육에서 나온다는 생각, 교육받은 국민이 많으면 그만큼 나라의 힘이 강해진다는 생각이 보편화된 것은 20세기에 들어와서의 일이다.

동일한 논리로, 교육에 앞선 나라가 지배하고 교육에 뒤진 나라가 지배당하게 된다. 교육에 앞선 나라가 선진국이요, 교육에 뒤진 나라가 후진국이라고 할 수 있다. 이렇게 볼 때 우리나라가 선진국이 되기 위해서는 다른 무엇보다도 교육이 다른 나라에 의존하지 않고 독립되어야 할 것이다. 교육의 독립 없이 세계적 경쟁을 견뎌내지는 못할 것이다. 우리나라는 학사와 석사까지는 국내에서 생산한다. 그 수준도 세계 시장에 내놓아 별다른 손색이 없을 정도다. 그러나 박사 학위는 아직도 소위 선진국에 의존하고 있다. 박사 학위만은 선진국에 가서 해오기를 권장하고 있으며, 대학에서 교수를 초빙할 때도 외국 박사를 선호하는 것이 오늘의 현실이다. 우리는 아직도 교육에서 독립하지 못하고 있는 것이다. 우리가 교육을 다른 나라에 의존하는 한, 어떤 형태로든 그 나라의 지배를 벗어날 수 없을 것이다. 우리가 교육의 독립을 이루기 위해서는 세계적 수준의 대학들을 만들어내야 한다. 우리가 세계적 수준의 대학을 갖는 것은 세계화의 파고를 넘는 길이요, 선진국이 되는 길이 아닐 수 없다. 지금 추진하고 있는 교육 개혁도 교육에서 경쟁력을 끌어내기 위해서요, 교육을 선진화하기 위해서며, 궁극적으로는 교육을 독립시키기 위해서다.

## 한국 교육의 현주소

　오늘 한국의 교육은 총체적 위기에 처해 있다. 새로운 마음가짐으로 제도를 개혁하여 다시 시작하지 않으면 안 될 상황에 놓여 있다. 조기 유학 현상은 초등에서 대학까지 넓게 만연해 있고, 고등학교 교육은 붕괴되어 교육의 주도권이 학원으로 넘어간 지 오래되었으며, 대학들은 정원을 채우지 못해 원서만 내면 모두 합격하게 되어 있다. 대학 졸업자 중 우수한 학생들이 외국 대학원으로 떠나는 통에 대학원은 활기를 잃고 있으며, 국내 박사들은 대학 교수로 되는 길에서 날로 멀어지고 있다. 이렇게 한국 교육은 총체적 위기에 처해 있다.

　그러나 우리의 교육 여건은 1950년대 비해서는 엄청나게 개선되고 수준도 크게 향상되었다고 하지 않을 수 없다. 그 예로서 대학을 들어보면, 1950년대에 비하여 오늘의 대학

교육 여건은 크게 개선되어 있다. 무에서 출발한 한국의 대학 교육이, 지난 60년 동안에 유를 이루었다고 할 수 있다. 거의 모든 대학들이 캠퍼스를 아름답게 조성하였고, 건물들을 번듯하게 지었으며, 실험 기자재들도 갖출 만큼 갖추었다. 또한 도서관의 도서들도 교수와 학생이 교육하고 연구하기에 부족하지 않을 만큼 구비되어 있으며, 교수들의 교육 배경도 모두 박사에다 세계적 명문 대학들에서 교육받은 분들로 이루어져 있다. 한국의 대학은 이제 외견상으로는 세계적 수준에 이른 것으로 보인다. 그렇다면 왜 한국의 교육을 총체적 위기에 처해 있다고 하는가. 우리는 그 요인으로 다음 몇 가지를 들 수 있다.

첫째로, 한국의 대학은 그동안 주로 대학의 양적 팽창에만 골몰하였다. 땅을 사고, 집을 짓고, 학생을 늘리는 일에만 투자하였다. 교육 본연에 투자하지 않고 교육의 외양에 투자한 탓에 대학 교육의 질은 답보 상태를 면치 못한 것이다.

둘째로, 대학 교육의 내실화를 외면하고 대학의 학문적 수월성을 게을리 하였다. 대학 교육의 질적 심화를 위해 교수 대 학생 비율을 1 대 20 이하로 줄여 강의실 학생 수를 20명 정도로 한다든가, 일방 강연이 아니라 쌍방 토론 수업이 될 수 있도록 한다든가. 학생들 답안지나 리포트는 채점하고 평가하여 반환한다든가, 일주일에 한 번씩은 학생과의 면담 시간을 갖는다거나 하는 등의 학습 교육 프로그램 개발을 소홀함으로써 교육다운 교육을 하지 못한 것이다.

셋째로, 지난 60년 동안 대학의 수, 대학생과 대학원학생 수가 교육적으로 감당할 수 없을 정도로 지나치게 팽창하여 결과적으로 학사나 석사, 박사 학위의 신인도가 크게 하락하였다. 2006년 현재 대학의 수는 203개, 2년제 대학의 수는 158개로서 도합 361개이고, 고등학교 졸업생의 82%가 대학에 진학하고 있으며, 2002년의 대학원(특수 대학원 포함) 학생 수가 1979년의 학부 학생 수와 동일할 만큼 대학원도 지나치게 확장되었다. 이렇게 많은 대학생에게 양질의 교육을 베푸는 일은 물리적으로 불가능한 일이므로, 한국의 대학교육은 세월이 흐르면서 점차 질적으로 하락하였다고 할 것이다.

넷째로, 세계화가 한국 대학의 실태를 적나라하게 드러나게 하였다. 1990년 세계화의 바람이 불기 전까지는 한국의 대학들은 우리끼리 우리 기준으로 비교하고 평가하였다. 그러나 세계화 바람이 우리 안목을 세계로 넓히게 하였고, 국제적으로 비교하게 하였다. 국제적 비교에서 한국 대학들이 100위 이하에 들어간다는 사실이 드러나면서 대학 교육에 대한 불신이 깊어지게 되었으며, 대학을 세계적 안목에서 비판적으로 검토하게 되었다.

다섯째로, 1990년대 중반에 일인당 국민소득이 1만 달러를 바라보게 되고, 세계화 바람이 거세게 불면서 우리 안목이 세계로 열리게 되면서 비교적 자유롭게 밖으로 나갈 수 있게 되자 조기 유학 현상이 확대된 것이다. 1960년대 일인당 국민소득이 250달러 안팎일 때는 감히 밖으로 나갈 엄두를 낼 수 없었다. 따라서 그때의 한국 학생들은 모두 한국 학교(초·중·고·대학)에 입학할 예비 자원이었다. 밖으로 나갈 여유가 없었기 때문이다. 그러나 이제는 사정이 달라졌다. 더구나 한국에서는 소위 명문 대학을 졸업해도 취업이 보장되지도 않고, 세계화 시대에 영어를 제대로 구사할 수도 없으며, 더구나 그동안 한국에서 활약한 유력 인사들 대부분이 1950~1960년대에 조기 유학한 사람들이라는 사실이 널리 알려지면서 조기 유학 바람은 더욱 힘을 얻게 되었다.

위에서와 같이 한국의 교육은 총체적 위기에 처해 있다. 오늘 한국의 교육은 1950년대에 우리가 기대했던 2000년대의 교육과는 먼 거리에 있다. 교육이 바로서야 나라가 바로 설 수 있고, 교육적으로 독립해야 나라가 참다운 의미에서 독립할 수 있으므로, 우리는 우리 교육 제도를 새로운 마음으로 개혁하여 새 출발하지 않으면 안 될 시점에 서 있다 할 것이다.

## 학력 사회, 그 갈등과 해법

우리나라는 고학력 사회다. 고학력 사회 중에서도 대표적인 사회다. 고학력 사회란 교육받은 사람에게 많은 혜택을 주는 사회를 말한다. 물론 모든 사회가 교육받은 사람에게 혜택을 많이 주고 있다. 그러나 우리나라는 그 정도가 가장 심한 나라 중의 하나다. 교육받은 사람이 돈과 권력과 명예를 거의 독차지하는 사회다. 지나친 고학력 사회이기 때문에 우리나라에 여러 가지 사회적 갈등과 교육적 문제가 파생되고 있다. 이제 우리나라도 고학력 사회에서 벗어날 필요가 있다. 그러면 우리나라는 왜 고학력 사회로 되었는가.

### 교육은 힘이다

교육은 힘이다. 교육에서 힘이 나온다. 교육받은 사람이 지배하고 교육받지 못한 사람이 지배되는 것은 동서고금에 공통된 현상이다. 그리고 이것은 앞으로도 그럴 것이다. 물론 그 정도에 차이는 있겠지만. 동서를 막론하고 옛날에는 지배 계급의 사람만 교육받고 노예나 상노 같은 피지배 계급의 사람은 교육받지 못했다. 어떤 의미에서는 교육의 힘으로 귀족이 상노를 지배했다고 할 수 있다. 또한 옛날에는 남자만 교육받고 여자는 교육받지 못했다. 우리는 여자가 서당에 다녔다는 기록을 갖고 있지 않다. 그래서 만약 남자가 여자를 지배했다면(말에 어폐가 있지만) 교육의 힘으로 지배했다고 할 수 있을 것이다. 여기서 우리는 교육이 힘이요 하나의 지배 장치였음을 엿보게 된다.

  교육이 보편화되고 모든 사람에게 개방되는 데는 많은 시간이 걸렸다. 자유가 소수 지배 계급의 사람에서 다수 일반인으로 넓혀지는 데 많은 시간이 걸린 것처럼, 교육이 보편화되는 데도 오랜 시간이 걸렸다. 교육이 보편화되기 시작한 것은 19세기 후반의 일이라고 할 수 있다. 이때부터 '국민의 교육 수준이 그 나라의 국력을 좌우한다', '교육이 국력의 원천'이라는 생각에서 교육입국(敎育立國)의 개념이 나오고 의무 교육이 제도화되기에 이른다. 일본 식민지 시대에 교육의 힘을 절감한 우리의 민족 지도자들이 한국에 대학을 세우기 위해 온갖 노력을 기울였지만, 한국 젊은이들이 대학 교육을 받으면 힘이 생겨 통치하기 어렵다는 판단에서 한국에 하나의 대학만 세우고 몇 개의 전문 학교만 허용했던 일을 우리는 생생히 기억하고 있다.

  1945년 해방과 더불어 우리나라에서는 교육이 보편화되고, 대학들이 남녀에게 모두 문을 열기 시작했다. 그러나 한동안 경제적 여건 때문에 모든 남자가 대학에 진학하지도 못했고, 오랜 사회적 인습 때문에 여자가 대학에 진학하는 데는 제한이 있었다. 이러한 과정을 거쳐 1970년대 후반부터 우리나라가 경제적으로 잘살게 되고, 1960년대 초반에 착수한 가족 계획이 성과를 거두게 됨에 따라 거의 모든 가정이 자녀를 한둘만 갖게 되면서, 딸 아들 가리지 않고 대학에 보내게 되어 실질적으로 한국에서 교육의 보편화가 이루어지게 된 것이다.

### 왜 고학력 사회인가

교육이 힘이자 국민의 교육 수준이 국력을 좌우한다는 사실을 인식한 이상 정부는 국민을 교육에 끌어들여야 했다. 가능한 한 많은 국민들이 좋은 교육을 받도록 할 필요가 있었다. 그러나 의무 교육이라는 제도만으로 그리고 학교의 문을 넓게 여는 것만으로는 충분하지 못했다. 가능한 한 많은 국민을 교육으로 끌어들이기 위해서는 교육받은 사람에게 많은 혜택을 줄 필요가 있었다. 교육받은 사람에게 자리도 주고 돈도 생기게 하고 명예도 얻게 하면, 교육에 붙어 있는 '꿀'을 따먹기 위해 교육으로 뛰어들게 된다는 것이다. 그래서 지난 50년 동안 우리나라에서는 교육에 꿀을 많이 붙였고, 교육에 붙어 있는 꿀을 따먹기 위해 교육열이 높아졌으며, 마침내 지나쳐 과열되기에 이른 것이다. 부모는 자녀 교육을 위해서라면 어떠한 희생도 감수해야 하는 것으로 인식되었고, 농촌에서는 심지어 논과 소를 팔아 자식을 대학에 보내는 지경에 이르러 '우골탑(牛骨塔)'이라는 말이 생겨날 정도였다. 심지어는 외국으로 이민을 가면서도 자식에게 좋은 교육을 시키기 위해서라는 명분을 세우고 있다. 나아가 당대에 신분 변화를 할 수 있는 첩경도 교육이라고 생각하게 되었다. 좋은 대학에 들어가 사법이나 행정 시험에 합격하여 판검사가 되거나 고급 관리가 되면 당대에 신분 상승을 할 수 있고, 의과대학을 졸업하여 의사가 되면 이 역시 신분 변화를 할 수 있다고 생각하게 되었다. 이러한 뜨거운 교육열로 인해서 우리나라는 교육 밀도가 세계에서 가장 높은 나라로 되었고, 그 교육의 힘으로 불과 50년이라는 짧은 기간에 오랜 가난을 털고 오늘의 번영(?)을 누리게 되었다. 이렇게 볼 때 고학력 사회는 우리가 의도적으로 유도한 결과라고도 할 수 있다. 그러나 이제 우리는 이러한 타성적 궤도를 반성적으로 점검한 때에 이른 것이다. 고학력 사회가 지니고 있는 문제점들이 날로 드러나고 있기 때문이다.

## 몽골에서 느낀 일

나는 1995년 7월에 몽골 정무의 초청으로 몽골에 다녀왔다. 한국과 몽골 간 교육 협력 증진을 위해서였다. 몽골은 우리나라보다 국토가 여덟 배나 넓었는데 인구는 불과 250만 명에 불과했고, 지하자원은 세계에서 가장 풍부한 나라라고 했다. 외형상으로는 북구의 부유한 나라들이 갖추고 있는 요소들을 모두 갖추고 있었다. 그러나 몽골은 가난했다. 21세기를 눈앞에 두고 있는 이 시점에 아직도 이렇게 못 사는 나라가 있는가 하고 의아해할 정도로 가난했다. 몽골에서는 한국이 하나의 이상국가처럼 비치고 있었다. 한국에 한 번 가보고 싶다는 것이 하나의 꿈으로 되어 있었다. 1950년대 우리가 '아메리칸 드림'을 가지고 미국을 선망의 눈으로 보던 것과 비슷한 형국이었다. 나를 안내하던 교육부차관에게 나는 이렇게 말을 걸었다. "몽골도 가난에서 벗어나기 위해서는 산업화를 시작해야겠습니다." 이 말을 듣고 있던 그는, 산업화에 착수하긴 했는데 산업 인력이 길러지지 않아 고민이라고 대답했다. 도무지 국민들이 교육에 관심을 갖지 않는다는 것이다. 그래서 나는 이렇게 말을 이었다. "교육에 꿀을 좀 붙이십시오." '꿀'을 붙이라는 말에 그는 호기심 어린 표정으로 무슨 뜻인지 다시 물었다. 그래서 나는 "교육의 꿀이란 다른 것이 아닙니다. 교육받은 사람에게 혜택을 많이 주는 것이지요. 그러면 그 꿀을 향해 사람들이 모여들게 될 것이고, 그것이 교육열로 변하면서 교육에 사람들이 많이 몰려들게 될 겁니다." 이 말에 그는 큰 진리나 깨달은 것처럼 "그렇군요"를 몇 번이나 되뇌었다.

## 지금 독일에서는

독일에서는 초등학교가 4년제다. 1학년부터 4학년까지 한 사람의 담임선생님이 아동의 학교 생활을 관찰한다. 그리고 졸업 때 학부모를 불러, 댁의 자녀를 4년 동안 관찰해본 결과, 기술학교로 진학하는 것이 좋겠다거나 인문 학교로 진학하는 것이 좋겠다고 자문하면, 대부분의 학부모들은 교사의 지도를 그대로 받아들인다고 한다. 간혹 내 아이를 인문학교로 진학시킬 수 없겠느냐며 1년만 더 관찰해달라고 청하면, 그렇게 했다가 1년 뒤에 1년간 더 면밀히 관찰해보았지만 여전히 댁의 자녀는 기술학교로 진학하는 것이 좋겠다고 하면 그렇게 받아들인다. 하지만 이러한 현상은 우리 사회에서는 기대할 수 없다. "당신이 뭔데 우리 아이의 장래를 막으려 하느냐"면서 강하게 반발할 것이다. 그러면 왜 이렇게 독일과 한국이 서로 다른 반응을 나타내는가. 독일 초등학교 교사의 사회적 신뢰가 두터워서인가. 나는 결코 그렇게 생각하지 않는다. 독일에서는 인문 학교를 통해 대학으로 간 사람이나 기술학교를 통해 기술자로 된 사람이 사회경제적으로나 인격적으로 별다른 차이가 없다. 아니 오히려 경제적으로 기술자로 된 사람이 더 윤택한 생활을 할 수도 있다. 이에 반하여 우리나라에서는 대학을 다니지 못한 사람은 대학을 다닌 사람에 비해 경제적으로도 못할 뿐 아니라 사회적으로나 인격적으로 사람 대접을 제대로 받지 못한다. 우리는 주변에서 이런 일을 어렵지 않게 보게 된다. 상고를 졸업하면 은행에 취직하기도 쉽고 봉급도 적지 않게 받게 된다. 대학을 졸업하고는 은행에 취직하기도 쉽지 않고 봉급도 거의 차이가 나지 않는다. 그럼에도 불구하고 상고 출신들은 대학 졸업자가 아니라는 경시와 열등 의식 때문에 그 자리를 박차고 대학으로 떠난다고 한다. 4년 후 취업에 대한 보장도 없는데, 대학을 나와야만 사람 대접 받는다는 일념만으로 대학을 간다는 것이다. 이렇게 볼 때 학력에 의한 맹목적인 푸대접이 사라지지 않는 한, 그리고 사람이 능력이 아니고 학력으로만 평가되는 풍토가 사라지지 않는 한, 대학에 대한 교육열은 식지 않을 것이고, 대학 교육에 대한 과소비만 늘어나게 될 것이다.

### 과외를 부추기는 대통령

 과외와 사교육비 문제가 사회적 논란이 되고 있던 어느 날 저녁 나는 젊은 부부의 방문을 받았다. 나와는 인척벌이 되고, 초등학교에 다니는 아이 둘을 두고 있는 학부모였다. 남편은 한국에 두고 아이 둘을 데리고 미국으로 유학 이민을 가려는데, 미국 대사관에 아는 분이 있으면 전화를 좀 해 달라는 것이었다. 유학 이민을 원하는 사람이 너무 많아 도무지 이민 비자를 받을 수 없다는 것이다. 미국 대사관에 그런 전화를 할 만큼 가까운 사람도 없는데다, 40대 초반의 젊은 부부가 기약 없이 떨어져 사는 것도 바람직하지 않고, 더구나 이민하려는 사람을 위해 힘을 쓰고 싶은 뜻이 없노라고 거절하고 말았다. 그리고는 왜 유학 이민을 가려느냐고 되물었더니, 극성스러운 젊은 엄마들과 아이들이 대학 입학 때까지 경쟁하면서 과외를 시키고 엄청난 사교육비를 부담하려니 앞이 아찔하고 그럴 능력도 없다는 것이다. 그래서 다시 왜 그렇게 아이들을 유치원서부터 과외를 시키느냐고 물었더니, 유치원서부터 과외를 시키지 않으면 S대학에 입학시킬 수가 없다는 것이다. S대학에 입학시키기 위해서는 유치원서부터 극성스럽게 과외를 시키지 않으면 안 된다는 것이다. 그래서 다시 왜 그렇게 꼭 S대학에 입학시키려느냐고 물었더니, 그것도 모르냐는 듯 어이없는 표정을 지으면서, S대학을 나와야 장관도 되고 총리도 되고 대통령도 되고, 심지어 대통령 후보도 S대학을 나와야 된다는 것이다. 대통령이 S대학 출신만 중용하니까 이런 결과가 된다면서, 대통령이 과외를 부추겨놓고는 사교육비 대책을 세우라고 내각에 지시하는 것을 보면 우습다고 말했다.

　나는 더 이상 말을 밀고 나갈 수 없어, 그렇다고 유학 이민을 결행할 것까지는 없지 않느냐고 했더니, 있는 힘을 다해 과외를 시켜 S대학에 입학시키면 목표를 달성하는 것이 되고, 그러다 A나 B대학에 입학시키면 그런 대로 견딜 만하지만, 아무리 과외를 시켜도 그 어느 쪽으로도 가망이 없다고 생각되면 조기 유학 이민으로 방향을 선회한다는 것이다. 미국으로 가면 웬만하면 주립 대학에는 들어갈 수 있을 것이고, 주립 대학을 졸업하면 취직해서 인격적 모독은 받지 않고 살 수 있을 것이 아니겠느냐는 것이다. 대학을 나왔느냐 못 나왔느냐와 어느 대학을 나왔느냐로 인간적 차별을 받게 되는 나라에서 떠나고 싶다는 하소연이었다. 나는 아직도 그 젊은 부부가 이민을 갔다는 소식은 듣지 않고 있다. 그러나 그러한 젊은 부부들이 더 이상 생기지 않도록 하기 위해서도 우리 사회가 사교육비에 시달리지 않는 사회, 학력과 학교에 의하여 지나치게 차별을 받지 않는 사회로 성숙해야 할 것이다.

## 어떻게 할 것인가

사회는 활성화되어야 한다. 사회가 활성화되기 위해서는 경쟁이 있어야 한다. 경쟁은 능력을 발휘하게 하고 생산성을 높이기 때문이다. 그리고 경쟁이 있는 한 격차가 생기기 마련이다. 문제는 사회를 활성화하되 그 격차를 어떻게 얼마나 줄이느냐에 있다.

미국에서는 이런 현상을 보게 된다. 블루컬러 직업에게는 비교적 많은 돈을 준다. 누구나 하기 싫어하는 어렵고 더럽고 힘든 일을 하는 대신 돈으로 삶을 즐기게 해주는 것이다. 이에 반해 화이트컬러 직업에게는 상대적으로 돈을 적게 주고 있다. 돈보다는 자기가 하는 일에 긍지와 보람을 갖게 하자는 것이다. 이러한 정책으로 미국 사회는 균형을 이루면서, 모든 사람이 자기 일에 의미를 두고 열심히 일하고 있다.

구체적인 예를 들면 이러하다. 미국 사회에서는 학력이 높은 대학 교수들이 돈을 많이 받는 것도 아니고 사회적 위상이 높은 것도 아니다. 미국 대학생들은 대학을 졸업한 후엔 대학원에 가서 박사 학위를 취득하여 대학 교수가 되려고 하기보다는, 법학대학원으로 가서 변호사가 되거나 의학대학원으로 가서 의사가 되거나 경영대학원으로 가서 은행, 증권회사 등 금융계에서 일하고자 한다. 대학 교수보다는 몇 배나 많은 봉급을 받을 수 있기 때문이다. 그래서 학력이 높은 대학 교수들이 이런 식이면 누가 그 어렵고 힘든 공부를 하려 하겠느냐면서 볼멘소리를 하고 있을 정도다.

다음으로 우리나라에서 대학 입시가 과열되는 이유는 좋

은 대학이 지나치게 제한되어 있기 때문이다. 독일의 경우에는 어느 대학이 좋은 대학인지 가려내기가 매우 힘들다. 거의 모두가 주립 대학들이고 비슷하기 때문이다. 대학의 순위가 비교적 분명한 미국에는 좋은 대학들이 많다. 11년째 미국의 대학들을 평가하고 있는 *US. News and World Report*에 의하면, 미국에는 우열을 가리기 어려울 정도로 좋은 대학이 25개나 있다는 것이다. 그리고 미국의 1000개에 이르는 대학들이 25위 이내의 좋은 대학으로 되기 위하여 치열하게 경쟁하고 있으며, 고등학교 졸업생들도 이 25위 이내의 대학에 입학하면 매우 만족해한다. 이에 반해 우리나라에서는 두세 대학으로 제한되어 있기 때문에 대학 입시가 과열되고 이것이 사교육비 문제뿐 아니라 사회적 갈등 요인으로 작용하고 있는 것이다. 따라서 우리나라에도 적어도 열 개 정도의 서로 경쟁적인 우수한 대학이 있어야 한다. 이것은 입시 과열을 완화시킬 뿐 아니라 나라의 경쟁력을 위해서도 필요한 일이 아닐 수 없다.

국가 경쟁력은 대학에서 나온다. 대학이 국가 경쟁력의 원천이다. 다른 나라들과 무한 경쟁을 벌여야 하는 세계화 시대에 경쟁력 있는 대학을 가져야 하는 것은 국가적 시대적 소명이 아닐 수 없다. 그런데 우리나라 대학들은 경쟁력이 없다고 한다. 대학 교육이 부실하다고 한다. 세계 100위 대학에 들어갈 수 있는 대학이 없다고 한다. 이것은 대학의 위기이자 나라의 위기가 아닐 수 없다. 실제로 우리나라 대학들은 박사 학위를 소위 선진국들에 의존하고 있는 셈이다. 석사 학위까지는 국내에서 배출하지만, 박사 학위만은 외국에 가서 해오기를 바라고 있다. 대학 교수를 채용할 때도 국내 박사보다는 외국 박사를 선호하는 것이 우리의 실정이다. 결국 최종 학위를 외국 대학에 의존하고 있는 것이다. 교육에서 독립하지 못하고 있는 것이다. 교육에서 독립하지 못하면 과학 기술에 의존하게 되고 나아가 정치 경제에서도 의존하게 되는 것이다. 우리는 하루 속히 교육에서 독립해야 한다.

교육에서 독립하고 대학이 세계적 경쟁력을 지니려면 우선 대학 규모를 줄여야 한다. 양적 팽창을 지양해야 한다는 것이다. 여기서 우리는 대학을 이원화할 필요가 있다. 일반 교육을 하는 대학과 엘리트 교육을 하는 대학이 그것이다. 일반 교육을 하는 대학은 그 규모가 2~3만 명으로 클 수 있다. 그러나 엘리트 교육을 하는 대학은 학부 6000명 이내, 대학원 1만 명 이내로 도합 1만 5000명 이내의 규모로 줄일 필요가 있다. 현재와 같은 방만한 규모를 갖고는 내실 있는 교육을 할 수 없다. 한국의 대학들이 경쟁력 있는 대학이 되고 세계적 대학의 대열에 들어가기 위해서는 우선 그 몸피를 줄어야 한다. 한 예로 현재의 S대학을 교수와 시설과 장비를 그대로 둔 채 학생 규모를 1만 5000명 수준으로 줄인다면 금방 세계 50위 안의 대학으로 될 것이요, 엄청난 경쟁력이 나오게 될 것이다. 참고로 미국의 25위 이내의 대학들은 대부분 학교 규모가 7000명 이내임을 상기할 필요가 있다. 우리나라도 열 개 정도의 대학을 골라 그 규모를 1만 5000명 정도로 줄여 엘리트 교육 대학으로 육성시킬 필요가 있다. 이것은 세계화 시대에 우리나라의 생존 전략으로도 반드시 필요한 일이 아닐 수 없다.

다음으로 그 대학 졸업생이 그 대학 대학원에 진학하는 것을 엄격히 제한해야 한다. 동일 대학 대학원 진학을 20~30% 범위로 제한할 필요가 있다. 이것은 교육적으로도 필요한 일이고, 10여 개 대학들을 경쟁적인 우수 대학으로 정립하기 위해서도 필요한 일이다. 이 제도는 미국에서는 오래 전부터 시행하고 있는 관행이기도 하다. 4년 동안 공부했는데, 같은 교수 밑에서 또 무엇을 더 배울 것이 있느냐는 것이다. 그것은 학문적 진보보다는 인간 관계를 끈끈하게 할 뿐이라는 것이다.

끝으로 그 대학에서 박사 학위를 받은 사람은 그 대학의 교수로 채용하지 않아야 한다. 선생과 제자가 함께 일하게 되면 어떻게 제자가 선생의 학설을 비판할 수 있겠느냐는 것이다. 그리고 비판 없는 곳에서 어떻게 학문적 발전이 있을 수 있겠느냐는 것이다. 학문적 발전과 대학의 생명력을 위해 그 대학 박사 학위 소지자는 그 대학 교수로 채용하지 않아야 한다. 한국의 경우 각 학과마다 자기 대학 출신들이 진을 치면서 선생과 제자라는 학연(學緣)을 맺고 있으니 많은 문제가 발생한다. 젊은 교수는 자기를 끌어준 원로 교수에게 면전 복배하고, 원로 교수가 회갑이 되면 회갑 논문집으로 축하해주니, 원로 교수로서는 늙어갈수록 편하지 않을 수 없다. 그러나 그 편안함 속에서 한국 대학들이 멍들어가며 경쟁력을 상실해가고 있다는 사실을 명심해야 할 것이다. 이 굴절된 현상에 대한 수술 없이 한국 대학들 아니 우리나라는 경쟁력을 찾을 수 없을 것이다.

물론 교육열은 왕성해야 한다. 교육열이 경쟁력의 원천이기 때문이다. 따라서 학력 높은 사람에게 다소의 혜택은 주어야 한다. 그래야만 교육열이 식지 않을 것이기 때문이다. 그러나 학력에 의한 지나친 차등은 금물이다. 그것이 사회의 갈등 요인으로 될 뿐 아니라 교육을 파행으로 몰고 가기 때문이다. 더구나 학력에 의한 인간적 차등은 있을 수 없다. 이것은 비문화적 현상이고 결과적으로 학력 과소비와 재정 낭비를 부채질할 뿐이다. 모든 사람이 인격적으로는 수평선에 서서 능력에 따라 일하는 사회가 되어야 할 것이다. 또한 10여 개의 세계적 수준의 우수한 대학을 육성하는 일은 대학 입시의 과열을 완화시키고 국가 경쟁력을 높이기 위해서도 긴요한 일이다.

## 학벌주의를 없애야

 교육 이민에 이어 조기 유학이란 말이 널리 회자되고 있다. 교육에 대한 불만과 불신의 목소리가 높다. 한국에서 교육시키는 데 어려움도 많고 결과도 별로 밝지 않다는 것이다. 그래서 조기 유학을 시키거나 아니면 차라리 교육 이민을 하겠다는 것이다. 큰일이 아닐 수 없다. 다른 일도 아닌 국가백년대계라는 교육에서 이런 현상이 일어나고 있으니 나라의 앞날이 걱정이다.
 우리나라는 세계 다른 어느 나라에 비해서도 교육열이 높고 교육에 대한 관심이 깊은 것으로 평가되어 왔다. 국민 모두 교육에 일가견을 갖고 있으며, 역대 정권들도 한결같이 대통령 직속으로 교육정책심의회니 교육개혁위원회를 두고, 내로라하는 교육학자와 교육 전문가, 교육 관련 시민단체 대표들로 하여금 교육 문제를 진지하게 연구하고 논의하여 교육 정책들을 입안토록 했는데, 그 결과가 교육 불신으로 나타나고 있으니 안타까운 일이 아닐 수 없다.

여기서 우리는 다소 냉정한 머리로 그 현상을 분석해볼 필요가 있다. 우선 교육 이민이란 말에 지나치게 현혹될 필요가 없을 것으로 본다. 정확한 통계 수치를 갖고 있지는 않지만, 이민을 가는 사람의 절대 다수는 이민을 가야 할 다른 까닭이 있을 것으로 안다. 다만 그 명분을 '자녀 교육'에서 찾고 있지 않나 생각된다. 물론 우리는 이민하는 사람이 없도록 살기 좋은 나라로 만들어야 하고, 소수의 사람이라도 교육 때문에 이민하는 사람이 생기지 않도록 우리의 교육을 바로잡아야 한다. 그러면 조기 유학, 그 중에서도 자녀 교육 때문에 남편과 처자식이 한국과 미국으로 갈라져 사는 생이별 현상, 엄청난 경제적 부담과 정신적 고통이 수반되는 이 생이별 현상이 날로 증가되고 있는 까닭은 무엇인가.

물론 나는 한국의 교육에 아무런 문제가 없는데도 이러한 현상이 일어나고 있다고 말하려는 것은 아니다. 그러나 깊이 상고할 필요도 없이 유학은 이미 오래전부터 있어왔고, 유학이 출세의 길임은 모르는 사람이 없을 정도다. 대학 교수가 되는 일이 하늘의 별 따기보다 힘들다는 지금도, 외국 박사는 교수가 되는데 국내 박사는 교수가 되지 못한다. 1950년대 그 가난한 시절, 보통 사람은 감히 외국 유학은 엄두도 내지 못할 때 외국 유학을 다녀온 그 행운아들이 오늘 우리 사회에서 지도적 인물로 행세(?)하고 있지 않은가. 눈을 국내로 돌려, 1960년대 이전부터 살만한 집에서는 자녀들을 서울로 유학시켰고, 극성스런 부모들은 자식들 교육을 위해 서울에 방을 구한 뒤 어머니는 서울에서 뒷바라지하고 아버지는 고향에서 생업을 유지하고 있었다. 지금도 서울에 가정을 둔 사람이 지방 도시로 전근하게 되면 아버지만 혼자 지방으로 내려가 소위 주말부부의 고통을 감내하고 있지 않은가. 여기서 우리가 소위 교육 이민을 포함한 조기 유학 현상을 그 오랜 한국적 교육 열풍이 세계화 바람을 타고 유학의 영역을 확대한 것이라고 하면 사태를 지나치게 단순화한 것으로 치부당할 것인지.

물론 우리는 이 사태를 그대로 방치할 수는 없다. 그러면 이 현상의 원인과 처방은 무엇인가. 그 원인은 한마디로 과열된 교육열이다. 지나친 교육열이 사회적 병리 현상으로 나타난 것이다. 그리고 이 과열된 교육열은 우리 사회를 무겁게 지배하고 있는 학벌주의에 연유한다. 따라서 학벌주의에 대한 과감한 수술에서 이 문제의 해법을 찾아야 할 것이다. 우리나라에는 하나의 대학만 있다고 한다. 그 대학 출신들이 우리 사회의 요직들을 독식하고 있다는 것이다. 대학 졸업 후의 그 긴 세월 동안에 생길 수 있는 인간 능력의 변화를 수용하려 하지 않는 사회라는 것이다. 그래서 그 대학에 들어가지 못할 바엔 '차라리 떠나자'는 심리가 생긴다는 것이다.

그러면 이 학벌주의라는 사회적 병리를 어떻게 치료할 것인가. 이를 위해서는 가치를 다양화하고 사회를 다원화하면서, 경쟁 관계에 있는 열 개 정도의 명문 대학을 만들고 그 대학들을 세계적 수준의 경쟁력 있는 대학으로 육성해나가야 한다. 1990년 이후 우리 사회에서 진행되고 있는 일련의 개혁 조치들의 기본 철학은 우리 사회를 유연하고 횡적으로 다원화된 사회로 만들자는 것으로 안다. 그리고 현재 우리 사회는 그 방향으로 변화되어가고 있으며, 그러한 사회적 변화 속에서 우리의 교육적 병리 현상도 함께 치유될 것으로 기대한다.

## 교육 패러다임을 바꾸자

　우리는 정보 사회에 깊숙이 들어서 있다. 정보 사회는 산업 사회와는 전혀 다른 사회다. 이제 우리는 산업 사회적 사고와 행태, 관행, 제도, 생산 양태를 과감히 청산하고 정보 사회적인 것으로 바꾸어야 한다. 1990년대에 들어 우리 사회에서 진행되고 있는 일련의 개혁과 그것에 따른 고통은 사회적 전환에 따른 불가피한 과정으로 이해되어야 할 것이다. 우리는 이 문명사적 전환기에 구각을 털고 새 틀을 짜는 일에 실기해서는 안 된다. 그것은 우리 후손들에게 더 많은 고통을 안기는 일이 되기 때문이다.
　오늘 우리 교육에 문제가 많다고 한다. 교육이 이대로는 안 된다는 것이다. 교육을 근본적으로 고치지 않으면 희망이 없다고 한다. 우리는 교육에 관한 이러한 비판적 목소리를 크게 보면, 산업 사회적 교육에서 정보 사회적 교육으로

빨리 전환하라는 독촉으로 이해해야 한다.

지난 50년간의 우리 교육이 산업화에 크게 기여하였음은 주지의 사실이다. 구미의 제국들이 200년에 걸쳐 이룩한 산업화를 불과 30년 만에 성취한 것이 교육의 힘에 의한 것이기 때문이다. 교육이 산업화 과정에서 견인차 역할을 하였음은 마땅히 인정되어야 한다. 그런데 어느 날 갑자기 교육이 그동안 아무 일도 하지 않은 것으로, 마치 나라를 망친 장본인인 양 매도하는 것은 섭섭한 일이요 지양되어야 할 일이 아닐 수 없다.

그러나 이제 교육, 이대로는 안 된다. 산업 사회적 교육의 틀을 과감히 털어버려야 한다. 지금 진행되고 있는 교육 개혁이 바로 그것을 위한 것이라고 할 수 있다. 그러나 그 개혁은 지난 50년간의 교육적 관행과 그 세력들 때문에 난관에 부딪혀 있다. 하지만 우리는 교육의 틀을 바꾸어야 한다. 그러면 산업 사회적 교육이란 어떤 것인가. 산업 사회는 대량 생산을 그 특징으로 한다. 소품종 대량 생산이 산업 사회적 생산 양태였다. 사람들에게 같은 모양의 옷을 입히고, 동일한 형태의 집에서 살게 하고, 같은 성능의 라디오를 갖게 한다. 개성을 무시한 채 인간을 대중화하는 것이다. 이와 궤도를 같이하여 산업 사회적 교육도 질보다는 양에 치중한 대량 교육이었다. 개인의 재능과 특징을 무시한 교육, 보편 교육이란 이름으로 진행된 대중 교육이었다. 어쩌면 이것은 그 당시로서는 불가피한 일이었는지 모른다. 무에서 출발한 대학들은 건물을 짓고 캠퍼스를 조성하는 일에 투자할 수밖에 없었고, 1960년대 이후 산업화가 성장 위주로 확대되는 과정에서 대학생의 공급이 수요를 따르지 못했기 때문에 많은 대학생을 양산할 수밖에 없었는지 모른다. 그러나 이제는 다르다. 지식 기반 사회에서는 결코 산업 사회적 교육을 답습해서는 안 된다.

본래 교육은 개별 교육으로 시작했다. 우리의 서당 교육이 개별 교육이었고, 12세기경 서구에서 대학이 시작될 때도 개별 교육에 기초한 것이었다. 소수의 교수와 학생들이 한 집에서 기거하고 생활하면서 교육했기 때문이다. 그리고 19세기 중반까지 서구에서 성행했던 가정교사에 의한 교육도 개별 교육이었다. 그러나 19세기 중반 이후 교육이 공교육화하면서 일 대 다라는 다수 교육으로 변질되었다. 다수 교육은 학교의 문을 넓혀 교육 기회를 확대하는 장점을 지녔지만, 그러나 인간의 개별성을 무시하는 교육이요, 따라오는 소수의 학생만 끌고 가고 따라오지 못하는 많은 학생들을 내버리는 교육이기도 하다.

그리고 산업 사회와는 달리 정보 사회에서의 생산은 다품종 소량 생산을 그 특징으로 한다. 대중을 의식하기보다는 개인을 의식하고 존중하는 생산 방식이다. 사람에 따라 다른 제품, 그 사람에 맞는 상품의 생산을 지향한다. 양이 아니고 질에 승부를 걸고 질에서 경쟁력을 구한다. 동일한 맥락에서 정보 사회에서의 교육도 개별 교육에 기초해야 한다. 교육의 원형으로 돌아가야 하는 것이다. 교사와 학생 사이에 대화가 있고 질의응답이 있고 인격적 교감이 있는 그러한 교육으로 되어야 한다. 수업 방식도 교사에서 학생으로의 일방통행이 아니고, 교실에서 학생들도 머리를 창의적으로 써야 하는 쌍방통행으로 바뀌어야 하는 것이다.

  이제 우리는 개별 교육에 기초한 정보 사회적 교육으로 교육의 틀을 새로 짜야 한다. 이것만이 교육을 살리는 길이요 교육에 희망을 걸 수 있는 방책이기 때문이다.

# 고등학교 철학 교육

　요즈음 고등학교 학생들에게 철학 교육을 시켜야 한다는 얘기가 화두로 되고 있다. 정부의 이러한 결정에 국민들도 대체로 긍정적인 반응을 보이고 있는 것 같다. 1950년대 초 내가 고등학교에 다닐 때는 논리학이나 윤리학 같은 철학 과목이 고등학교 교과 과정에 개설되어 있었다. 나는 그때 배운 논리학과 윤리학 덕택으로 아직도 논리학이 사고의 방법을 가르치는 학문이요, 사고는 정확해야 한다는 의식에 젖어 있으며, 윤리학을 통해 선(善)이란 무엇인가라는 생각을 하게 되고, 철학자들이 인간 행위의 기본 원리로 내놓은 덕목들을 기억하곤 한다. 그런데 이러한 철학 과목들이 어떤 이유로 고등학교 교과 과정에서 제외되었는지는 알 수 없으나, 이번에 다시 살아나게 되었다니 우선 다행이 아닐 수 없다.

그러나 나는 여기서 한 가지 염려스러운 점을 지적하지 않을 수 없다. 정부에서는 내년 봄부터 고등학교 학생들에게 철학 교육을 시키겠다고 말하고 있지만, 사실은 수년 전부터 고등학교에는 그러한 길이 열려 있었다. 다만 고등학교에서 철학을 포함한 선택 과목에 열을 올리지 않고 있었을 뿐이다. 수년 전 정부에서는 고등학교 특성을 전혀 고려함이 없이 고등학교 교과 과정을 획일화한 일이 있다. 이에 주로 종교계 고등학교장들이 학교 설립 정신에 따라 종교 과목들을 선택 과목으로 교육할 수 있도록 정부에 건의한 바 있다.

정부에서는 이 건의를 받아들이면서 모든 고등학교로 하여금 종교 과목 또는 논리학, 윤리학, 심리학 등 철학 과목들을 선택 과목으로 개설할 수 있도록 허용한 바 있다. 그러나 정부의 이러한 결정에도 불구하고 종교계 고등학교를 제외한 다른 일반 고등학교에서는 졸업생을 한 명이라도 더 많이 명문 대학에 진학시키려는 실적에 매달려 주어진 선택 과목을 외면한 채 그 시간을 영어나 수학 시간으로 대체하고 있는 실정이다.

따라서 이번에 정부에서 어떤 장치를 마련할지 모르지만, 대학 입시에 반영되지 않는 상태에서 철학 교육이 어느 정도의 실효를 거둘 수 있을지 적이 걱정스럽지 않을 수 없다.

그러면 철학 교육에서 우리는 어떠한 성과를 기대할 수 있는가. 우선 우리는 철학 교육을 통해 학생들에게 생각하는 습성을 기를 수 있을 것이다. 생각 없이 감각적으로 부딪히는 젊은이, 그리하여 많은 시행착오를 빚어내는 젊은이들에게 생각하는 습성을 길러준다면 철학은 얼마나 큰일을 하겠는가. 시간이 나면 그 시간을 차분히 생각하는 시간으로, 어떤 주제를 깊이 생각하는 시간으로 삼는 젊은이로 된다면 그 얼마나 바람직한 일이겠는가. 철학은 스스로 생각하게 하는 학문이다.

다음으로, 철학 교육을 통해 논리적이고 합리적으로 사고하는 능력을 길러주게 될 것이다. 생각의 앞뒤가 어떻게 어긋났는지도 모르고, 자기 생각 속에 담긴 모순을 인식하지도 못하는 젊은이들의 행동에서 합리성을 구하기는 어려울 것이다. 생각이 논리적으로 전개되지 않을 때 우리는 결코 합리적인 행동을 기대할 수 없는 것이다. 논리학은 스스로 자기 생각을 교통 정리하게 만드는 능력을 길러주는 학문이다.

또한 우리는 철학 교육을 통해 사물을 보는 시각을 길러주게 될 것이다. 사람은 흔히 다른 사람들과 시각을 같이하여 다른 사람이 보는 대로 사물을 보게 된다. 그러나 사회의 구성원들이 모두 같은 시각을 갖게 되면 그 사회는 정지된 사회요, 그러한 사회에서는 발전을 기대할 수 없게 된다. 철학의 역사는 철학자들이 시각을 어떻게 달리해왔는가를 보여주고 있다. 그러나 새로운 시각은 그냥 생기는 것이 아니고 사물을 비판적이고 창의적으로 보게 하는 철학적 훈련을 통해 생겨나게 되는 것이다.

우리의 젊은이들이 철학 교육을 통해 생각하는 습성을 갖게 되고, 합리적으로 사고하게 되며, 자기 시각을 만드는 능력을 갖게 된다면, 우리 사회는 문화적으로 크게 성숙될 것이다.

## 정보 사회 짚어보기

　우리는 정보 사회에 깊숙이 진입해 있다. 이제 정보 사회는 돌이킬 수 없는 역사적 진행으로 보인다. 우리 사회에 네티즌의 수가 2500만에 육박하였고, 정부 기관은 물론이요 대학과 기업체의 행정 업무가 상당한 수준으로 정보화되었으며, 전자 상거래도 날로 성행해가는 것이 이를 말해주고 있다.

　현재 우리나라는 정보화에서는 세계 굴지의 국가로 앞서 있다. 지난 세기 산업화에 뒤져 당한 수모를 되풀이하지 않기 위해 '정보화에서는 앞서보자'는 슬로건이 주효했던 것으로 보이며, 이를 위한 정부의 노력도 컸던 것으로 안다. 네티즌의 수와 PC 보급률, 초고속 정보통신망 구축 등에서 단연코 앞서 있다고 한다.

　그러나 이제 우리는 정보화의 초기적 흥분과 감격에서 벗어나야 한다. 정보화 확산의 논리에 매진할 때만은 아니다. 우리의 정보화 상황을 점검하면서 그 현상을 진단할 때가 된 것이다. 정보화가 건전하게 진행되고 있는지, 정보화가 어떤 부작용을 낳고 있는지 살펴야 할 때에 이른 것이다.

산이 높으면 계곡이 깊고, 햇빛이 밝으면 그늘이 짙기 마련이다. 모든 것에는 양면과 표리가 있기 마련이다. 우리는 밝은 면만 보아서는 안 되고 어두운 면도 보아야 하고, 그 그늘진 면을 줄여나가야 한다. 우리는 정보 혁명의 총아가 인터넷임을 안다. 인터넷이 놀라운 기능을 수행하고 있음도 안다. 인터넷상의 사이버 공간은 무한 공간이다. 무한한 공간에 대한 인간의 오랜 꿈을 실현시키고 있는 것이다. 그리고 인터넷은 정보의 전달을 거리에 관계없이 어디에나 동시적으로 수행하고 있다. 지금까지 우리는 시간과 거리가 비례하는 세계에서 살아왔다. 먼 곳에는 시간이 많이 걸리고 가까운 곳에는 시간이 적게 걸렸다. 그러나 인터넷으로 이메일을 보내보면 그것이 거리의 멀고 가까움에 상관없이 '동시적'으로 전달됨을 보게 된다. 인터넷은 시간의 제한성을 극복하였다. 한마디로 인터넷은 우리에게 무한한 공간을 제공하였고, 동시적 시간을 제공하였다. 시간과 공간의 제한성을 극복한 것이다. 이러한 의미에서 우리는 정보 통신 혁명을 시간과 공간의 제한성을 극복한 혁명이라고 하는데, 그 혁명을 주도하고 있는 것이 바로 인터넷인 것이다.

그러나 인터넷에는 순기능만 있는 것이 아니고 역기능도 있다. 이제 우리는 인터넷의 순기능에 감탄만 할 것이 아니고, 그 역기능에 눈을 돌려 그것을 줄이는 노력을 할 때다.

그래야만 정보 사회가 바른 방향으로 진행될 수 있기 때문이다. 우리는 현재 세계적으로 인터넷 사용자 수가 3억 5000만 명을 넘어섰음을 안다. 그리고 인터넷 세계가 장벽 없이 전 세계로 무한히 열려 있는 세계임을 안다. 따라서 인터넷상의 사이버 공간은 세계에서 가장 크고 거래가 활발한 세계적 시장으로 되었고, 상업성이 개재되면서 건전한 상품만이 아니고 불건전한 상품도 거래되고 있음을 안다. 인터넷이라는 정보의 바다에는 건전한 정보만이 아니라 불건전 정보가 있으며, 건전한 정보보다는 오히려 불건전한 정보가 날로 활발하게 진행되면서 정보의 바다가 급속히 오염되고 있다.

우리나라가 정보 강국이 되기 위해서는 네티즌의 수를 늘이고 PC 보급을 확대하고 초고속정보망을 확충하는 일도 중요하지만, 그것에 못지않게 우리 네티즌들로 하여금 건전한 정보와 학구적 정보에 접속하도록 해야 한다. 우리 네티즌들이 건전한 정보의 바다에서 살지 않고 불건전한 정보의 바다에서 논다면, 정보화가 진척될수록 우리 사회는 건강을 잃게 될 것이요 경쟁력을 발휘할 수 없을 것이다. 한마디로 정보 강국의 길은 정보의 양보다는 질에 있다는 것을 깊이 명심할 필요가 있다.

여기서 우리가 주목해야 할 일은 우리나라 네티즌들의 대부분이 십대 청소년들이라는 사실이다. 청소년들은 감수성이 예민하고 호기심이 많고 모방적이고 모험적이다. 그리고 불건전한 음란물이나 폭력물을 자제하거나 소화할 만큼 정신적으로 성숙하지 못하다. 그래서 현실 사회에서는 청소년들을 보호하기 위해 그런 공연물이나 장소로부터 그들을 격리시킨다. 청소년들에게 영향을 미치는 점에서는 현실 공간과 사이버 공간이 별개의 것이 아니다. 따라서 청소년들을 보호하고 건전하게 성장시키기 위해 우리는 사이버 공간에서도 필요한 지도와 보호 장치를 마련해야 하는 것이다.

나라의 장래는 청소년들에게 있고 청소년을 보면 그 나라의 미래를 알 수 있다는 말이 있다. 우리는 우리의 청소년들을 밝고 건전하게 성장시켜야 한다. 이를 위해 가장 시급한 일 중의 하나가 바로 정보의 바다를 깨끗하게 하는 일이요, 우리의 청소년들이 건전한 정보에만 접속하도록 하는 일이다. 그러면 어떻게 해야 하는가.

첫째로, 학부모들이 인터넷이라는 정보의 바다에 어떤 유해한 정보들이 있는가를 알아야 하고, 그 심각성을 깊이 인지해야 한다. 그러기 위해서는 인터넷을 사용할 수 있어야 한다.

둘째로, 청소년들에게 인터넷 사용법과 함께 정보 통신 윤리 교육을 병행해야 한다. 현실 사회에만 윤리가 있는 것이 아니고 사이버 공간에도 윤리가 있음을 알게 해주어야 한다.

셋째로, 인터넷에 건전한 사이트를 많이 마련해야 한다. 곧, 유익하고 재미있는 콘텐츠를 많이 마련해야 한다.

넷째로, 청소년들이 가능하면 많은 시간을 인터넷이 아닌 바깥에서, 밝은 햇빛 아래서 심신을 단련할 수 있도록 해야 한다. 산과 들에서, 공원과 문화센터에서, 건전한 음악회와 미술관에서 건강한 신체와 건전한 정신을 연마할 수 있도록 해야 한다. 사회 문화를 건전하게 해야 하는 것이다.

다섯째로, 정보제공자의 사회적 책임을 고취하는 교육이 필요하다. 정보사업자의 건전한 국가관, 책임 있는 사업관, 청소년들에 대한 애정을 더 높이는 정신 교육이 절실히 요청된다.

나라의 장래와 국가의 경쟁력은 그 나라의 미래를 책임질 청소년들이 얼마나 건전한 정보에 접속하느냐에 달려 있다. 따라서 건전한 정보 사회의 구현을 위해서는 청소년들이 건전한 정보의 바다에서 놀 수 있도록 지도하고 교육하고, 어떤 범위를 벗어나지 못하도록 여러 가지 기술적 제도적 장치를 마련하는 일이 매우 긴요하다. 이제 우리는 그러한 시점에 서 있다.

# 외면 받는 대학 교육

한국의 대학 교육이 외면당하고 있다. 대학 교육뿐 아니라 교육 전반이 국민으로부터 외면당하고 있다. 초·중·고 학생들의 조기 유학으로 '기러기아빠'라는 용어가 기승을 부리고 있다. 우수한 대학 졸업생들이 국내 대학원을 외면하고 외국 대학원으로 유학하는 통에 국내 대학원이 사실상 활기를 잃은 채 공동화되고 있다. 대학 교육을 시작한 지 60년이 된 오늘날 왜 이 지경으로 되었는지, 대학 교육을 중심으로 그 요인을 진단해보기로 한다.

한국의 대학 교육은 1945년 이후 본격적으로 시작되었다. 그러나 대학 교육이 자리를 잡으려 할 지음에 6·25사변으로 국토가 황폐화되어 대학은 가난의 멍에를 업고 출발할 수밖에 없었다. 1950년대의 대학 교육은 글자 그대로 무에서 시작되었다. 건물도 도서관의 장서도 실험 기자재도 극히 빈약하였다. 교수들도 대부분 학사 학위 소지자였으며, 박사 학위 소지자는 극소수여서 하늘의 별처럼 빛나보였다. 그러나 그때의 교수들은 교육에 대한 신념과 열의로 가득하였고, 학생들은 자부심을 갖고 학업에 열중하였으며, 교수와 학생은 모두 대학 교육의 미래에 대해 큰 기대를 안고 있었다. 머지않아 2000년대에는 대학 교육이 세계적 수준에 이를 것이라는.

그때에 비하면 지금의 교육 환경은 엄청나게 개선되었다. 대학의 캠퍼스는 번듯하게 조성되었고, 건물들도 즐비하게 들어섰으며, 도서관의 장서와 실험 기자재도 부족하지 않을 정도로 갖추어졌다. 교수들도 거의 100%가 박사 학위, 그것도 세계적인 명문 대학의 박사 학위 소지자로 되었다.

그런대 무엇이 문제며, 왜 대학 교육이 외면당하고 있는가. 그 요인으로 크게 다음 네 가지를 짚을 수 있다.

첫째, 대학 정원의 대폭적 팽창으로 대학 교육이 엘리트 교육에서 대중 교육을 지나 보편 교육으로 되면서 질적으로 크게 저하되었다. 한국의 대학 교육은 1979년까지는 엘리트 교육(대학 지망자의 15% 이내)을 지향하고 있었다. 1981년의 자율화 정책으로 대학 정원이 대폭적으로 증원되면서 대학 교육이 대중 교육(대학 지망자의 50% 이내)으로 되었고, 문민정부 때 대학 설립 준칙주의가 시행되고, 국민의 정부 때 대학에 가려는 사람은 모두 대학에 갈 수 있게 해야 한다면서 대학의 문을 활짝 열어 대학 교육이 보편 교육(대학 지망자의 50% 이상)으로 되었다. 이러한 과정을 통해 대학 교육은 1979년을 정점으로 계속 질적으로 저하되었던 것이다.

둘째, 대학의 문이 넓어지면서 대학의 학사, 석사, 박사 학위의 신인도가 추락하게 된다. 학사 학위의 신인도는 대학 교육이 보편 교육으로 되면서, 석사 학위의 신인도는 특수 대학원에서 석사 학위를 양산하면서, 박사 학위의 신인도는 1997년 특수 대학원 석사 학위 소지자에게 대학원 박사 학위 과정에 진학할 수 있는 자격을 주면서 추락하게 되었다. 사태를 더욱 악화시킨 것은 각 대학의 대학원에서 박사 학위를 양산하게 되고 대학 교수 채용에서 국내 박사가 외국 박사에 밀려 교수로 임용되지 못하자, 우수한 대학 졸업생들이 국내 대학원을 외면하고 외국 대학원으로 발걸음을 옮기게 되어 국내 대학원은 활기를 잃게 된 것이다.

셋째, 경제 성장으로 1980년대 국민소득이 8000달러에 이르고 2000년대에 1만 달러를 기록하면서, 그리고 1990년대 중반부터 불기 시작한 세계화 바람이 사람들의 눈을 밖으로 향하게 하고 눈높이를 높이면서, 국민들이 교육의 광장을 국내로 제한하지 않고 외국으로 넓혀 조기 유학의 바람을 일으키면서 우리 대학 교육이 외면당하게 된 것이다.

넷째, 한국의 대학은 지난 60년 동안 양적으로 팽창하고 외형을 갖추는 일에 급급했을 뿐, 교육을 질적으로 심화하고 내용을 다듬는 일에 소홀했으며, 교육적으로는 1950년대의 그것에서 크게 벗어나지 못하였기 때문에 국민들의 높아진 눈높이를 따라잡지 못했던 것이다.

이제 대학이 외면당하지 않으려면 어떻게 해야 하는가. 국민들의 시선과 관심을 우리의 대학으로 돌리려면 어떻게 해야 하는가. 그 처방으로 다음의 둘을 들 수 있다. 하나는 평준화의 틀을 깨야 한다. 교육의 기회는 평등해야 하지만, 교육은 능력에 따른 교육을 해야 한다. 우리는 고등학교 교육이 망가진 이유, 학교에서는 잠자고 학원에 가서 공부한다는 말이 나오게 된 것이 1973년에 단행한 고등학교 평준화 정책에서 연유함을 익히 알고 있다. 능력이 다른 학생들을 모아놓은 교실에서는 가르치는 일도 배우는 일도 불가능하게 되고, 가르침이 없고 배움이 없는 곳에 사랑과 존경이 있을 수 없는 것이다.

둘째로는 대학을 자율화해야 한다. 역사적으로 대학은 그 출발에서부터 자치 기관이었고 자유를 이념으로 하였다. 자치와 자유에서만 학문의 창의성이 발휘될 수 있기 때문이다. 대학을 자율화한다는 말은 정부가 대학에 손을 떼고 대학으로 하여금 스스로 제 갈 길을 가게 하는 것이다. 대학을 자율화하면 특색 있는 대학, 경쟁력 있는 대학, 도태되는 대학이 생기게 된다. 독일과 프랑스 등 유럽 대학들이 경쟁력에서 미국 대학들에게 뒤지는 이유가 바로 국가가 간섭하기 때문이다.

우리나라에 몇몇 세계적인 대학이 나올 수 있게 하기 위해서는, 그리하여 국민의 눈을 다시 우리 대학으로 돌리게 하기 위해서는 대학을 자율화해야 한다. 우리 대학들이 특색을 살리고 경쟁력을 발휘하면서 세계적인 대학으로 우뚝 서게 될 때 한국 대학은 외면당하는 대학에서 관심의 초점이 되는 대학으로 거듭나게 될 것이다.

# 제 6 장
# 당신에게 이르는 길고도 먼 길

## 크리스마스, 눈을 녹이는 등불

    12월은 크리스마스의 계절이다. 차갑고 메마른 겨울에 가슴적시는 따뜻한 크리스마스가 있다는 것은 고맙고 신기한 일이다. 거리에는 벌써 크리스마스 캐럴이 들리고 크리스마스카드가 우리의 눈길을 끈다. 크리스마스가 성큼 우리 앞에 다가선 것이다.

    나는 크리스마스 철이 될 때마다 미국 애틀랜타에서 맞은 크리스마스를 잊을 수가 없다. 그들은 추수감사절에서 크리스마스에 이르는 한 달 동안 창문에는 점멸하는 오색 전등으로, 문에는 붉은 리본으로 장식된 둥근 월계관으로 아름답게 꾸며 크리스마스를 거룩하고 기쁘게 맞이한다. 이웃끼리는 서로 정다운 표정과 밝은 미소로 "메리 크리스마스"를 교환한다. 그들에게 크리스마스는 하나의 연중행사에 그치는 것이 아니고, 생활 속에 깊이 뿌리박혀 있는 것으로 보였다.

크리스마스는 예수께서 탄생하신 날이다. 그러나 거기에는 그 이상의 의미가 있다. 하나님께서 인간의 죄를 사하시기 위해 당신의 외아들 예수를 지상으로 보내신 날이요, 인간에 대한 당신의 지극하신 사랑을 실천하신 날이기 때문이다. 크리스마스를 맞아 우리는 하나님의 사랑에 감사하면서 그 감사를 이웃에게 실천해야 한다. 우리의 눈을 안에서 밖으로, 자기에서 타인으로 돌려야 한다. 이것이 크리스마스가 우리에게 주는 메시지다.

우리의 눈을 밖으로 이웃으로 돌리면 거기에 사랑의 손길을 기다리는 작은 손들과 야윈 손들이 많이 있음을 보게 된다. 우리의 작은 손길이 큰 손으로 되고, 우리의 작은 사랑이 큰 사랑으로 됨을 알게 된다. 사랑은 이론이 아니고 실천이요 머리가 아니고 가슴이며 말이 아니고 행동이다. 사랑은 행동과 가슴과 실천을 통해서만 빛날 수 있다. 이번 크리스마스에는 우리의 눈을 밖으로 던져보자. 그리고 우리의 손을 이웃으로 뻗어보자. 그러면 우리의 손길은 사회를 하나로 묶는 끈이 될 것이고, 우리의 눈길은 사회를 따뜻하게 하는 등불이 될 것이다.

금년 크리스마스가 세모의 바쁜 걸음에 휩쓸리지 않고, 우리의 발길이 구세군의 자선냄비에 멈추고, 우리의 손길이 이웃돕기에 멈추는 그러한 크리스마스가 되었으면 한다. 그리하여 크리스마스를 기다리는 많은 사람들이 금년 크리스마스를 기쁘고 따뜻하게 보내게 되기를 기원한다.

## 욕심을 버리는 계절

 가을이 깊어가고 있다. 무성했던 나뭇잎들이 형형색색으로 단풍들더니 이젠 낙엽으로 땅에 뒹굴고 나무는 나목으로 겨울을 준비하고 있다. 나무는 자기를 버리면서 자연에 순응하고 있다. 이러한 가을 속에서 우리는 문득 다시 한 해가 저물고 있음을 깨닫게 되고, 지난날들을 되돌아보며 욕심의 덧없음을 깨닫게 된다. 이것이 가을이 주는 교훈이다.
 우리는 욕심을 줄여라, 욕심을 버리라는 말을 많이 듣게 된다. 이 점에서는 철학과 종교는 합일되고 있다. 철인 소크라테스는 육신의 사슬에서 벗어나야 진리를 볼 수 있다고 하였고, 철인 에피쿠로스도 행복은 성취를 욕망으로 나눈 값인데, 욕망을 줄이면 적은 성취에서도 큰 행복을 느낄 수 있다고 했다. 하나님의 말씀 야고보서(1 : 14-15)에서도 욕심이 우리를 시험에 들게 하고, 우리를 번뇌케 한다 하였고,

"욕심이 잉태한즉 죄를 낳고 죄가 장성한즉 사망을 낳는다"고 하였다. 그러면 욕심을 줄여라, 욕심을 버리라는 이 만고의 진리가 오늘도 되풀이 되고 있는 이유는 무엇이며, 해마다 가을이 솔선수범하고 있는 이 교훈을 실천하지 못하는 사유는 무엇인가. 인간이 자기 확대를 기본 욕구로 하는 생체(生体)이기 때문인가, 아니면 욕심의 한계를 각자 다르게 설정하기 때문인가. 욕망의 한계를 설정하느라고 번민하는 과정이 인생인지, 영원한 숙제가 아닐 수 없다.

우리는 욕심이 죄를 낳고 죄가 사망을 낳음을 설파하는 교회에서도 때로는 욕망의 사슬에 갇혀 있음을 보게 된다. 신도의 수를 늘이기 위해 안간힘을 쓰는 모습이 그것이다. 큰 교회들이 이 일에 앞장서고 있으니, 먼저 그 욕심에서 벗어났으면 한다. 교회를 크고 호화롭게 확장하는 일도 그렇다. 교회는 신도가 서로 타인이 아니고 지인으로 교통할 수 있고 교감할 수 있는 작은 교회라야 하지 않은지. 더욱 우리의 마음을 상하게 하는 것은 교회를 대물림하려는 현상이다. 그것도 작은 교회가 아니고 큰 교회일수록 심하니 걱정스런 일이 아닐 수 없다.

깊어가는 가을에, 차가운 겨울을 맞이하기 위해 모든 것을 벗어던지고 겸손하게 서 있는 나무 앞에서, 다시 한 번 내가 욕심의 어느 선에 서 있는지를 깊이 반성해보았으면 한다.

# 신도가 서로 교통하는 교회

'학생 만 명이 넘는 대학은 대학이 아니라'는 말이 있다. 미국의 소위 명문 대학들은 이 오래된 교육 철학을 꾸준히 지켜나가고 있다. 대학이 너무 커서는 교육 기능을 제대로 수행할 수 없다는 것이다. 대학의 전통을 유지하기도 어렵고, 대학의 이념을 구현하기도 힘들게 된다는 것이다. 교수와 학생 사이는 물론이고 학생 사이와 교수 사이에서도 서로 교통하는 일이 어렵게 되며, 이렇게 되어서는 진정한 의미의 교육이 이루어질 수 없다는 것이다. 미국의 대학들이 '작은 것이 아름답다'는 철학을 꾸준히 유지하고 있는 데서 미국의 힘, 미국의 경쟁력이 나오고 있지 않나 생각된다.

요즈음 한국 교회들이 교회 키우기와 세 불리기에 열을 올리고 있는 것은 결코 바람직한 현상이 아니라고 본다. 더구나 큰 교회가 좋은 교회이고 큰 교회 목사가 능력 있는 목사라는 등식은 위험한 시각이 아닐 수 없다. 유럽과 미국의 교회들이 지금 거대하고 웅장한 건물만 남긴 채 빈집으로 전락하고 있는 데는 여러 가지 사회 경제적 원인들이 있겠지만, 교회가 커지면서 신도들이 서로 교통하는 일이 어렵게 된 것이 그 주요한 요인이 아닌가 생각된다.

　우리는 혼자서도 기도할 수 있고 성경을 읽을 수 있다. 그리고 교회가 아닌 데서도 성가를 부를 수 있고 이름난 목사님의 말씀을 테이프를 통해 들을 수 있다. 특히 요즈음엔 '기독교TV'를 통해 말씀 잘하는 목사님들의 설교와 강연을 얼마든지 들을 수 있다. 그러나 신도가 서로 교통하는 일만은 교회가 아니고선 불가능하다. 우리는 이 점에 깊이 유의할 필요가 있다. 거대한 현대 사회 속에서 날로 외톨이로 되고 있는 개인들이 교회의 수많은 교인들 속에서 아무런 주목도 받지 못하고 아무 일도 하지 못한 채 이방인처럼 앉아 있다가 혼자서 외롭게 걸어나가게 된다면, 그리고 그것이 반복된다면 교회로 향하는 발걸음이 결코 가벼울 수 없을 것이다. 소속감을 느낄 수 있는 따뜻한 교회, 참여할 수 있는 교회, 신도들이 서로 교통하는 그러한 작은 교회만이 언제나 사람들과 함께 하는 교회로 살아남게 될 것이다.

## 한 번 장로면 영원한 장로인가

 교회를 사회의 소금이라고 한다. 그리고 소금이 그 맛을 잃으면 어찌 소금이라 할 수 있겠느냐고 한다. 소금의 맛은 짜다. 따라서 교회도 짜야 한다. '짜다'라는 말에는 자기에게 엄격하고 가혹해야 한다는 뜻이 담겨 있다. 따라서 교회는 자기에게 엄격해야 한다. 그래야만 교회가 소금이 될 수 있고 소금의 맛을 잃지 않게 되는 것이다.
 교회의 신도들에겐 직분들이 있다. 물론 평신도도 하나의 직분이다. 평신도도 자기 직분에 충실해야 한다. 그리고 집사, 권사, 장로라는 직분이 있다. 그 중에서도 장로의 직분은 매우 중요하다. 가장 높은 직분이라 하고, 하나님에 의하여 선택된 직분이라고도 한다. 따라서 부족한 죄인으로서는 장로의 직분을 맡는 일은 송구스런 일이요 과분한 일이 아닐 수 없다. 감히 장로랍시고 고개를 들거나 내세울 일이 아닌 것이다. 그런데 장로들의 행태를 분석해보면 크게 다음 세 갈래로 구분된다. 말없이 표가 나지 않게 자기 직분에 충실한 장로, 장로라는 이름만 걸어놓았을 뿐 전혀 직분에 참여하지 않는 무성의한 장로, 장로가 무슨 벼슬이나 되는 듯 겉으로 으스대는 장로, 그 장로 보기 싫어 교회에 나가기 싫다는 말이 나도는 그러한 장로. 물론 첫 번째 유형의 장로는 진정한 장로이고 그러한 장로는 많을수록 좋을 것이다. 그러나 두 번째와 세 번째 유형의 장로들은 스스로 물러남이 마땅하고, 교회의 짠맛을 보여주어야 할 장로가 아닐 수 없다.

그러나 인간은 사람에 의한 지배보다는 법에 의한 지배를 선호한다. 사람에 의한 지배는 자존심을 자극하지만 법에 의한 지배는 명분을 주기 때문이다. 따라서 교회가 자기에게 엄격하기 위해, 그리고 불성실하거나 으스대는 장로들에게 짠맛을 보여주기 위해서는 장로에 정년제와 기간제를 병행하는 것이 바람직하다. 10년을 기간제로 하고 70세를 정년제로 하는 것을 깊이 있게 검토해보았으면 한다. 아무리 성실한 장로라도 10년 이상의 봉사는 본인을 위해서나 다른 교인들을 위해서도 바람직한 일이 아니기 때문이다.

## 교회도 변해야 산다

　모든 것은 변한다. 세상에 변하지 않는 것은 없다. 변화를 강조한 철학자 헤라클레이토스는 변한다는 것만이 불변의 진리라고 하였다. 그러나 중요한 일은 변화를 인지하는 데 있는 것이 아니고 그것을 수용하면서 그것에 대응하는 일이다. 변하거나 말거나 나는 모른다고 일관하는 것은 안 되고, 변화에 적절히 대응해야만 살아남을 수 있다. 여기서 우리는 지난 세기에 공산주의와 자본주의가 변화에 대처한 모습을 예로 들 수 있다. 공산주의는 어떤 비판도 용납하지 않은 채 시대의 변화를 외면해왔기 때문에 망할 수밖에 없었고, 이에 반하여 자본주의는 공산주의의 비판에 끊임없이 자기 수정을 가해왔기 때문에, 다른 말로는 시대의 변화에 적절히 대처하였기 때문에 오늘도 살아남을 수 있었다는 것이다. 한마디로 변화는 피할 수 없는 현실이요 그 변화에 대응하는 일이 생존의 길이라는 것이다.

따라서 교회도 변해야 한다. 물론 교회도 많이 변해온 것이 사실이다. 우선 교회 건물이 대형화되고 고급화되었다. 크리스마스카드의 그 흰 눈 속에 파묻힌 아담하고 작은 교회와는 격세지감이 있다. 교회의 외형은 분명히 농촌 중심의 농경 사회적인 것에서 도시 중심의 산업 사회적인 것으로 바뀌었다. 그러나 목회 내용은 달라진 것이 별로 없는 것으로 보인다. 새벽기도회, 수요 저녁 예배, 부흥회는 언제까지 유지해야 하는 것인지. 산업 사회적 생활 리듬상 많은 신도들에 의하여 외면당할 수밖에 없는, 그러면서도 그 사람들에게 죄의식을 심어주는 그러한 행사를 전통이란 이름으로 언제까지 붙들고 있을 것인지. 인간의 삶이 급속도로 물리적 공간에서 사이버 공간으로 이행하고 있는 정보 사회에서, 아직도 농경 사회에서나 가능했던 잔재에서 벗어나지 못한다면, 어떻게 정보 사회적 변화에 대처할 수 있을 것인지.

이 밖에도 기독교의 본질에 연유한 것이 아니고 기독교가 우리 땅에 전래될 때의 우리의 구습에 연관된 일들 역시, 그러한 구습에서 벗어난 지 오래인 지금, 과감하게 벗어나야 한다. 그래야만 새 시대를 살아갈 길이 열리게 될 것이다.

## 십자가는 지는 것이다

　십자가는 바라보는 것으로 생각하는 사람들이 많은 것 같다. 십자가가 교회의 가장 높은 자리에 세워져 있고, 회당 안에서도 고개를 들어 바라보아야 할 위치에 자리하고 있기 때문일지도 모른다. 그러나 십자가는 바라보는 것이 아니고 지는 것이어야 한다. 십자가가 바라보는 것일 때 그것은 우리와 거리가 있는 것이요, 숭앙의 대상에 불과한 것으로 된다. 따라서 십자가는 지는 십자가라야 한다. 그래야만 우리와 가까이 있는 십자가, 살아 있는 적극적인 십자가로 될 수 있는 것이다.
　그러면 십자가가 지는 십자가일 때 우리가 져야 할 것은 무엇인가. 그것은 한마디로 사랑이다. 그것도 자기 사랑이 아니고 이웃 사랑이다. 자기 사랑은 자연적인 것이고 이웃 사랑은 의무적인 것이다. 십자가가 져야 할 힘들고 험한 십자가인 까닭은 의무적인 사랑인 이웃 사랑을 실천해야 하기 때문이다.

그러면 이웃을 사랑하는 일이 우리가 져야 할 만큼 그렇게도 힘들고 험한 일인가. 이웃을 그것도 겉으로가 아니고 속으로, 말로만 아니고 행동으로 사랑하는 일은 고귀한 일이요 힘든 일이 아닐 수 없다. 초기 기독교인들이 서로 진정 사랑하는 것을 보고 로마인들이 "보라. 신기하도다. 저들이 서로 사랑하고 있다"면서 놀라워하지 않았던가. 유교에서는 인(仁)이라는 사랑을 내세우고, 불교에서는 자비(慈悲)라는 사랑을 역설하고 있는 데서도 우리는 사랑의 실천이 얼마나 소중하고 험한 일인가를 인지하게 된다.

우리는 하나님에 대한 사랑을 말하고, 하나님에게 영광을 돌리라고 한다. 어떻게 하는 것이 하나님을 사랑하는 것이고 하나님에게 영광을 돌리는 일인가. 그것은 이웃을 사랑하는 일이요 이웃 사랑을 통해 구현될 수 있는 것이다. 이웃 사랑 없이는 하나님에 대한 사랑도, 하나님에게 영광을 돌리는 일도 빈말에 불과한 것이다. 나아가서 이웃을 사랑하는 사람은 따뜻하고 포근해야 한다. 오늘 우리의 교회는 포근하고 교인들에게서는 따뜻함을 느낄 수 있는가. 우리 교인들이 다른 속인들보다 따뜻하고 포근할 때 기독교는 계속해서 세인들의 시선을 끌게 될 것이고 세상의 빛으로 남게 될 것이다.

## 교회와 자본주의

 먼 거리에서 교회에 다니는 교인들이 있다. 분당에서 위험한 고속도로를 거쳐 교회에 오는 사람이 있는가 하면, 먼 인천에서 오는 교인도 있고, 심지어는 강릉에서 한 주간도 빠지지 않고 교회에 출석하는 교인도 있다고 한다. 그리고 교회에서는 가끔 이들의 교회에 대한 열성과 깊은 신앙심에 존경을 표하듯 주보를 흔들어 격려하기도 한다. 과연 이들을 격려하는 일이 바람직한 일인지.
 천주교에서는 다른 지역으로 이사하면 그 근처의 성당으로 가게 하고, 교적도 그 성당으로 보낸다고 한다. 우리 개신교에서는 왜 그렇게 하지 못하는지. 왜 은근히 위험한 고속도로를 거쳐 많은 시간을 소모하며 힘들게 그 교회로 나오게 하는지. 심지어 어떤 교회는 주일이면 버스를 돌려 교인들을 동원하고 있으니. 그것도 큰 교회들이 그렇게 하고 있으니. 어찌 작은 교회들이 존립할 수 있으며 함께 성장할 수 있을 것인지. 이것은 마치 도심의 대형 백화점들이 버스로 고객을 흡수하는 통에 변두리 구멍가게들이 문을 닫는 경우와 흡사하다 할 것이다.

오늘 우리 사회에서 날이 갈수록 큰 교회는 커지고 작은 교회는 더욱 작아지는, 부익부빈익빈 현상을 볼 때마다 교회마저 자본주의적 시장 원리에 편승하고 있는 게 아닌가 의심하지 않을 수 없다. 한때 교회는 자본주의의 올바른 성장을 위한 윤리적 기반이었다. 자본주의가 경쟁을 통해 사람을 강자와 약자로 나누고, 강자와 약자 사이의 격차가 사회적 갈등을 낳는 것을 보고, 그 자본주의의 모순을 치유하는 데 기독교 윤리가 얼마나 큰 역할을 하였던가. 이렇게 교회는 한때 자본주의의 소금이었다. 그런데 그 교회가 오늘날 자본주의의 악습을 따르고 있으니 걱정할 일이 아닐 수 없다.

교회는 하나님의 사랑을 설파하고 실천하는 곳이다. 사랑은 이웃에 대한 사랑이요, 그 이웃은 바로 우리 주변의 작고 힘없는 사람들이 아닌가. 우리 교회들이 세 불리기 경쟁을 지양하고, 큰 교회들이 앞장서서 교인들을 그 작고 힘없는 지역 교회로 돌려주는 운동에 동참해주었으면 한다.

## 하나님의 뜻을 이루는 기도

　기독교에서 기도는 가장 중요한 의식 중의 하나다. 예배가 기도로 시작해서 축도로 끝나는 데서도 기도의 중요성을 알 수 있다. 데살로니가 전서(5 : 17)에서도 '쉬지 말고 기도하라'는 구절을 읽게 되는데, 이것은 기도를 게을리 하지 말고 열심히 하라는 충고다. 그런데 흔히 교인들은 어려운 일에 처하면 열심히 기도한다. 이 어려움에서 벗어나게 해주시면 기도도 더욱 열심히 하고 교회도 열심히 나가고 하나님도 한층 성실히 믿겠다고 다짐한다. 그러나 그 일에서 풀리고 나면 다시 속인으로 돌아가는 나약함을 보이곤 하는 것이다.
　기도에는 제목이 있다. 그 제목들에 따르면 기도는 크게 둘로 나누어진다. 하나는 하나님의 뜻을 이루게 하는 기도다. 하나님을 찬양하고 하나님에 감사하는 기도, 하나님의 뜻이 이 땅에 여러 형태로 이루어지게 하는 기도다. 다른 하나는 나의 뜻을 이루어지게 해달라는 기도다. 하나님의 권능으로 나의 소원을 풀어달라는 기도다. 여기서 경계해야 할 일은 교인들의 기도가 나의 뜻을 이루는 기도로 기울고 있으며, 그러한 기도에 역점을 두는 교파에 교인들이 많이 몰린다는 사실이다. 그러나 이러한 현상이 심화되면 재앙을 멀리하고 복을 부르는 일에 마음을 쓰는 원시적 기복 신앙과 어떻게 구별될 수 있을 것인지.

여기서 우리는 기도가 하나님의 뜻을 이루게 하는 것임을 명심할 필요가 있다. 기도를 통해 나의 뜻이 이루어질 때도, 그 나의 뜻이 하나님의 뜻과 부합해서이기 때문에 하나님의 뜻이 이루어진 것인지 나의 뜻이 이루어진 것이 아닌 것이다. 예수께서도 겟세마네의 기도(마태복음, 26 : 39-44)에서 "나의 원대로 하지 마옵시고 아버지의 뜻대로 하시옵소서"라는 기도를 세 번씩이나 되풀이하고 있는데, 이에서도 기도가 하나님의 뜻을 이루게 하는 것임을 알게 된다. 모든 것이 하나님의 뜻이 이루어지는 것임을 믿을 때, 그리고 그것을 위해 기도할 때, 우리의 기도는 참된 기도가 될 것이다.

## 철학과 기독교의 변주곡

철학과 기독교는 어떤 관계에 있는가. 이 문제는 매우 흥미로운 질문으로 보인다. 어떤 이는 이 둘 사이에 밀접한 관계가 있는 것으로 볼 것이고, 다른 이는 이 둘 사이엔 아무런 관계도 없는 것으로 볼 것이다. 이 답변은 둘 다 맞는 것으로 볼 수 있다. 철학과 기독교는 가까우면서도 멀고, 멀면서도 가까운 사이에 있기 때문이다.

철학은 학문이고 기독교는 종교다. 학문은 이성에 기초하고 종교는 믿음에 기초한다. 그리고 이성과 믿음은 서로 상반된 기능을 지닌다. 이 점에서 철학과 기독교는 먼 거리에 있는 것으로 된다. 철학은 이성에 기초한다. 그리고 이성은 비판하고 의심하고 언제나 새로운 것을 추구한다. 이 사실은 철학의 역사가 잘 보여주고 있다. 플라톤의 철학은 그의 제자인 아리스토텔레스에 의하여 비판되고, 아리스토텔레스의 철학은 근대의 데카르트에 의하여 거부되며, 데카르트의 철학은 칸트에 의하여 비판되고, 칸트의 철학은 헤겔에 의하여 거부되는 식으로, 철학의 역사는 비판과 거부의 역사로 점철되면서 계속 새로운 것을 추구해나가고 있다. 그래서 어떤 이는 철학의 성격을 다음과 같은 비유로 설명하기도 한다. 구슬이 들어 있는 주머니가 있다. 그 주머니에는 하나의 진주가 들어 있을지도 모른다. 어떤 철학자가 그 주머니에서 구슬을 하나 꺼내어 이것이 '진주'라고 외친다. 그러면 사람들은 한동안 그것을 진주로 받아들인다. 그러나 얼마간의 세월이 흐른 뒤 다른 철학자가 나타나 다른 구슬을 꺼내면서 이것이 진주라고 외친다. 그러면 사람들은 한동안 그것을 진주로 받아들인다. 그러나 다시 얼마간의 세월이 흐른 뒤 다시 다른 철학자가 나타나 다른 구슬을 꺼내면서 또 진주라고 외친다. 이것의 반복이 철학이요 이것이 철학의 성격을 잘 드러낸다는 것이다.

그러나 기독교는 믿음에 기초한다. 믿음은 이성과는 상반된 것이다. 믿음은 비판하는 것이 아니고 의심하는 것도 아니며 새로운 것을 추구하는 것도 아니다. 믿음은 글자 그대로 믿고 받드는 것이다. 믿음은 어떤 것에 의존하는 것이고 어떤 것을 받아들이는 것이고 어떤 것에 맡기는 것이다. 앞서의 비유로 종교를 설명하면 이렇게 될 것이다. 어떤 종교인이 그 주머니에서 구슬을 하나 꺼내어 이것이 '진주'라고 소리치면, 모든 사람들이 그것을 진주로 받아들이고 그것을 진주로 믿고 그 진주를 따라 행동하고 살게 된다. 믿음에 의심은 금물이고 지성은 믿음에 장애일 수 있다. 이렇게 이성과 믿음은 그 기능에서 상반되기 때문에 이성에 기초한 철학과 믿음에 바탕한 기독교는 서로 먼 거리에 있다고 할 수 있다.

우리는 기독교가 이성을 멀리하고 지성을 경계함을 보게 된다. 창세기에 의하면, 인간은 원죄를 짓고 태어난 죄인이다. 인간의 원죄란 무엇인가. 그것은 하나님의 계율에 따르지 않고, 하나님에 복종치 않은 데서 생긴 것이다. 하나님 중심으로 살지 않고 인간 중심으로 살려고 한 데서 생긴 것이다. 금단의 열매인 사과란 무엇인가. 그것은 지식을 상징적으로 표상한 것이다. 우리는 창세기에서 바벨탑 사건을 보게 된다. 사람들이 탑의 끝이 하늘에 닿는 큰 탑을 세우려고 한 것이다. 이것은 인간이 하나님처럼 되려는 것이요, 인간의 지적 오만을 드러낸 것이다. 하나님은 이것을 용납지 않았다. 골로새서(2 : 8)에서도 철학에 붙들리지 말라고 했다. 철학에 붙들리는 일은 예수를 따르는 것이 아니고 인간의 이성과 세계의 원리에 따르는 일이 된다고 했던 것이다.

우리는 철학과 기독교가 서로 먼 거리에 있는 것이라고 했다. 그러나 이를 깊이 생각해보면 철학과 기독교는 차원을 달리하는 것이고, 기독교가 한 단계 높은 차원에 있는 것이라고 할 수 있다. 우리는 이를 다음 사실에서 발견하게 된다. 우리는 행복에 세 가지 단계의 것이 있음을 안다. 하나는 경험적 행복이고, 둘째는 도덕적 행복이며, 셋째는 종교적 행복이다. 첫째로 경험적 행복은 쾌락주의자들이 내세운 것인데, 이들에 의하면 행복은 쾌락에서 생긴다고 한다. 물론 여기에서의 쾌락은 육감적 쾌락에 한정되는 것이 아니고, 권력이나 명예, 돈, 지위 등의 세속적 가치를 포괄하는 것이다. 이러한 쾌락이 인간을 행복하게 해주고, 이러한 쾌락이 많으면 그만큼 행복도 증가된다는 것이다. 물론 쾌락이 행복에 도움이 될 수 있다. 그러나 인간의 욕구에 끝이 없기 때문에 그러한 욕구를 충족시켜 행복해지려는 것은 불가능한 일로 된다. 우리는 욕구를 충족시키려고 욕망의 사슬을 한없이 오르다 끝내는 온갖 오명과 비극을 낳는 일을 역사에서 그리고 현실에서 수없이 보게 된다. 이렇게 볼 때 욕망을 충족시켜 행복해지려는 쾌락주의는 인간을 행복으로 이끌지 못하게 된다고 하겠다.

둘째로 도덕적 행복은 금욕주의자들이 내세운 것인데, 이들은 쾌락을 멀리하는 데서 행복을 구하려고 한다. 금욕주의자들은 행복을 '마음에 갈등이 없는 고요한 상태'라고 규정한다. 마음에 갈등이 있거나 불안하면 행복할 수 없다는 것이다. 행복이란 마음이 동요 없이 고요한 상태라고 한다. 이러한 행복에 이르기 위해서는 쾌락을 멀리해야 하고, 욕구의 사슬에서 벗어나야 한다. 무소유의 자유에서 행복을 느낄 수 있어야 하는 것이다. 마음에 동요가 없는 부동심의 상태에서 행복을 찾는 금욕주의자들은 행복에 이르는 방안으로 다음 두 가지를 들고 있다.

우선 이들은 많이 성취하기보다는 욕심을 줄이라고 한다. 이들에 의하면 행복이란 '성취를 욕구로 나눈 값'이라고 한다. 따라서 무한히 많이 성취해도 욕구가 무한하면 그 값은 영으로 되어 행복할 수 없게 된다는 것이다. 이에 반하여 하나를 성취해도 욕구가 영이면 그 값이 무한으로 되어 크게 행복할 수 있다는 것이다. 다음으로 이들에 의하면 우리의 마음이 불안해지고, 우리의 마음에 동요가 생기는 것은 세상일에 대해서 판단하기 때문이라고 한다. 세상일에 대해 옳으니 그르니 하고 판단하거나, 선하거나 악하다고 판정하게 되면 마음에 불안과 동요가 일게 된다는 것이다. 따라서 마음의 동요를 막기 위해서는 사건이나 사물에 대해 '판단 중지' 해야 한다는 것이다. 이 금욕주의를 대표하는 스토아학파의 사람들은 부동심의 상태에 들어가기 위해서는, 금욕하고 극기하고 고통을 인내하고 불행은 감내해야 한다고 한다. 자연에 따르고 운명을 받아들이는 생활을 통해서만 마음에 동요가 없는 부동심의 상태에 들어가게 된다는 것이다.

셋째로 종교적 행복은 초월주의자들이 내세우는 것인데, 이들은 쾌락을 통해서도 그리고 금욕을 통해서도 마음의 안정을 얻지 못할 때, 한 단계 초월하여 하나님의 품속에서, 하나님과의 합일을 통해서 진정한 행복인 마음의 평정을 얻게 된다는 것이다. 다른 말로는 절대자에 귀의해서, 절대자와의 단독적 대면을 통해서 최고의 희열인 **황홀경**(ecstasis)에 이를 수 있다는 것이다. 이렇게 행복은 쾌락이라는 세속적 가치나 금욕이라는 도덕적 인고를 통해서도 아니고, 오직 하나님과의 합일이라는 종교적 경지에서만 맛볼 수 있다는 것이다.

우리는 실존주의자 키에르케고르에게서도 종교의 영역이 철학의 영역보다 한 단계 위에 위치하고 있음을 보게 된다. 그는 인간의 삶은 다음과 같은 세 단계를 거쳐 발전해간다고 한다. 미적 단계에서 윤리적 단계를 거쳐 종교적 단계로 나아간다는 것이다. 그러나 이 세 단계는 누구나 시간이 흐르면 자연스럽게 다음 단계로 옮아가는 것이 아니고, 한 단계에서 견디지 못할 만큼 절망했을 때 그 다음 단계로 비약하게 되고, 그 다음 단계도 절망을 통해 비약할 때 옮아가게 된다고 한다. 그래서 키에르케고르는 이 삶의 세 단계를 절망의 변증법이라고 했던 것이다. 이렇게 볼 때 철학과 기독교의 거리는 단순히 평면상에서의 거리가 아니고 차원을 달리하는 거리요, 비약을 통해서만 이어질 수 있는 다른 차원의 것이라고 할 수 있다.

그러나 우리는 철학이 신학을 위해 시녀로서 그리고 원리로서 크게 기여하고 있음을 간과해서는 안 될 것이다. 그러면 철학은 신학을 위해 무엇을 어떻게 기여하고 있는가.

기독교는 313년에 로마의 황제 콘스탄티누스로부터 공인된다. 이로써 기독교에 내려져 있던 탄압과 박해의 검은 그림자는 걷히고 기독교에 밝은 빛이 비치게 된다. 그리고 380년에는 로마의 황제 테오도시우스가 기독교를 로마의 국교로 선언하게 된다. 우리는 1세기에서 3세기에 걸친 300년 동안을 기독교의 초창기라고 할 수 있는데, 이 초창기에 기독교는 엄청난 수난을 받게 된다. 예수는 십자가에 못 박혀 죽었고, 예수의 열 두 제자 중 요한을 제외하고는 모두 살해되었으며, 기독교인들은 로마 관헌의 무서운 탄압을 피해 지하의 굴 속에서 어렵고 어두운 세월을 보냈다. 그러나 이 초창기 300년 동안 기독교는 외부에서 가해지는 물리적 어려움은 있었지만 내부에서 일어나는 정신적 고민은 거의 없었기 때문에, 보기에 따라서는 기독교 역사에서 신학적으로는 가장 조용하고 갈등이 없었던 시대라고 할 수 있다. 그때는 하나님을 열심히 믿고 기도하고 찬송하면 그것으로 그만이었으며, 믿음으로 충만한 시대였기 때문이다.

그러나 기독교가 로마제국에서 공인되고 국교로 되면서는 기독교를 이론화하고 체계화할 필요가 생기게 된다. 기독교가 교리를 세워야 할 필요성에 직면하게 되었던 것이다. 기독교는 이제 일부 소수의 가난한 사람들의 종교가 아니고 로마제국의 종교가 되었기 때문에, 로마의 황제를 비롯한 지배층과 지식인들에게 기독교가 어떤 종교인가를 이론적으로 설명할 필요가 생겼으며, 기독교가 이슬람교를 비롯한 다른 종교들에 대해서 그것들과 어떻게 다른지, 기독교의 특색이 무엇인지를 드러낼 필요가 있었던 것이다. 그러나 이 문제는 그렇게 쉬운 문제가 아니었다. 기독교의 교리를 세우는 과정에서 제일 먼저 부딪힌 문제가 바로 이성과 믿음의 문제였다. 이성을 앞세우느냐 믿음을 앞세우느냐의 문제였다. 중세 초기에 나타났던 그노시스(Gnousis. 지식)파와 호교가 사이의 뜨거운 논쟁이 이를 대변하고 있다. 그노시스파에서는 이성을 앞세워 기독교를 합리적으로 설명하려 했으며 기독교를 지적인 종교로 만들려고 하였다. 그러나 이에 반하여 호교가에서는 이성에 대한 믿음의 우위를 내세우면서 기독교를 지적인 것으로 만들려는 시도에 반대하면서 기독교를 그 본래대로 지키려고 하였다. 호교가를 대표하는 텔투리아누스는 "알려거든 믿으라"는 유명한 말을 남겼다. 이 말은 먼저 기독교를 믿고 그 믿음 속에서 기독교를 이해하려고 해야 한다는 것이다. 그는 "불합리하기 때문에 믿는다"는 유명한 말도 남겼는데, 이 말은 기독교가 합리적인 것이면 이해의 대상이 되고 말 것인데 불합리하기 때문에 신앙의 대상이 될 수 있다는 뜻을 담고 있다.

중세 말기인 13세기의 유명한 신학자 성 안셀무스는, 지성을 앞세워 믿음을 멀리하는 것은 '지적 오만'이고, 믿음을 앞세워 합리적 이해를 멀리하는 것은 '지적 태만'이라고 하였다. 성 안셀무스는 하나님을 믿으면서 하나님에 대한 합리적 이해를 게을리 해서는 안 된다고 했다. 우리는 중세 초기에서부터 신학자들이 기독교의 교리를 세우는 과정에서 철학을 도구로 사용하고, 철학 이론을 신학 수립의 기초로 삼고 있음을 보게 된다. 여기서 우리는 철학과 기독교의 밀접한 연관성을 보게 되는 것이다.

우리는 중세 철학을 크게 두 시기로 나누는데, 하나는 교부 철학 시대로 이를 대표하는 신학자가 바로 성 아우구스티누스다. 다른 하나는 스콜라 철학 시대로 이를 대표하는 신학자가 바로 성 토마스 아퀴나스다. 그런데 아우구스티누스는 플라톤 철학의 영향을 받아 그의 신학을 플라톤 철학 위에 세우고 있다. 그가 하나님을 영원불변의 초월적 존재로 묘사하고 있는 것은 플라톤의 이데아론의 영향으로 보이고, 그가 세계를 신의 세계와 땅의 세계로 나눈 것은 플라톤의 경험적 세계와 이성적 세계라는 이원론을 연상시키기 때문이다.

한편, 토마스 아퀴나스는 아리스토텔레스 철학의 영향을 받아 그의 신학을 아리스토텔레스 철학 위에 세우고 있다. 토마스의 존재의 계층은 아리스토텔레스의 『형이상학』에서 볼 수 있는 존재의 계열을 방불케 하고 있다. 토마스가 경험적 세계에서 일어나고 있는 현상들을 분석해서 신의 존재를 증명하고 있는데, 이것은 경험적 세계를 중요시한 아리스토텔레스의 영향으로 보이기 때문이다.

이제 한국 신학의 형성에 철학이 어떻게 기여했는지 살펴보기로 한다. 우리는 1884년 4월 5일을 기독교(개신교)가 한국에 들어온 날로 잡는다. 이 날은 장로교 선교사 언더우드(H. G. Underwood) 목사와 감리교 선교사 아펜젤러(H. G. Appenzeller) 목사가 인천항에 발을 디딘 날이기 때문이다. 우리는 1884년부터 1915년까지의 30년간을 선교 신학 시대라고 하는데, 이때는 선교사들이 성서를 해석하는 대로 이해하고, 선교사들의 종교 행태를 그대로 모방한 시대였다. 우리에게는 종교 행태를 다르게 할 안목도 없었고, 성서를 다른 시각에서 해석할 능력도 없었던 것이다. 한국 신학이 싹트기 시작한 것은 1915년 이후의 일이라고 할 수 있다. 한국 신학은 크게 태동기(1915~1930), 정초기(1930~1950), 전개기(1950~현재)라는 3단계를 거쳐 오늘에 이르고 있다. 우리는 이러한 과정을 거쳐 지난 80년 동안 발전한 한국 신학을 크게 다음과 같은 세 가지 유형으로 나누어볼 수 있는데, 보수적 근본주의, 역사적 진보주의 그리고 문화적 자유주의가 그것들이다.

보수적 근본주의는 선교 신학의 내용을 거의 그대로 수용·고수하고 있다고 할 수 있다. 이들은 성서에는 아무런 오류가 없다는 성서무오설을 받아들이고 있으며, 성서는 성령에 의하여 저술된 것이요, 기자는 기계적 역할을 한 데 불과하다는 성서영감설을 신봉하고 있다. 그리고 이들은 기독교 신앙의 목표를 영혼 구원에 두고 있다. 현실 참여보다는 영혼 구원이 기독교 신앙의 목표로 되어야 한다는 것이다. 철학적으로 말하면, 보수적 근본주의에서는 기독교에 본질이 있다고 한다. 본질이란 영원불변의 것이다. 기독교의 본질이란 기독교를 기독교답게 하는 성질이요, 기독교를 다른 종교들과 구별되게 하는 성질을 말한다. 그런데 보수적 근본주의는 기독교에 이러한 본질이 있다고 하며 그 본질을 지켜야 한다는 것이다. 기독교가 변화를 수용하다보면, 기독교가 사회와 시대에 따라 변하다보면, 마침내 기독교가 기독교 아닌 것으로 되어 자기의 정체성을 상실하게 되므로 기독교의 본질을 고수해야 한다는 것이다. 우리는 이들이 변화를 거부하기 때문에 '보수적'이라 하고, 본질을 인정하기 때문에 '근본주의'라고 한다. 보수적 근본주의는 철학적으로는 플라톤의 본질주의에 기초해 있으며, 예수교와 장로교 계통의 신학자들에 의해여 주도되고 있다. 보수적 근본주의는 1980년대 이후 '성령신학'으로 전개되고 있다고 한다.

다음으로 역사적 진보주의는 변화를 수용한다. 그리고 사회의 변화와 역사의 진전에 주목하면서 기독교도 현실에 관심을 기울여야 한다고 주장한다. 우선 역사적 진보주의자들은 성서무오설을 받아들이지 않는다. 개연성만이 인정되고 확실성이 거부되는 현대 학문의 성격에 부합되지 않는다는 것이다. 다음으로 이들은 성서영감설도 수용하지 않는다. 성서의 기자를 기계적인 것으로 보는 것은 인간의 자의식을 배제하는 것이기 때문이라는 것이다. 나아가서 이들은 본질도 인정하려 하지 않는다. 모든 것이 변하기 때문에 변하지 않는 본질이란 허상에 불과한 것이라고 한다. 역사적 진보주의에서는 성서도 시대에 따라 다르게 해석할 수 있는 것으로 보고 있으며, 기독교도 영혼 구원만이 아니고 사회를 구원하고 변화시키는 일에 관심을 기울여야 한다는 것이다. 현실 참여도 신의 소명 중의 하나라는 것이다. 역사적 진보주의는 철학적으로는 변화와 행동을 강조하는 헤겔과 마르크스의 영향을 받은 것으로 볼 수 있으며, 기독교와 장로교 계통의 신학자들에 의하여 주도되고 있다. 역사적 진보주의는 1960~1970년대에 기독교의 '세속화 운동'을 거쳐 1980년대 이후 '민중신학'으로 전개되고 있는 것이다.

이어 문화적 자유주의는 변화를 적극 거부하지도 적극 수용하지도 않고 상황에 따라 적절히 수용한다. 보수주의보다는 진보적이고, 진보주의보다는 보수적인 입장을 취하고 있다. 문화적 자유주의에서는 기독교가 한국 사회에 뿌리내려 영향력을 행사하려면 한국의 사상과 종교, 예술 등 넓은 의미의 문화를 이해하고서 그 바탕에 기독교를 접목시켜야 한다고 한다. 씨를 뿌리기에 앞서 토양을 살펴야 하듯이, 기독교를 한국 땅에 뿌리내리게 하기 위해서는 한국의 문화적 토양을 살펴야 한다는 것이다. 문화적 자유주의에서 '문화적'이란 말은 여기서 연유한다.

다음으로 문화적 자유주의를 정초시키는 데 크게 기여한 정경옥은 성서를 다음과 같이 이해하고 있다. 성서는 하나님의 말씀이다. 따라서 우리는 성서를 통해 하나님의 말씀을 듣는다. 그러나 하나님은 성서보다는 더 넓고 더 크시다.

따라서 하나님은 성서를 통해서 뿐 아니고 역사와 문화와 사건을 통해서도 말씀하신다. 여기서 우리는 성서 이해에 대한 자유주의적 입장을 읽게 된다. 그리고 정경옥에 의하면 어떤 개인과 민족이 하나님에 복종하여 복을 받고, 하나님을 배반하여 벌을 받은 경험을 서술한 것이 성서이기 때문에, 성서를 바르게 이해하기 위해서는 성서에 내면적으로 그리고 실존적으로 접근해야 한다고 한다. 그래야만 성서 작가가 경험한 다양한 내면적 체험을 내 것으로 할 수 있다는 것이다. 문화적 자유주의는 철학적으로는 자유주의와 실존주의에 기초한 것으로 볼 수 있으며, 감리교 계통의 신학자들에 의하여 주도되고 있다. 문화적 자유주의는 1960~1970년대에 기독교의 '토착화 운동'을 거쳐 1980년대 이후 '종교신학'으로 전개되고 있다.

철학은 이성에 기초한 것이고 기독교는 믿음에 바탕한 것이라는 점에서는 철학과 기독교는 먼 거리에 있는 것으로 보인다. 그러나 깊이 생각해보면, 우리가 행복관에서와 키에르케고르의 삶의 3단계에서 본 바와 같이, 기독교는 철학보다 한 단계 높은 차원에 있는 것으로 볼 수 있다. 나아가서 중세의 신학자들이 기독교의 교리를 세울 때, 그리고 우리의 신학자들이 한국 신학을 형성할 때 철학적 이론을 기초로 했다는 점에서는 철학이 기독교와 밀접히 연관되어 있음을 알게 된다. 철학과 기독교의 변주곡은 이렇게 진행되어 왔으며 앞으로도 계속 진행되어나갈 것이다.

## 하늘에는 영광, 땅에는 평화

　크리스마스트리가 점멸하고 거리에는 크리스마스 캐럴이 울려 퍼지고 있다. 성탄 전야가 눈앞에 다가선 것이다. 12월과 함께 2001년도 저물고 있다. 차가운 12월에 크리스마스가 있다는 것은 얼마나 훈훈한 일인지 모른다.
　우리는 크리스마스를 기쁨과 감사의 마음으로 맞이해야 한다. 인류가 죄에서 구원된 날이니 기뻐하지 않을 수 없고, 우리를 구원해주신 구세주에게 감사하지 않을 수 없다.
　크리스마스에 앞선 강림절이 되면 교회의 벽 높이에 '하늘에는 영광, 땅에는 평화'라는 성경 구절이 나붙는다. '땅에는 평화'라는 구절이 올해처럼 절실히 느껴지는 일은 일찍이 없었다. 지난 9월 11일, 미국 뉴욕의 세계무역센터가 테러에 의하여 무참히 붕괴되면서 6000명에 가까운 무고한 인명이 참상을 당하였고, 테러를 응징한다는 명분으로 미국이 아프가니스탄을 공격하여 거기서도 무수한 인명이 손상되거나 전쟁이라는 형언할 수 없는 고통에 시달리고 있다. 이에 그치지 않고 테러 지원국들을 분쇄하기 위해 공격의 폭을 넓힌다는 말이 나돌고 있으니, 전 세계가 전쟁에 대한 공포로 전율하지 않을 수 없다. 2002년 새해에 평화가 유지되기를 바라는 마음 간절하다. 그러면 땅에 평화를 깃들게 하는 길은 무엇인가. 인간의 행위가 자기 이익이나 자기 영광을 위한 것이 아니고, 하나님 보시기에 아름답고 하나님에게 영광을 돌리는 것일 때, 사람들 사이에 화해가 있고 땅에 평화가 있을 것으로 믿는다.

또한 북풍한설의 12월에, 한 해를 마감하느라고 한눈팔겨를 없이 바쁘게 종종걸음을 치는 12월에 크리스마스가 있다는 것이 얼마나 따뜻한 일인지 모른다. 그리스도는 사랑이시고, 그리스도를 믿는다는 것은 사랑을 실천하는 일이다. 기독교는 사랑의 종교다. 기독교가 사랑의 종교로 되기 위해서는 교인들이 사랑을 실천할 때 가능하게 된다. 크리스마스를 한 해를 마감하는 12월에 주신 뜻을, 못 다한 사랑을 실천할 수 있는 마지막 기회를 주신 것으로 이해하면 크리스마스가 한층 따뜻해지지 않을는지.

## 당신에게 이르는 길고도 먼 길

나는 1930년대 중반에 한국의 전형적인 농촌 가정에서 태어났다. 기독교와는 별다른 인연이 없는 그러한 가정에서였다. 아버지는 서당에서 유학을 수업하신 분이어서 일상 생활의 모든 예의와 절차를 유교적으로 행하신 분이셨고, 어머니는 불공을 드려 자식을 낳고 집안에 우환이라도 들면 무당을 불러 굿도 하는 그러한 분이셨다. 그래서 나는 유불선 3교가 별다른 저항 없이 공생하는 그러한 분위기에서 나의 유년 시절을 보낸 셈이다. 이것은 당시 대부분의 한국 가정의 모습이었다고 할 수 있을 것이다.

나의 유년 시절은 시대적으로도 기독교가 억압을 받던 시기였다. 일본은 1931년 9월에 만주사변을 일으켜 중국 침략에 나섬으로써 그로부터 15년간에 걸친 중일 전쟁이란 수렁에 빠지게 된다. 그 위에 중일 전쟁이 끝나지 않는 이유가 미국이 배후에서 중국을 도와주고 있기 때문이라고 판단하여 1941년 12월에 진주만을 기습 공격하면서 미국에 선전포고함으로써 4년간에 걸친 소위 태평양전쟁에 뛰어들게 된다. 이러한 와중에서 일본은 식민 통치를 강화하여 조선의 지식인들을 강제로 회유하여 전향시키고, 한국의 혼을 말살하기 위해 조선어 교육을 폐지하고 창씨개명이라는 희대의 야만적 정책을 강행했던 것이다. 이러한 시대적 배경은 기독교의 입지를 매우 어렵게 하고 있었다. 기독교는 적성국인 미국과 영국의 종교요, 한국의 독립 운동을 뒤에서 사주하고 후원하는 단체로 간주하였기 때문이다. 나는 이러한 반기독교적 상황에서 나의 어린 시절을 보냈던 것이다.

그러나 이러한 나의 유년 시절에도 기독교적 사건이 전혀 없었던 것은 아니다. 이웃 마을인 이동(二洞)에 조그마한 예배당이 하나 있었다. 나는 그 옆을 지나다니면서 그 예배당 지붕에 세워진 십자가를 보기도 했지만, 그러나 나는 그 예배당에 대해 별다른 호기심을 느끼지 못했던 것으로 안다. 그 예배당 안으로 들어가 보지도 않았으니까. 예배당이 있는 이동에 '이동할머니'라는 친척 할머니가 한 분 계셨는데, 그 할머니는 그 교회의 신도였다. 그래서 우리는 그 할머니를 '예수쟁이 할머니'라고 부르기도 했다. 그 할머니는 늘 두툼한 성경을 들고 다녔는데, 그 할머니가 간혹 우리 집에 들러 예수와 기독교에 관한 말씀을 어머니께 하셨던 것으로 기억한다. 그러나 그 할머니도 끝내 우리 어머니를 전도하는 데 실패했던 것으로 보인다. 어머니는 그 할머니의 이야기를 듣고 늘 웃기만 하셨던 것으로 기억되기 때문이다.

그러던 어느 날 하나의 사건이 발생하였다. 예배당이 있는 그 동리에 강도가 들었다는 것이다. 도적이 없던 그 당시로서는 큰 사건이 아닐 수 없었다. 읍내 경찰서에서 칼을 찬 순사가 나오고 형사들이 서성거렸으며 경찰 간부가 차를 타고 나오기도 했다. 우리는 불안했으며 동리는 공포 분위기가 휩싸였다. 우리의 관심은 누가 그 범인인지, 그리고 얼마나 흉측한 놈인지에 쏠리고 있었다. 며칠이 지나 소문이 나돌기 시작했다. 그 소문은 매우 놀라운 것이었고 아주 극적인 것이었다. 강도 용의자가 다름 아닌 예배당의 목사라는 것이다. 그런데 그 목사의 아들 김○곤 군은 나의 국민학교 동급생이었다. 김 군은 조용하고 얌전한 학생이었다. 김 군은 그 사건이 있은 후 학교를 그만두었고 그 집안은 다른 곳으로 이사하고 말았다. 그리고 얼마 있지 않아 해방이 되었고, 나도 해방과 함께 그 시골 학교를 떠나 읍내 학교로 옮겼기 때문에, 그 후 그 목사님과 김 군의 소식은 듣지 못하고 있다. 지금 생각해보면 그 사건도 기독교 탄압의 일환이 아니었나 생각된다. 하나의 사소한 절도 사건을 엄청난 강도 사건인양 분위기를 띄운 이유를 이제야 알 것만 같다.

그러나 나와 기독교의 인연은 이렇게 부정적으로만 일관된 것은 아니었다. 사랑채 아버지의 책상 위에는 한 권의 두툼한 성경과 찬송가가 놓여 있었다. 아버지께서는 때때로 성경을 읽기도 하고 찬송가를 흥얼거리기도 하셨으나, 그다지 열심인 것 같지는 않으셨다. 물론 나는 오랫동안 그 책들이 어떤 성질의 책인 줄 알지 못했으며, 그 책들이 아버지의 책상 위에 놓인 연유를 알지 못했다. 아버지께서는 결혼하신 후 나이 30에 가까워 신학문을 하시기 위해 마산의 창신학교에 가서 3년간 수업하셨다고 한다. 그런데 창신학교가 기독교계 학교였기 때문에 그때 입수된 것이라고 한다. 아버지의 창신학교 수업은 기독교가 우리 집과 인연을 맺게 된 최초의 사건이 아닐 수 없으며, 내가 지금 교회 장로로 시무하게 된 연원을 찾는다면 이에서 구할 수 있을 것으로 보인다.

나는 부산에 있는 중학교로 진학하였다. 나는 중학교와 고등학교 교육 6년을 부산에서 받았다. 그 중학교에서 나는 독실한 기독교 신자인 장장춘 군을 만나게 되고, 그와 신학 논쟁(?)을 벌이게 된다. 이것이 나와 기독교의 첫 번째 종교적 조우였다고 할 수 있다. 우리는 자주 하학 길에, 그 긴 시간의 무료함을 달래기 위해서였던지 아니면 장 군의 전도 의욕의 발로에 의해서였던지 예수 논쟁을 했던 것으로 기억한다. 우리의 논쟁은 장 군이 나더러 "교회에 나가자. 예수를 믿어라"고 전도한 데서 발단됐을 것이다. 이에 대하여 나는 "하나님의 존재를 증명해보라. 하나님이 있어야 믿을 것이 아니냐"면서 인식을 통해 신앙으로 나아가려 했고, 이에 대하여 장 군은 "먼저 믿어라, 그러면 하나님의 존재를 알게 될 것이라"면서 신앙을 통해 인식으로 나아가야 한다고 주장하면서, "하나님은 천지 만물의 창조주로서, 그리고 모든 것의 최고 원인으로 존재하신다"고 역설했다. 나는 "인간으로서는 우주가 어떻게 생겨났는지 모르는 일이요, 본래 그렇게 있었던 것으로 볼 수 없느냐, 그리고 모든 것에 원인이 있어야 한다면, 신을 창조한 원인도 있어야 하지 않겠느냐,

인과의 원리를 하나님에서 정지시키는 일은 원리의 성질에 어긋나는 일이 아니냐"고 논박했으며, 내친 김에 나는 예수께서 동정녀 마리아에게서 나셨다든가, 예수님이 행한 여러 가지 이적들, 예컨대 바다 위를 걸으신 것이나, 떡 다섯 개와 물고기 두 마리로 오천 명을 먹이고도 남은 이적들에 대해 그러한 일은 생리적으로 불가능한 일이요 물리적으로 있을 수 없는 일이라는 이성적 비판을 가하였다. 이에 장 군은 조금도 밀리는 기색 없이 그것은 하나님의 역사하심이요 예수님의 권능을 나타내는 일이라면서 신앙적으로 답변했던 것으로 생각된다. 물론 중학교 2학년 때의 신학 논쟁이라 이보다 더욱 유치한 논의도 있었던 것으로 기억한다. 장 군은 신앙적으로 설득하려 했고 나는 이성적으로 비판하려 했기 때문에 우리의 논쟁은 늘 평행선을 그을 수밖에 없었다. 그러나 지금 생각해보면 장 군과의 이러한 논쟁을 통해 나는 기독교에 대해서 새로운 사실들을 많이 알게 되었고, 나의 마음속 한 곳에 기독교 신앙을 자리잡게 하는 계기가 된 것으로 생각된다. 그 후 장 군은 서울대 독문과로 진학하여 졸업하고 한동안 교편을 잡다가 신학대학으로 옮겨 신학 수업을 마친 뒤 지금은 교회에서 목사로 시무하고 있으며, 나는 연세대 철학과로 진학하여 대학에서 교수로 교육하게 되었다. 이렇게 볼 때 장 군은 중학 시절부터 이미 하나님으로부터 목사로 부름을 받았던 것으로 보이며, 나는 끝내 그 이성적 시각에 충실한 길을 걸어온 것으로 보인다.

    나는 나의 대학 교육을 위해 연세대에 진학하였다. 그러나 나는 이것이 당신에 이르는 길고도 먼 길의 첩경이 되리라고는 미처 예상치 못했던 것이다.

나는 1950년대 중반에 진학한 연세대가 기독교 대학이라는 사실을 몰랐던 것은 아니지만, 그렇다고 그것을 의식하고 진학했던 것도 아니었다. 따라서 연세대에 진학해보니 기독교 대학이더라고 표현하는 것이 정직한 표현일지 모른다.

연세대는 학생들에게 기독교를 강요하지는 않았다. 다만 모든 학생들은 '성서'를 필수 과목으로 이수해야 했고, 일주일에 두 번, 월요일과 금요일에 열리는 채플에 참석하는 것이 의무 사항으로 되어 있을 뿐이었다. 그러나 채플은 사방이 트인 노천극장에서 진행되었기 때문에 출석 여부를 점검할 수 있는 여건이 아니어서 학생들의 자율에 의존하였다. 그래서 점심시간에 해당되는 열두 시에서 열두 시 40분 사이에 열리는 채플 시간이 되면 진풍경이 벌어지곤 했다. 숲 속에 들어가 도시락을 먹으려는 학생, 숲 속 벤치에 앉아 시심에 잠기려는 학생, 숲 속 풀밭에 벌러덩 누워 심신의 피로를 풀려는 학생들을 채플에 몰아넣기 위해 학생처 직원들이 뒤따라오면서 "학생들, 노천극장으로 가지, 채플에 들어가요"라고 강제로(?) 권유하는 진풍경이 벌어졌다. 물론 대부분의 학생은 마지못해 노천극장으로 발길을 돌리지만, 일부 반항아(?)들은 슬금슬금 뒤돌아보면서 더 깊숙한 숲 속으로 들어가곤 했다.

나는 지금도 그렇지만 비교적 순종형의 모범생(?)인데다 채플 연사들의 말씀에도 관심이 있어 충실히 채플에 참석하였다. 채플은 교목실장과 백낙준 총장, 그 날의 채플 연사

이렇게 세 분이 무대 위에 놓인 긴 나무의자에 걸쳐 앉고, 교직원들은 객석을 향해 왼쪽 양지에 자리하고, 그 맞은편 음지에 여학생들이 그리고 그 사이에 남학생들이 앉아 진행되었다. 채플 연사는 목사님들만이 아니라 교수님들도 돌아가며 자기 전공을 기초로 설교(?)하였기 때문에 때로는 기독교와는 전혀 무관한 말씀(?)을 듣기도 하였다.

우리는 이러한 4년간의 채플을 통해 기독교적 말씀에 대한 이해만이 아니라 자기 전공의 벽을 넘어 교양을 넓힐 수 있었다. 연세대 동문들은 졸업 후 재학 시절에 있었던 가장 인상 깊었던 사건을 들라면 누구나, 학생처 직원들의 반강제적 권유에 못 이겨 채플에 들어갔던 졸업생까지도, 서슴없이 채플과 연고전을 꼽는다. 이 두 사건을 통해 일체감이 형성되고, 특히 채플을 통해서는 이 세상에는 세속적 가치만이 아니고 그보다 더 높은 하늘의 가치가 있다는 사실을 깨닫게 되었다고 한다.

연세대 입학식에서 나는 하나의 놀라운 사실에 직면하였다. 입학식 순서에 찬송가 제창이 있었는데, 모두 찬송가를 힘차게 부르는 것이었다. 마치 나 한 사람만을 제외하고는 모두 찬송가에 익숙한 듯하였다. 아직 찬송가를 배운 적이 없는 신입생들인데 어떻게 저렇게 찬송가를 잘 부를 수 있을까. 울려 퍼지는 찬송가 속에서 나는 이교도인 듯한 소외감을 느꼈던 것이다. 연세대에는 역시 기독교 집안의 학생들이 많이 진학했던 것으로 보였다. 그 당시에는 지금보다도 더욱 그러한 현상이 심했던 것이 사실이다.

연세대에서는 모든 행사를 기독교 의식으로 행하고 있었

다. 채플은 물론이고 입학식과 졸업식, 각종 기공식과 준공식 그리고 교무위원회 같은 공식 회의에서는 최소한 기도 순서는 포함되어 있었다. 기독교 의식이란 기도와 찬송가로 시작하여 해당 행사의 순서를 하고는 다시 찬송가와 축도로 끝나는 것을 말하는데, 나는 이러한 기독교 의식으로 행하는 학교의 각종 행사에 학부와 대학원을 합쳐 6년간 참여하다 보니, 어느덧 나도 모르는 사이에 그 의식에 익숙해졌고, 웬만한 찬송가는 힘차게 따라 부를 수 있게 되었던 것이다. 대학 초기 이교도처럼 느껴졌던 정감에서 벗어나 대학을 졸업할 쯤엔 기독교적 분위기에 젖어들 수 있었던 것이다. 그러나 석사 학위를 받고 연세대를 졸업할 때까지도, 기독교를 별다른 저항감 없이 이해하게는 되었지만, 나는 여전히 기독교인이 아니었으며 기독교와는 일정한 거리를 두고 있었던 것이다.

나는 1960년 약관 26세에 '전임조교'라는 이름으로 연세대 교단에 서게 되었다. 연세대의 '전임' 교수로 된 것이다. 이것은 나에게 과분한 천행이었다. 그 당시 연세대 교목실에 김영일 목사님이 시무하고 있었다. 나와는 같은 시기에 연세대에서 학생으로 공부했고, 나이도 거의 동년배여서 우리는 서로 친숙했다. 그 김 목사님이 때때로 나의 연구실로 전화를 걸어 "박 선생, 교회에 안 나오시려오? 교회에 나오시오?", "박 선생은 평생을 몸 바쳐 연세대에서 일하실 분인데, 교회에 나오시오. 그게 박 선생에게 좋을 것이오"라고 말하면서 기독교인이 되기를 권유하는 것이었다. 나는 이러한 전화를 몇 차례 받기도 했고, 교정에서 마주칠 때마다 직접 권유를 받기도 하였다. 연세대에서 그것도 교목실의 목사가 교회에 나오지 않겠느냐고 권고하였으니, 그것은 무거운 압박(?)이었고, 그대로 버티기엔 매우 마음이 불안한 일이 아닐 수 없었다. 김 목사님의 권고에 의해서만이 아니고 나는 이미 기독교에 익숙해 있었기 때문에, 교회에 나가는 일은 이제 시간 문제로 되어 있었다. 그러던 1964년의 어느 날, 박동환 군이 나의 연구실에 들렀다. 당시 대학원 학생이었던 박 군은 때때로 나의 연구실에 들러 나와 학담과 세설을 나눌 만큼 가까운 사이였고, 그는 한눈에 그가 기독교 신자임이 간파될 만큼 독실한 신자였다. 나는 이야기 끝에 불쑥 이런 질문을 던진 것으로 기억하고 있다. "어디 좋은 교회 없어요? 교회에 나가볼까 하는데." 나의 물음에 "선생님. 교회에 나가시렵니까? 이제 결심이 섰습니까? 선생님이 나가실 만한 좋은 교회가 있습니다." "어딘데요?" "정부종합청사 옆에 있는 종교교회라고요, 제가 그 교회 중등부 교사로 있습니다." "교파는?" "감리곤데요, 예수교 장로교는 너무 보수적이고, 기독교 장로교는 지나치게 진보적이어서 …, 감리교는 그 중간쯤 되는데, 선생님처럼 대학에 몸담고 있는 지적인 분에게는 감리교가 적합합니다." 이리하여 우리는 날을 잡아 어느 날 오후 종교교회에 들러보았다. 종교교회는 1900년에 세워진 감리교의 모교회 중의 하나인 역사 깊은 교회였고, 교회 건물도 1958년에 신축된 것이어서 깨끗하고 아름다운 교회였다. 나는 그 날로 교회에 나가기로 작심하고, 다음 주일부터 종교교회에 나가기 시작하였다. 이때 내 나이는 30세였고, 연세대학교 교단에 선 지 4년 만의 일이었다. 여담이지만, 박동환 박사에 의하여 교회로 인도된 나는 오늘 종교교회 장로로 되어 있고, 나를 교회로 인도한 박동환 교수는 바로 그 날 이후 교회와는 완전히 담을 쌓고 철학에 전념하여 오늘날 연세대 철학 교수로서 동양 철학과 서양 철학의 연결고리를 찾는 일에 부심하고 있다. 이제는 내가 박동환 교수를 교회로 인도해야 할 차례가 아닌가 생각한다.

나는 1964년 봄부터 주일마다 거의 빠지지 않고 종교교회에 열심히 나갔다. 그리고 2년 후인 1966년 봄에 종교교회 구내에 있는 목사관 2층에서 당시 부목사님으로 시무하시던 서형성 목사님으로부터 세례 문답을 받고, 담임목사님인 차현회 목사님으로부터 세례를 받아 기독교 대한감리회 종교교회 입교인으로 되었던 것이다.

그러나 바로 그 날부터 나는 하나님에 이르는 길이 얼마나 길고도 먼 길인지, 그리고 그 분에게 얼마나 가까이 다가설 수 있을 것인지로 고뇌하고 있음을 고백하지 않을 수 없다.

나는 1971년 7월에 미국으로 유학의 길을 떠났다. 애틀랜타에 있는 에머리대에서 박사 학위 과정을 밟기 위해서였다. 아니 밟기 위해서라기보다는 박사 학위를 따기 위해서라는 말이 적절한 표현일 것이다. 그 당시 나의 나이는 37세였고, 연세대 교단에 선 지 11년째였으며 학교에서의 직급은 부교수였다. 이것은 나에게 오랜 숙원의 실현이었고 새로운 도전이었다. 나는 3년간의 간난 끝에, 아니 2전 3기의 신고 끝에 미국의 연합재단(United Board for Higher Education in Asia)으로부터 펠로우십을 받아 유학의 길에 오르게 된 것이다.

나는 김포공항에서 문과대학의 조의설 학장님을 비롯한 수많은 교수님들과 가족 친지들의 열렬하고(?) 기대에 찬 환송을 받으면서, 내가 태어나서 처음으로 비행기라는 것을 타고 붕정만리 유학의 길을 떠났다. 나는 노스웨스트 항공으로 동경을 경유하여 하와이에 기착한 뒤 일차 목적지인 로스앤젤레스에 도착하였다. 나는 연합재단의 배려로 로스앤젤레스에 있는 영어 학원인 ELS에서 7주간의 어학 훈련을 받고서, 샌프란시스코와 시카고를 거쳐 뉴욕에 들러 연합재단에 신고한 뒤, 드디어 9월 5일에 애틀랜타에 도착하여, 그 날부터 영어라는 무거운 부담을 지고 박사 학위를 향한 4년간의 대장정에 돌입하게 된 것이다.

나는 9월 11일 토요일 저녁 미스터 밀러(Mr. Miller)라는 생면부지의 사람으로부터 전화를 받았다. 에머리 캠퍼스 근처에 사는 사람이라고 자기를 소개하고서, 에머리대로 유학을 온 것을 크게 환영한다면서 내일 교회에 함께 가지 않겠느냐는 것이었다. 나는 에머리에서 맞이하는 첫 주일을 어떻게 보내느냐로 고심 중이기도 했고, 미국인 교회에 나가면 나의 귀를 뚫는 데도 도움이 되겠다고 생각되어 그렇게 하겠노라고 하여 에머리에서의 첫 주일을 미국인 교회에서 보내게 된 것이다. 밀러 씨는 장님이었다. 그의 부인은 간호원이었고 그에게는 초등학교 6학년쯤으로 보이는 귀엽게 생긴 아들이 있었다. 그는 착한 아내와 귀여운 아들과 함께 행복하게 살고 있는 것을 하나님의 큰 축복으로 알며 살아가는 독실한 기독인으로 보였다. 그가 인도한 교회는 침례교회(Baptist church)

였는데, 그 교회는 수백 대의 차가 주차할 수 있는 넓은 주차장을 지닌 아름다운 교회였고, 교인들도 천여 명이 넘는 큰 교회였다. 미국 남부의 중심 도시 애틀랜타에는 침례교와 감리교(Methodist)가 지배적인 교세를 지니고 있었다. 나는 그 날 이후 매주 밀러 씨의 왜건을 타고 그의 가족들과 함께 미국인 교회로 나가게 되었다. 이것이 미국에서의 나의 첫 교회 경험이었다. 그러나 나의 미국인 교회와의 인연은 그다지 오래 지속되지 못했다. 매주 밀러 씨의 차를 타고 교회에 나가는 일이 부담스럽기도 했고, 교회에서의 목사님의 설교가 잘 들리지도 않았다. 게다가 영어로 찬송가를 부르는 일도 자연스럽지 못하였으며, 귀도 기대했던 만큼 그렇게 쉬이 뚫리지도 않았다. 더구나 일주인 내내 키 큰 사람들 사이에서 영어 소음(?)에 시달리다 주일 교회에서도 같은 상황을 되풀이하기란, 나의 스트레스를 가중시킬 뿐 그 해소에 전혀 도움이 되지 않았기 때문에, 나는 1972년 새해를 기해 한인 교회로 옮기고 말았다. 나의 미국인 교회 경험은 불과 4개월 남짓했지만, 밀러 씨의 신앙심과 경건한 생활 그리고 나에게 베푼 친절은 28년이 지난 지금에도 신앙 생활은 그렇게 해야 한다는 본으로 나에게 깊이 인상지어져 있다.

　미국인 교회에 나갈 동안에 나는 몇 차례 김세희 목사님으로부터 전화를 받았다. 애틀랜타 한인 교회로 나와달라는 전화였다. 김세희 목사님은 서울의 영락교회에서 부목사로 시무하다 미국으로 건너와 이 교회를 맡고 계셨다. 김 목사님은 마른 몸매에 조용하고 차분한 분이셨고, 용모와 언행이 목사님으로 태어나신 분으로 보였다. 애틀랜타 한인 교회는 시내에 있는 장로교회의 일부를 빌려 오후 두 시에 예배를 보고 있었다. 교인은 80명쯤 되었다. 그 당시 애틀랜타에 에머리와 조지아 주에서 공부하는 학생 가족을 합쳐 한인들이 50가구 정도였던 점을 감안하면, 거의 모든 한인들이 이 교회에 모여 함께 예배보고 교우하고 있었다고 할 수 있다. 나는 애틀랜타 한인 교회에서 오랜만에 고향을 찾은 느낌이었고, 외로움을 달랠 수 있었으며, 목사님의 설교도 귀에 들어오고 찬송가도 우리말로 큰소리로 부를 수 있었다. 내가 연세대 교수로 있다 온 사람이요 공부가 끝나면 돌아가 큰일을(?) 할 분이라는 기대 때문이었는지 나에 대한 대접이 남달랐고, 주말에 집에 와서 식사를 하자면서 초대하는 교포들의 수도 늘어났다. 애틀랜타 한인 교회는 그곳의 한인들이 교파를 초월하여 일주일에 한 번 한곳에 모여 정보를 교환하고 외로움을 달래고 새로운 일주일을 위한 힘을 얻는 믿음의 성소이자 교우의 만남의 자리로 자리잡아가고 있었던 것이다.

그러나 세상이란 모든 것을 그대로 두지 않는다. 애틀랜타 한인들의 수가 증가하면서 교회의 수도 늘어나게 되었고, 한인들은 그들의 뜻과는 상관없이 교회 따라 나누어지고 흩어지고 있었다. 1971년에 50가구에 불과했던 한인들이 1973년의 '애틀랜타 지역 한인주소록'을 보면 147가구로 늘어나 있고, 내가 애틀랜타를 떠날 무렵인 1975년에는 250가구로 늘어나서 한인들의 수도 800명을 넘어서고 있었다. 이러한 한인들의 증가에 따라 애틀랜타도 단일 교회 시대의 막을 내리고 있었다. M 목사가 나타나 교회를 마련하면서 주로 그 지역 사람들끼리 모여 예배를 보기 시작하였고, C 목사가 에머리대의 유학생과 그 가족들을 중심으로 대학 안의 큰 교실을 빌려 예배를 보기 시작했으며, 에머리신학대학원에서 신학을 전공하던 P 목사가 애틀랜타 감리교회를 세우는 등 애틀랜타에도 한인 교회의 양산 시대가 열리고 있었다. 그리고 나에게도 급박한 사태가 벌어지고 있었다. 1974년 에머리에서 3년째 접어들면서 연합재단으로부터의 펠로우십은 끊어졌고, 어떤 일이 있어도 1년 안에 박사 학위 논문을 끝내고 연세대로 돌아가야만 했다. 그렇지 않으면 교수직을 내놓아야 할 형편이었다. 나는 생활을 위해 주말인 토요일과 일요일 이틀 동안 아침 일곱 시에서 밤 열한 시까지 하루에 열일곱 시간씩 '세븐일레븐' 같은 편의점에서 일해야만 했으며, 박사 학위 논문을 1년 안에 끝내기 위해 나의 모든 관심과 시간과 열정을 오로지 논문 작성에만 기울이지 않을 수 없었다. 이러한 연유로 나는 에머리에서의 마지막 1년여는 교회와도 담을 쌓고 두문불출의 각고 생활을 하지 않을 수 없었다.

나는 1975년 7월, 정확히 4년 만에 박사 학위를, 그것도 철학 박사 학위를 목에 걸고 금의환향(?)하였다. 이것은 나의 힘에 부치는 어려운 싸움이었고, 하나님의 도움이 아니고는 불가능한 일이었다. 그러나 한국에 돌아온 후 나는 에머리에서의 마지막 생활에서의 타성 때문인지 한동안 교회를 잊고 있었다. 1978년의 일로 기억한다. 에머리대의 레이니 총장이 한국을 방문하여, 그 분을 위해 20여 명의 에머리대 동문들이 자리를 함께한 일이 있었다. 그때 내 옆에 앉아 있던 어떤 점잖고 부드럽고 잘생긴 분이 나에게 말을 걸어왔다. "나 나원용 목삽니다. 누구시지요?" 나는 "박영식입니다. 저는 현재 연세대 교무처장으로 있습니다"라고 답했더니, "아 그러세요. 지금 어느 교회에 나가고 있습니까?"라고 재차 묻는 것이었다. 그래서 내가 "종교교회에 나갔고 종교교회에서 세례를 받았는데, 미국 갔다온 후로는 교회를 게을리 하고 있습니다"고 했더니, "내가 바로 종교교회 담임 목삽니다. 당연히 우리 교회로 나오셔야지요" 하시는 것이었다. 나는 그 순간 정신이 번쩍 드는 느낌이었다. 이것이 바로 성령의 역사함이로구나 하는 생각이 들었다. 나는 그 다음 주일에 나의 아내와 딸 형지, 이렇게 세 식구가 종교교회에 나가기 시작하였다. 이리하여 나는 다시 종교교회와 인연을 맺게 되었다. 그러나 이번에는 나 홀로 교인이 아닌 가족 교인으로 변화되어 있었다.

나의 교회 생활에서 1978년은 기록될 만한 해다. 나 혼자 나가던 교회에서 가족과 함께 나가는 교회 생활로 바뀌었기 때문이다. 그 날 이후 우리 세 식구는 열심히 교회에 나가기 시작하였다. 그 당시 우리는 강남의 뉴코아 근처에 살고 있었지만, 불원천리하고 일요일이면 어김없이 좌석버스를 타거나 잠원역에서 지하철 3호선을 타고 교회에 나갔다. 아내와 함께 교회에 나가면서 나는 하나의 새로운 사실을 발견하게 되었다. 그것은 아내가 나보다 훨씬 교회에 열심이라는 사실이었다. 교회에 대한 아내의 열성과 나에 대한 질타가 아니었으면 나의 교회 생활은 그 어디선가 중단되었을지도 모른다. 나는 이 점을 늘 아내에게 고맙게 생각하고 있다. 나는 교회에 나갈 때면 마음속에 일말의 불평이 있었다. 일요일 그 모처럼의 일요일을, 일주일에 하루 쉬게 되어 있는 그 소중한 휴일을, 온전히 나를 위해 사용하지 못하는 일이 아쉽다는 느낌 때문이다. 일요일 하루를 아무것도 하지 않고 잠이나 실컷 잤으면 하는 생각, 봄가을의 맑은 날씨에는 친구들과 함께 등산이라도 했으면 하는 생각, 밀린 원고에 대한 독촉이 있거나 강의 준비가 미진할 때는 주일 하루를 온전히 그 일들을 위해 사용했으면 하는 생각…, 이러한 생각들에 엄습되어 불평을 토로하면 아내는 예외 없이 언제나 단호하다. 하나님과의 약속은 지켜야 하고, 어떠한 변명도 용납될 수 없다고.

나는 1979년 성탄절에 집사의 직분을 받게 되었다. 내가 종교교회에 세례 교인으로 등록된 지 13년 만의 일이다. 물론 나는 교회에서의 직분을 원하지 않았다. 나는 교회 생활을 평신도로서 조용히 하고자 했기 때문이다. 그러나 이상한 일은 나에게 주어진 집사의 직분을 굳이 마다하지도 않았고 과히 싫어하지도 않았다는 사실이다. 그리고 나는 집사로 된 지 9년 만인 1987년 성탄절에 다시 당회에서의 인준을 거쳐 권사의 직분을 맡게 되었다. 나는 이 권사의 직분이 다음해인 1988년 내가 연세대 총장으로 되는 데 크게 작용하게 되리라고는 전혀 예상치 못했던 것이다.

1987년 12월의 대통령 선거는 1971년 이후 16년 만의 일로서, 그동안의 끈질긴 민주화 투쟁의 산물이었다. 따라서 1988년 2월에 제6공화국이 출범하자, 우리 사회에는 막혔던

민주화의 물결이 봇물처럼 터져 흘렀다. 이러한 시대적 흐름에 따라 대학에서도 총장을 이사회에서 일방적으로 선정하는 종래의 방식 대신 교수총회에서 총장 후보를 선출하여 이사회에 추천하는, 소위 총장 직선제 방식을 요구하게 되었다. 연세대는 전국에서 최초로 교수총회에서 교황 선출 방식으로 총장 후보 두 사람을 선출하여 이사회에 추천했고, 연세대 이사회는 그 중의 한 사람을 총장으로 선임함으로써 소위 민주 총장 1호를 탄생시켰던 것이다. 후일 알려진 비화에 의하면, 내가 총장으로 선임된 데는 나의 종교성, 즉 내가 감리교의 모 교회 중의 하나인 종교교회의 권사이고, 20년 이상의 세례 교인이라는 점이 크게 작용했다는 것이다. 나는 보이지 않는 곳에서 말없이 베푸시는 하나님의 은총을, 인간이 바친 것의 몇 십 배를 되돌려주시는 하나님의 무한하신 사랑을 깨닫고서 나의 인간적 불평을 부끄럽게 생각했던 것이다.

나는 1995년 5월 어느 날 갑자기 김영삼 대통령에 의하여 교육부장관으로 임명되어 문민 정부의 각료로 입각하게 되었다. 나는 그때 감리교 교인들로부터 올림피아호텔에서 축하와 격려를 받은 것을 잊지 않고 고맙게 생각하고 있다. 그 당시 나는 아침에 종합청사에 들어설 때마다 하나님에게 기도드리고 스스로 다짐하였다. '하나님, 저에게 이렇게 크고 무거운 직책을 주신 것 감사합니다. 오늘도 열심히 일하겠습니다. 오늘 하루도 맡은 일을 대과 없이 치를 수 있도록 지켜주시옵소서.' 나는 기도하는 마음으로 열심히 일하였고, 많은 교육적 성과를 거두었으며, 사회로부터도 좋은 평가를 받고 있었다. 교육 개혁이라는 큰 과제를 밀고 나가고 있었으나 언론으로부터도 별다른 비판이 제기되지 않았다. 그런데 뜻밖의 일로 그 해 12월의 개각에서 그 자리를 물러서고 말았다. 나는 그때 하나님에 대해서 섭섭한 생각이 들었다. '하나님은 계시는가', '정의의 하나님은 어디에 계시는가.' 그러나 나는 그 후에 깨닫게 되었다. 나에게 불미스러운 일이 생기지 않도록, 나를 정치라는 흙탕물에서 미리 건져주신 것이라고.

1993년 12월 성탄절이 가까운 어느 주일날, 어떤 장로님이 나한테 웃으면서 "축하합니다" 하는 것이었다. 나는 축하받을 일이 있을 것 같지도 않고 머리에 떠오르는 일도 없고 해서, "뭔데요?"라고 물으니까, "목사님께서 직접 말씀하실 겁니다"라는 것이었다. 알고 보니 며칠 전 장로회의에서 내가 장로로 추천되었다는 것이다. 나는 1993년 12월 19일 당회에서 투표를 통해 장로로 승인받고, 1994년 2월 초순 중앙교회에서 신참 장로 교육을 받은 후, 2월 15일 동대문교회에서 열린 종로지방회에서 장로 안수를 받았다. 나는 평신도로서 부담 없이 조용한 신앙 생활을 하겠노라 작심하고 종교교회에 출석한 지 정확히 30년 만에 신도로서 누릴 수 있는 최고의 자리요, 늘 주변의 시선을 의식해야 하고 무거운 책무를 안고 살아야 하는 자리인 장로가 된 것이다. 이때는 내가 연세대 총장에서 물러나서 평교수로 있을 때였음을 덧붙여두고자 한다.

이제 내가 종교교회의 문에 들어선 지도 35년이란 세월이 흘렀다. 시간이란 보이지도 않고 느낄 수도 없는 것이지만,

그러나 결코 무심한 것도 아니고 모든 것을 그대로 두는 것도 아닌가보다. 그동안에 교회도 많이 변했고 사람도 많이 변하였다. 교회도 이젠 40년이란 모진 풍상을 견뎌내느라 낡았고, 교회의 기능을 발휘하기엔 이젠 너무 협소하게 되었으며, 그 위에 그 주변이 재개발 지역으로 지정되는 통에 그 모습 그대로 버틸 수도 없게 되었다. 그래서 그곳에 새로운 성전을 짓기로 하고 지난 9월 12일 주일에 기공 예배를 올림으로써 그 돌집 교회도 시간 속으로 사라지고 말았다.

  교회보다 더 많이 변한 것이 사람이라고 하지 않을 수 없다. 교인들의 면면에서는 물론이요, 특별 찬양을 위해 독창하는 성가대원들에게서 시간의 흔적을 짙게 느끼게 된다. 20대의 젊은 처녀가 40대 중반의 중년 여인으로 변하고 있으니, 이러한 변화를 절감할 때마다 나는 나 스스로에게 늘 자문하곤 한다. 교회 경력의 길이에 비례해서 믿음의 깊이도 깊어지고 있는가. 교회에서의 직분이 집사에서 권사를 거쳐 장로로 된 지금, 교회 생활 35년을 넘긴 지금, 교인이 되기로 작심하고 종교교회의 문을 두들기고, 세례 교인이 되기 위해 교리 문답을 거쳐 세례를 받고, 교회의 종소리만 들어도 가슴이 뭉클하던 그 초심 때보다, 나의 믿음의 깊이와 교인으로서의 순도가 과연 깊어지고 높아졌는가. 나는 "그렇다"라고 강하게 답하지 못하는 나를 발견하고 오늘도 자괴하고 부끄러워할 뿐이다.

□ 지은이 / 박영식

연세대에서 학사와 석사 학위를 받은 뒤, 미국 에머리대에서 철학박사, 고려대에서 명예문학박사 학위를 받았다. 연세대 철학교수, 한국철학회장, 한국대학교육협의회장, 정부공직자윤리위원회 위원장, 정보통신윤리위원회 위원장, 대학윤리위원회 위원장, 연세대 총장, 광운대 총장, 교육부장관 등을 지냈다.

지금은 대한민국학술원 회원, 연세대 명예교수, 광운대 석좌교수, 성숙한 사회가꾸기모임 상임공동대표, 한국장애인문화협회 이사, 국민원로회의 위원, 대한민국학술원 부회장으로 있다.

주요 저서로는 『플라톤 철학의 이해』(정음사, 1984), 『비트겐슈타인 연구』(현암사, 1998), 『대학교육, 확대와 축소의 논리』(광운대, 2005), 『서양철학사의 이해』(철학과현실사, 2008), 『전환기의 대학』(한국연구원, 2009), 『비트겐슈타인과 분석철학의 전개』(공저, 철학과현실사, 1991), 『언어철학 연구』(공저, 현암사, 1995), 『논리철학논고』(역서, 정음사, 1985), 『비트겐슈타인의 철학』(역서, 서광사, 1987) 등이 있다.

## 자유도 운명도 아니라는 이야기

초판 1쇄 인쇄 / 2010년 9월 15일
초판 1쇄 발행 / 2010년 9월 20일

■
지은이 / 박영식
펴낸이 / 전춘호
펴낸곳 / 철학과현실사
서울특별시 종로구 동숭동 1-45
전화 02-579-5908~9
■
등록일자 / 1987년 12월 15일(등록번호 제1-583호)
■
ISBN 978-89-7775-734-9 03800
*잘못된 책은 바꾸어 드립니다.
값 12,000원